事業承継と地域産業の発展
京都老舗企業の伝統と革新

松岡憲司 編著
matsuoka kenji

新評論

はじめに

松岡　憲司

　企業の数が減り続けている。1986年には、個人企業と会社企業を合わせて約540万社あったが、2009年にはそれが約420万社にまで減ってしまった。生き残った企業の規模が大きくなったという場合もあろうが、この減少に応じて多くの雇用機会が失われたであろうことは間違いない。言うまでもなく、このような企業数の減少は、事業を辞めてしまう件数が新たに起業する件数よりも多いことの結果である。

　企業ベース（個人企業と会社企業の合計）では、1986年までは開業率が廃業率を上回っており、企業数は増加していた。しかしその後、廃業率のほうが開業率よりも高くなり現在に至っている。

　企業の経営者も、人間である限り永久に経営が継続できるわけではない。新たな経営者に引き継いでいくことにより、企業は存続していく。しかし、何らかの事情で新たな経営者がいない場合、その企業は廃業するか、身売りするかという選択を迫られることになる。企業、特に中小企業の場合は、身売りしようにもなかなか買い手が見つからず、廃業してしまうというケースが多々見られる。

　事業を継続する担い手を見つけるという問題、すなわち事業承継の問題は以前から認識されてきた。『中小企業白書』を見ると、1985年版の第2部第4章第3節において、「小規模企業における人材の養成・後継者問題」として事業承継の問題が取り上げられている。とりわけ2006年版の『中小企業白書』では、第3部第2章において、「世代交代の2つの波」と中小企業の事業承継と技能承継、並びに事業承継の問題とその背景、そして問題への対応が詳しく分析されている。

このような事情を背景に、中小企業の事業承継を総合的に支援するため、2008年に「中小企業における経営の承継の円滑化に関する法律」(略称：中小企業経営承継円滑化法)が制定された。これに基づき遺留分に関する民法の特例制度や、企業の事業継続・雇用維持を条件として、非上場株式などに関わる相続税について80％納税を猶予するという税制上の措置や、事業承継時の金融支援といった措置がとられてきた。しかし、同じ年にリーマン・ショックという世界同時不況が起きたこともあり、中小企業経営承継円滑化法の効果が出て、廃業率が開業率を下回って企業数が増加するという傾向には至っていない。

しかし一方で、このように難しい事業承継を何代にもわたって繰り返している企業が存在する。これら企業を、我々は「長寿企業」と呼んだり「老舗」と呼んだりしている。その定義は明確でないが、一般的には、創業100年以上の企業を「老舗」と呼ぶことが多い。

『百年続く企業の条件』(帝国データバンク編、朝日選書)によると、我が国には創業100年以上の企業が19,518社あるという。また、創業200年以上の企業は938社、さらに創業300年以上の企業も435社あるという。このように多くの古い企業が残っている現象は世界でも珍しいということで、同書では日本を世界一の「老舗大国」と呼んでいる。その象徴とも言える企業が、西暦578年の創業で、四天王寺の造営にも関わったという大阪の「金剛組」で、世界最古の企業とされている。

ご存じの通り、古都として1200年の歴史を誇る京都にも古い企業は多い。京都府では1968(昭和43)年度より、「同一業種で100年以上にわたり堅実に家業の理念を守り、伝統の技術や商法を継承し、他の模範となってきた企業」を「京の老舗」として表彰してきた。2009(平成21)年度までに、この制度で表彰された企業は1,754社に上っている。老舗企業数を帝国データバンクの企業概要データベース収録企業数で割った都道府県別老舗上位出現率でも京都府は3.65％で、全国第1位となっている[1]。

京都は老舗の町として海外にも知られており、成長著しい中国から、事業承継の成功事例を学ぶために京都の老舗企業への調査団が来訪した[2]。そこで京都府は、「老舗の経営を国内外に広く世界に発信すること」を目的として、

2012年3月に「京都老舗の会」を発足させた。これら老舗企業は、何代にもわたって事業承継を繰り返してきた結果であり、いわば事業承継の成功例と言ってよいだろう。このことから、事業承継という視点から老舗企業への関心は高まっている。

　本書は、事業承継が何回も繰り返された成功例としての老舗企業などを取り上げ、なぜ難しいとされる事業承継が何代にもわたって成功裏に繰り返されてこれたのかについて、京都という地域のなかで、アンケートや企業調査などの実証的な方法を使って検討しようとするものである。

　第1章では、事業承継や老舗企業に関してこれまでに蓄積されてきた様々な研究成果を展望する。第2章では、京都府下約200社から回答を得たアンケート調査を通じ、京都の老舗企業の全体像を示すことにする。

　第3章ではアンケートに回答してくれた企業のなかで、業績が堅調な企業をピックアップする。我々の調査時期は、リーマン・ショックによる需要減退からまだ立ち直れていない時期であった。また、京都の老舗企業は永続性を重視し、短期的な業績を求めないとも言われている。それにもかかわらず、かなりの数の老舗企業はよい業績を残している。これら業績が堅調な企業について、その業績の背景にある要因が明らかにされる。

　第4章では、京都の伝統産業について考える。京都の老舗企業といっても必ずしも伝統産業とは限らない。しかし、京都の産業を考える際に伝統産業を無視することはできない。伝統産業は、「伝統的工芸品産業の振興に関する法律」（伝産法）によって保護されている。京都では、全国で最も多い17種類の伝統産業が登録されている。これら伝統産業の産品に対して、一般市民がどのように接し、感じているのかを明らかにしたい。

　第5章では、これから伝統産業や老舗企業を担っていく次世代の若者たちが地域の産業についてどのように感じ、自らの将来像をどのように描いているのかを示したい。そして第6章では、そのような伝統産業の事例として、和装産

---

(1) 帝国データバンク［2009］p. 71
(2) 京都府の呼び掛けによる「京都老舗の会」発足会合（2012年3月21日）での発言による。

業について「老舗産地」という視点から分析を行っている。

　最後の第6章では、4000年とも3000年とも言われる長い歴史をもちながら、社会主義革命によって企業活動が途絶えてしまった中国における事業承継の状況を見ることを通じて、老舗に代表される京都企業の事業承継の意味を考えてみたい。

もくじ

はじめに　（松岡憲司）　i

第1章　事業承継の経済学　3

松岡憲司

1　事業承継の経済分析　3
2　安田グループ（RIETI グループ）　4
3　日本政策金融公庫グループ　5
4　老舗に関する経済分析　8

第2章　京都の老舗企業における事業承継と経営革新　15

松岡憲司・村西一男

1　京都の老舗企業　15
2　調査概要　16
　（1）調査方法　16
　（2）回答企業の概要　17
3　京都の老舗企業の特徴　20
　（1）家訓、社是、社訓などについて　20
　（2）現経営者の事業承継　23
　（3）今後の事業承継　25
　（4）社会とのネットワーク　26
　（5）老舗としての事業承継と革新　29
4　創業年次（時代）による特徴　38
　（1）創業年次（時代）と企業規模（売上高）　38
　（2）創業年次（時代）と企業規模（従業員数）　39

（3）創業年次（時代）と「家訓など」の有無　40
　　　（4）創業年次（時代）と承継後の経営革新への取り組み　41
　5　事業分野（業種）による特徴　43
　　　（1）事業分野（業種）と創業年次（時代）　43
　　　（2）事業分野（業種）と「家訓など」の有無　45
　　　（3）事業分野（業種）と売上高　45
　　　（4）事業分野（業種）と最近5年の売上高　49
　6　業績と経営革新　50
　　　（1）売上高、従業員数の変化と同業他社との業績比較　50
　　　（2）同業他社との業績比較と経営革新　50
　7　京都の老舗企業の特徴と課題——むすびにかえて　53
　コラム1　石田老舗——下請専業から事業領域の拡大（松岡憲司）　56

第3章　永続繁盛している長寿企業の経営革新と事業承継　59
——しなやかでしたたかな京の老舗から学ぶ——

辻田素子

　1　注目される老舗企業　59
　2　老舗の経営革新と事業承継　60
　　　（1）永続繁盛の長寿企業　60
　　　（2）老舗における伝統の継承と革新　62
　　　（3）経営革新と事業承継　64
　3　業績好調企業の経営革新と事業承継——アンケート結果から　66
　　　（1）不況期の業績　67
　　　（2）業績好調な長寿企業の特徴　67
　　　（3）経営革新への取り組み　70
　　　（4）先代経営者の役割　75

（5）後継経営者のキャリア形成と求められる能力　77
　　　（6）家訓などの有無と重視度　78
　　　（7）業績好調企業の特徴　80
　　4　業績好調企業の経営革新と事業承継——事例を中心に　81
　　　（1）経営革新——実績を積んで信頼を得る　83
　　　（2）事業承継時期と後継経営者の能力形成過程　96
　　5　業績堅調企業が教えること——むすびにかえて　102

　　コラム2　上羽絵惣株式会社——事業ドメインを再定義し、ネイルアート業界に参入（辻田素子）　105

第4章　京都の伝統産業　109

松岡憲司

　　1　伝統産業とは　109
　　2　京都の伝統工芸品　112
　　3　着物の所有　120
　　4　伝統産業と文化——むすびにかえて　127

　　コラム3　株式会社伊と忠——「あいまい」という京都文化の象徴される老舗（北野裕子）　129

第5章　次世代から見た地域産業　133
　　——丹後の伝統産業に関する高校生の意識——

松岡憲司

　　1　丹後地域の産業　133
　　2　繊維業、機械・金属業、観光業、農業への従事　134
　　3　繊維業、機械・金属業、観光業、農業への従事希望　136

4 次世代にとっての地域産業——むすびにかえて 142

(コラム4) 株式会社中村藤吉本店——幹を太くし、新しい枝葉を伸ばす老舗（北野裕子） 145

第6章 老舗織物産地・丹後の事業承継 149
――新事業への挑戦――

北野裕子

1 老舗織物産地とは 149
2 経営者たちの事業承継に関する意識
　　——アンケートに見る産地の現状と課題 152
　　（1）『丹後織物産地生産基盤実態調査報告書』（2007年）について 152
　　（2）事業承継について 154
3 展示会での試み——伝統から新事業への挑戦 155
　　（1）丹後求評会——伝統を守る最もオーソドックスな展示会 155
　　（2）ジャパン・クリエーション（JAPAN CREATION）
　　　　　——販路開拓事業への挑戦 157
　　（3）「キモノの郷～京都　丹後の職人展」——販売事業への挑戦 161
4 さらなる可能性への挑戦——異分野・海外展示会への挑戦 163
　　（1）リビング展・インテリア用品への試み
　　　　　——東大阪ロダンとのコラボ 163
　　（2）「JAPANブランド育成支援事業」と「丹後テキスタイル」
　　　　　——海外展示会への挑戦 165
5 育つ若手たち——若手機業家のアンケートから 173
　　（1）「丹後若手機業家の事業承継に関する意識調査」より——その実態 174
　　（2）事業承継について——自ら選択した道 175
6 新事業の承継へ——むすびにかえて 177

コラム5　株式会社山藤——外からの発想を活かし、オリジナルをつくる老舗織物工場（北野裕子）　181

第7章　中小企業における事業承継の日中比較　185

姜紅祥

1　中小企業の事業承継　185
2　中国における事業承継問題の現状と関連研究の進展　188
　（1）中国における民営企業の変遷　188
　（2）中国における事業承継の現状と「富二代」問題　198
　（3）中国における事業承継研究の進展　200
3　「中国式」事業承継と日本・中国間の比較　203
　（1）事業承継の内容　203
　（2）後継者育成に対する中国的な考え　206
4　日本の中小企業事業承継に与える示唆——むすびにかえて　210

あとがき　（松岡憲司）　214
執筆者紹介　218

事業承継と地域産業の発展

――京都老舗企業の伝統と革新――

第1章

事業承継の経済学

松岡　憲司

1　事業承継の経済分析

　2008年の中小企業経営承継円滑化法の制定前後より、事業承継に関する多くの研究論文が刊行された。これらの研究は、その分析アプローチから二つのグループに分けることができる。

　一つ目のグループは、事業承継に関する経営成果などを計量経済学的に分析しているグループで、東洋大学の安田武彦教授を中心として多くの研究成果が出されている。

　もう一つのグループは、日本政策金融公庫の研究員の方々による研究で、事業承継後、経営革新に取り組んでいる経営者にスポットをあて、その取り組み状況や課題、成功のポイントなどを分析したものである。

　まずは、これら二つのグループについて以下で詳しく説明していきたい。

　それに続き、何代にもわたる事業承継が繰り返されてきた結果としての老舗企業に関する先行研究を展望する。

2 安田グループ（RIETI グループ）

このグループの研究としては、安田・許 [2005]、安田 [2005]、安田 [2006] がある。これらの集約した成果として、安田 [2006] を取り上げてその内容を展望しよう。

この研究は、三つの研究課題を掲げている。第一の課題は、「子息承継」や「第三者承継」という承継のタイプと企業属性・企業家属性の関係を検証することである。ここで言う企業家属性とは、企業家（経営者）の性別、年齢、学歴、過去の職歴など経営者個人が企業家（経営者）となる前に決定される個人の属性であり、企業属性とは企業規模、企業年齢、業種、立地などの企業そのものの属性である。

第二の課題は承継後のパフォーマンスの決定要因を分析することであり、三つ目の課題は、通常創業の「第一創業」と事業承継後の「第二創業」の間に、類似点あるいは相違点があるかどうかを検証することである。

この研究には、基になるデータが個別企業の個票データである点にも特徴がある。つまり、株式会社東京商工リサーチが2003年11月に実施した「後継者教育実態調査」の個票データを基にしているからである。この個票データは、事業承継が発生した企業から無作為抽出した9,000社を対象とした調査であった。ここから、分析で用いる変数についてのデータがとれない企業を除き、サンプル企業は1,194社となっている。

計測モデルは二つある。最初のモデルは、承継タイプの決定要因を検討するモデルで、被説明変数は承継タイプ（子息など承継および第三者承継）となっている。子息など親族が承継した場合を「1」、第三者の場合を「0」とするダミー変数を設定している。説明変数となる企業属性としては、承継時企業年齢、承継時企業規模、承継時企業収支（赤字か黒字か）、業種を用いている。ほかに、先代の退任理由（健康上の理由、他界、高齢化、内外の経営者交代要請など）も説明変数に加えている。また、推定方法としてはプロビット分析[1]を用いている。

第二のモデルは承継企業のパフォーマンスとその決定要因の分析に使われるモデルで、パフォーマンスを示す被説明変数として事業承継後の「常時従業員年平均成長率」を採用している。説明変数には、承継の対象となる企業属性を示す変数と、経営者の属性に関わる変数が用いられ、推定方法としては最小二乗法（OLS）[2]が用いられている。

　これらの推定によって明らかになったことは以下の通りである[3]。

　まず、子息等承継と第三者承継では承継の対象となる企業の属性や、承継後のパフォーマンスの決定要因が大きく異なるが、承継後のパフォーマンスには統計的に有意な差はない。また、承継のタイプに関わりなく一定の調整期間が承継には必要で、承継後の経過期間が長いほどパフォーマンスは改善した。

　承継の最適年齢については、子息などが承継する場合には50歳半ばである。高度な教育がパフォーマンスに及ぼす効果については、子息承継では影響しない一方、第三者承継ではパフォーマンスが高くなる。子息などの承継について、先代の他界や高齢化をきっかけとした場合、パフォーマンスは悪化する。これは、承継の準備期間が不足しているためである。

3　日本政策金融公庫グループ

　日本政策金融公庫関連のグループは、前身の国民生活金融公庫や中小企業金融公庫の時代から、数度にわたって事業承継に関するアンケート調査を実施している。岡本［2006］や中井［2009］に続き、村上［2008］、村上・深沼・井上［2009］、村上・古泉・久保田［2010］、村上・古泉［2010］など、精力的に

---

[1] 被説明変数が「0」か「1」という二つの値しかとらない2値選択モデルの回帰分析にあたり、選択確率が正規分布に従うとして推定する方法を「プロビット分析」と言う。一方、選択確率がロジット分布に従うとして推定する方法は「ロジット分析」と呼ばれている。
[2] （Ordinary Least Squares）回帰分析の方法。観測値と推計値の差の二乗の和が最小になるように推定する。
[3] 安田［2006］p. 185

アンケート調査に基づく研究結果が公表されている。ここでは、日本政策金融公庫で行われたアンケート調査とその分析結果を展望する。

岡本［2006］は、国民生活金融公庫総合研究所が2002年に実施したアンケート調査「自己雇用者（≒自営業者）に関する実態調査2002」に基づいて、事業内容や自営業主の属性が、事業承継に対する期待や実際の事業承継の成否にどのような影響を与えているかを検証している。被説明変数は事業承継期待の有無で、事業を「継いでほしいと思う」場合には「1」、「継いでほしいと思わない」場合には「0」としたダミー変数である。

説明変数は、「個人属性」、「事業属性」、「嗜好属性」に分けられている。個人属性は、性別、年齢、経営経験年数、創業経緯、最終学歴である。事業属性は、従業員数、配偶者以外の同居家族従業員数、事業所所有の有無、金融機関からの借入額、売上高、採算状況、顧客の固定状況、所在地、業種に関する情報である。嗜好属性としては「働く目的」、「拡大志向」がとられており、推定方法としては安田［2006］と同じようにプロビット分析を用いている。

実証分析の結果、事業承継願望を高める要因と考えられるかなりの部分が、実際の事業承継に対して効果を発揮していないということが明らかにされている。

中井［2009］は、国民生活金融公庫総合研究所が2002年に実施したアンケート調査データを用いて実証分析を行い、「第二創業」の価値創造の実態を明らかにしたものである。データソースは、2002年8月に調査実施された国民生活金融公庫総合研究所の「事業経営と生活意識に関するアンケート」個票である。

創業企業と「第二創業」の間でパフォーマンスに差があるかどうかを平均値の差のt検定によって分析している。事業承継を促進する決定要因については、順序プロビット分析[4]を用いて分析している。これら分析の結果、多くのパフォーマンス指標について平均値に有意な差があり、「第二創業」が創業企業を上回っていることが明らかにされた。

日本政策金融公庫は、2009年7月に融資先を対象に大規模な調査を実施した。対象となったのは24,569社で、9,397社から回答を得ている。回収率は38.2%である。融資先というつながりのなかから多くのサンプルを得ているのが一つの

特徴であろう。

　この調査の結果は、村上・古泉・久保田［2010］や村上・古泉［2010］にまとめられている。この調査を通じ、事業承継後、経営革新に取り組んでいる経営者にスポットをあて、その取り組み状況や課題、成功のポイントなどを分析している。まず、経営革新に取り組んでいる比率は中企業で97.4％、小企業（従業員19人以下）でも89.1％と非常に高いことが示されている。

　そして、村上・古泉［2010］では、プロビット分析を使い、小企業において経営革新への取り組みの有無に影響を及ぼす要因を分析している。被説明変数として、経営革新に取り組む企業の場合を「１」、非取り組み企業の場合を「０」とするダミー変数を用いている。

　説明変数は大きく四つのグループに分けられる。最初のグループは、「現経営者の属性」に関する変数で、続柄と年齢である。第２のグループは「企業の属性」に関する変数で、従業者数と直前の業績である。第３のグループは「事業承継の実施方法」に関する変数で、他社での勤務経験の有無、承継前の準備、先代経営者の関与である。そして最後のグループは、コントロール変数としての業種ダミーである。

　推計の結果、現経営者の属性については、続柄ダミー（親族＝１、親族以外＝０）、年齢とも有意に負の係数であり、親族ではなく、より若い経営者のほうが経営革新に積極的であることが示された。企業の属性に関しては、従業者数が有意に正の係数をとるが、直前の業績は有意に負の係数をとり、業績がよいと経営革新には消極的となるということである。

　事業承継の実施方法については、他社での勤務、先代経営者による承継の準備は有意な正の係数で、これらの要因は経営革新を促進することが明らかとなった。先代経営者による承継後の関与については、「まったく関与しなかった」、「求めればアドバイスをした」、「最終判断は現経営者に任せたが、先代も意見を述べた」は有意に正の係数をとり、先代経営者の関与は控え目であるほうが経営革新に取り組む可能性を高めることが示された。

⑷　プロビット分析において、被説明変数に順序づけがある場合の回帰分析を「順序プロビット分析」と呼ぶ。

4 老舗(しにせ)に関する経済分析

　老舗に関する本は非常に多い。龍谷大学図書館の検索システムで「老舗」というキーワードで検索すると185冊もの本が出てくる。そのなかには観光案内のガイドブックのような本もあるが、それにしても多くの種類の本が出版されてきた。老舗とは何かについてはのちの章で検討することとし、ここでは創業100年以上の企業を老舗と考えよう。

　一般的に、一人の経営者が在任する期間は20～25年ほどであろう。すると、創業100年以上の企業といえば、現在の経営者は少なくとも4代目から5代目となる。つまり、多くの老舗は3度ないし4度以上の事業承継を経験していることになる。数度にわたる事業承継を乗り切った結果が現在の老舗であることから、老舗とは事業承継の経験が豊富な企業ということになる。

　さて、老舗の経営に関する書物のなかで、古いものの一つとして挙げられるのが京都府編［1970］である。京都府は1968年に、開庁100周年を記念して、創業100年以上の企業を老舗として表彰した。それを記念して、老舗企業の「先人たちの経営理念を、その家訓や店則をひもとくことによって教えてもらい、現代の経営に参考」[5]にしようというのが同書の狙いである。

　同書では、京都の老舗の条件として、老舗意識を捨て老舗性を否定し「自己革新」すること、「人材養成」に心がけること、そして自らの歴史や伝統は地域の恩恵によるものであることを忘れないこと、の三点を挙げている。

　同書の第一編で「家業永続の秘訣―老舗の家訓から―」を書いておられる足立政男氏が、その4年後に出版されたのが『老舗の家訓と家業経営』である。同書は、「京都の（中略）老舗の家業経営の実態を明らかにして、それら企業が（中略）幾百年も生き残り、永続してきた秘法、秘訣が何であったかを摘出して明確」にすることを目的としている。そしてこれらを、「日本型経営の原点」あるいは「京都型ビジネス」と呼んでいる。

　京都府［1970］や足立［1974］は、家訓など文書から伝統的な経営理念を読

み解くという経済史、経営史的なアプローチである。それに対して、現在の老舗を経営学的な視点から包括的に説明しているのが前川・末包［2011］である。この本は、大学3～4年を対象とした経営学の入門書とされており、現在老舗が抱えている様々な問題を取り上げて解説している。

まず「老舗の基礎知識」として、定義、データ特性（時代、資本金、従業員、売上高別などの実態）、老舗大国である理由などを、さらに老舗の創業年代、地域性、ブランド（暖簾）、理念と社会的責任を紹介している。次いで、「老舗から学ぶ経営管理」として、経営や財務管理、人事管理など経営の重要な要素について老舗を題材として述べている。また、戦略論の視点から、100年老舗と300年老舗の経営戦略の特徴について述べている。

一方、北・西口［2009］は、京都企業のケース・スタディをまとめて「京都モデル」について論じたものであるが、京都モデルの要素には老舗企業の特徴がたくさん取り上げられており、後半のケース・スタディではいくつかの老舗企業が事例として取り上げられている。そして、京都府［1970］より京都老舗の特徴を述べ、あわせて老舗は「分に応じた発展」を守り、一時的な量的拡大、急成長より、むしろ事業・企業としての存続、永続性を重視する傾向が強いと述べている。

また、人事面においても、家業の持続と発展を重視するシステムが採用されていると指摘している。基本的には年功序列による人事管理を徹底していたが、それでも無能な世継ぎは排され、有能な人材は年功にこだわることなく抜擢され、業界あるいは本家と分家間で掟が定められていた。その掟を破れば、追放や破門は免れなかったと言っている。

鶴岡［2012］は、マーケティングという視点から老舗を分析したものである。一般企業と老舗のマーケティングを、価格・製品・販売促進・流通・原価・顧客満足・利便性・コミュニケーションという八つの要因から比較分析している。それに基づいて7社の老舗のケーススタディを行っている。

データから老舗の現状を紹介しているのが、帝国データバンク史料館・産業

---

(5) 当時の京都府商工部長西村秀男氏による同書の「あとがき」より。

調査部編［2009］である。この本の目的は、「長い年月を重ねてきた老舗企業について、長年築いた豊富なデータベースと取材で、その強さを分析していく」(p.5) ことにあるという。

同書によると、創業、設立後100年以上経過した企業は19,518社、また創業200年以上の企業は938社、300年以上の企業も435社あるということである。業種別に老舗の数が多いのは清酒製造で637社、それに続くのが酒小売で514社あるということである。

都道府県別に見ると、老舗が最も多いのは東京都で1,675社であるが、全企業に占める老舗の割合である老舗企業出現率では京都府が最も高く3.75％となっている。そしてまた、老舗の財務や倒産事例などを検討し、老舗の特徴や強さが示されている。

同様の研究に久保田［2010］がある。同書では、老舗という言葉には「ブランドが確立した特別な企業」というイメージがあるので、「老舗」という言葉は使わないで「長寿の中小企業」と呼ばれている。このような長寿の中小企業を研究し、そこから「経営のコツ」を知ることが目的となっている。同書によると、長寿の中小企業は、積極的に経営革新に取り組む、将来に必要な人材の確保と育成に積極的、後継経営者の育成に取り組んでいる、の3点が長寿企業の特徴であるとされている[6]。

アンケート調査に基づいて、老舗の経営手法について本格的に明らかにしようというのが横澤［2012］である。同書は、2000年に出版された同じタイトルの書物を大幅に改訂したものである。同書では、100年以上にわたって企業が存続する要因として、事業を家業として運営しつつ血族にこだわらない「家」制度を挙げている。家業の規範として家訓があるわけだが、それは時代の要請に順応するという。このように、伝統と柔軟性が老舗の特徴であることが指摘されている。

同書の編著者である横澤利昌氏は、独自に老舗のデータベースを作っておられ、創業200年以上の企業3,964社、創業100年から200年の企業21,000社、合計25,000社のデータを集めておられる。様々なデータソースから漏れている企業もあるだろうとし、創業100年以上の企業はおよそ52,000社あると推定されて

いる。

　同書の特徴は、前述のように「長寿企業に関するアンケート」調査を実施していることである。このアンケート調査は1999年に行われ、今まで経営を持続できた要因や今後重視する要因を調べている。

　変化させない伝統として、顧客第一主義、本業重視、品質本意、製法の維持継承、従業員重視、企業理念維持が挙げられている。その一方、時代の流れに応じた変化としては、商品・サービスに関する顧客ニーズへの対応、時代の半歩先、販売チャンネルを時代にあわせて変更、本業の縮減を前提とした新規事業の確立、家訓の解釈を時代にあわせるなどが指摘されている。

　中小企業総合研究機構［2010］も、アンケートによる老舗の実態調査である。このアンケートは、創業100年以上の企業が保有している「事業ノウハウ」を調べるために実施された。時期は2009年7月～8月で、創業100年以上の企業約3,000社に送り、有効回答は約500社であった。本研究の主な調査結果は次の通りである。

①老舗的な特徴
②過去における事業継続上の危機の様相、それを乗り越えるための有効な手段
③現在の事業運営上の強みと、これまでの事業存続における重要要因
④今後の事業継続上の重要要素

　さらに、十数社に対しヒヤリング調査を行い、アンケート調査結果との整合性について検討している。

　老舗研究のなかで、他の研究と違うアプローチをしているのが長沢・染谷［2007］である。ユニークな点は、技術経営（Management of Technology）の視点から老舗が保有する技術に焦点を当てていることである。

　老舗研究とは謳ってないものの、京都の老舗企業の分析を行っているのが村

---

(6)　久保田［2010］p. 202～205。

山［2008］である。同書では、リチャード・フロリダ⁽⁷⁾のクリエーティブ・クラスによる都市繁栄論を援用して、クリエイティブ業種の基礎となる「知的財産」が京都の場合には伝統産業であるとして伝統産業の諸側面を分析しており、実質的に京都の老舗研究の書となっている。

　以上に挙げたこれまでの老舗、特に京都の老舗企業の経営に関する研究では、以下に挙げる三つの共通する特徴が見られる。
❶短期的な業績の追求ではなく、長期にわたる事業の継続を心がけている。
❷事業・家業の維持継続を図るためには、革新していくことが重要である。
❸事業を行うのにあたっての規範である家訓・社訓などを重視している。

　このような、これまでの研究で示された老舗企業の特徴について、以下の章において、アンケート調査などによるデータに基づいてさらに詳しく分析していくことにする。

参考文献一覧

・足立政男［1974］『老舗の家訓と家業経営』広池学園事業部。
・岡田悟［2007］「中小企業の事業承継問題——親族内承継の現状と円滑化に向けた課題」『調査と情報』（国立国会図書館）第601号。
・岡本弥［2006］「事業承継に関する実証分析」経済論叢（京都大学）第178巻第3号、2006年9月。
・蒲田春樹［2006］『京都人の商法』サンマーク出版。
・北寿郎・西口泰夫編著［2009］『ケースブック京都モデル——そのダイナミズムとイノベーション・マネージメント』白桃書房。
・京都府編［1970］『老舗と家訓』京都府。
・久保田章市［2010］『百年企業、生き残るヒント』角川SSC新書。
・鮫島敦［2004］『老舗の訓　人づくり』岩波書店。
・中小企業総合研究機構［2010］『中小企業の事業継続性に関する調査研究——長寿企業から学ぶ永続型経営の要諦』中小企業総合研究機構研究部。

・鶴岡公幸［2012］『老舗――時代を超えて愛される秘密』産業能率大学出版部。
・中井透［2009］「"第二創業"としての事業承継：創業企業とのパフォーマンス比較と"第二創業"を生み出す要因の分析」『年報財務管理研究』第20号。
・中村翠章［1976］『老舗：生きている商魂』創造。
・野村進［2006］『千年、働いてきました――老舗大国ニッポン』角川書店。
・深沼光・井上考二［2006］「小企業経営者の引退と廃業――取引ネットワーク引き継ぎの有効性」『調査季報』（国民生活金融公庫）第79号、2006年11月。
・鉢嶺実［2006］「中小企業の事業承継問題の現状――世代交代を「第二創業」の契機としていくために」『信金中金月報』2006年2月号、信金中央金庫。
・前川洋一郎・末包厚喜［2011］『老舗学の教科書』同友館。
・村上義昭［2008］「従業員への事業承継」『調査季報』（国民生活金融公庫）85号、2008年5月。
・村上義昭［2009］「小企業の事業承継問題と事業支援策」日本中小企業学会報告論文。
・村上義昭・深沼光・井上考二［2009］「小企業の事業承継を進める方策」『日本公庫総研レポート』No.2008-5、2009年3月18日。
・村上義昭・古泉宏・久保田典男［2010］「中小企業の事業承継」『日本公庫総研レポート』No.2009-2、2010年3月16日。
・村上義昭・古泉宏［2010］「事業承継を契機とした小企業の経営革新」『日本政策金融公庫論集』第8号、2010年8月。
・安田武彦・許伸江［2005］「事業承継と承継後の中小企業のパフォーマンス」RIETI Discussion Paper 05-J-018。
・安田武彦［2005］「中小企業の事業承継と承継後のパフォーマンスの決定要因――中小企業経営者は事業承継に当たり何に留意するべきか」『中小企業総合研究』創刊号2005年8月。
・安田武彦［2006］「事業承継とその後のパフォーマンス」、橘木・安田編『企業の一生の経済学』ナカニシヤ出版、2006年。
・横澤利昌編著［2012］『老舗企業の研究［改訂新版］』生産性出版。

---

(7) （Richard L. Florida）1957年生まれのアメリカの社会学者。トロント大学教授。地域の発展のためには、創造的な職業人グループ（クリエイティブ・クラス）の役割が重要であるという主張を展開している。主な著書に『クリエイティブ・クラスの世紀――新時代の国、都市、人材の条件』（ダイヤモンド社、2007年）、『クリエイティブ資本論――新たな経済階級の台頭』（ダイヤモンド社、2008年）、『クリエイティブ都市経済論――地域活性化の条件』（日本評論社、2010年）などがある。

第2章

京都の老舗企業における事業承継と経営革新

松岡憲司・村西一男

1　京都の老舗(しにせ)企業

　京都の伝統産業として、西陣織、京友禅、京焼・清水焼、京仏壇・仏具、京菓子、伏見の清酒などがある。京都は、これらの産業に関わる、全国的にも知名度が高い「京の老舗」と言われる企業が数多く存在していることで知られている。

　帝国データバンクによる都道府県別の老舗上位出現率を見ると、1位が京都府で3.65％となっている。そのあとは、2位島根県3.50％、3位新潟県3.37％、4位山形県3.25％と日本海側が続き、5位が滋賀県3.11％である。また、京都府内の老舗出現率を見ると、1位が東山区9.91％、2位が上京区8.89％、3位下京区7.66％で、4位が中京区の7.32％となっている[1]。

　しかし、「老舗」とはどんな企業なのか、その定義はあまり明確ではない。例えば、『広辞苑（第6版）』によると、「①先祖代々の業を守りつぐこと。②先祖代々から続いて繁昌している店、また、それによって得た顧客の信用・愛顧」とある。しかし、この説明によって、ある企業が老舗かどうか判断することは難しい。

---

[1] 帝国データバンク［2009］　pp.70～73。ちなみに、出現率は以下の式により求められる。
　老舗出現率（％）＝老舗企業数÷その業種全体の企業数×100

創業以来の年数が長い、ということは老舗であることの重要な条件である。しかし、その年数は業種によって異なるだろう。このように「老舗」の定義が明確でないため、老舗企業の数については諸説があり、5万社とも10万社とも言われている。

いささかあいまいな概念の「老舗」であるが、一般的には創業100年以上の企業を「老舗」と呼ぶことが多い。「はじめに」でも述べたように、京都府では1968（昭和43）年度より、「同一業種で100年以上にわたり堅実に家業の理念を守り、伝統の技術や商法を継承し、他の模範となってきた企業」を「京の老舗」として表彰してきた。2009（平成21）年度までに、この制度で表彰された企業は1,754社に上っている。

これら老舗企業は何代にもわたって事業を続けてきており、いわば事業承継の成功例といっても過言ではないだろう。このことから、現在、老舗企業への関心が高まっている。

「はじめに」でも述べたように、成長著しい中国からも、事業承継の成功事例として、京都の老舗企業への調査団が京都に来ている[2]。また、京都府は、「老舗の経営を国内外に広く発信すること」を目的として、2012（平成24）年3月に「京都老舗の会」を発足させた。

我々は、このように注目が集まっている老舗企業について、特に京都の老舗企業に焦点を当てて、その特徴を明らかにすることを目的としてアンケート調査を実施した。本章は、その京都府下の創業100年以上の「老舗企業」を対象にしたアンケート調査の結果をまとめたものである。

2 調査概要

（1）調査方法

帝国データバンクは、全国で約125万社の企業データを保有している。このなかには、宗教法人など非営利法人を除く創業100年以上の老舗企業が約

24,500社ある。本調査は、この帝国データバンクの企業概要データベースより京都府下の老舗企業を選び、アンケート用紙を郵送し、老舗における事業承継と経営革新に関する実態を調査したものである。

　調査方法は郵送によるもので、2011（平成23）年3月30日に発送した。郵送対象は、帝国データバンクが作成した創業100年以上の京都府内企業998社のリストより、宗教法人や学校法人など非営利団体を除いた960社である。最終の回答を受付けたのは2011（平成23）年7月1日で、回答企業は224社であった。これには、宛先不明で返送されてきた4社と「廃業している」と回答した1社を除いている。つまり、回収率は23.3％であり、廃業、宛先不明を送付先から除くと23.5％となる。

　この調査にあたっては、京都府商工労働観光部染織・工芸課、京都市産業観光局商工部伝統産業課、京都伝統工芸協議会のご協力をいただいたことを記しておく。

（2）回答企業の概要

歴史

　回答企業の創業年を時代別に分けると、安土桃山時代より前（〜1602年）に創業した企業が4社（全回答数の1.9％、以下同じ）ある。回答企業のなかで最古の企業は、1555（弘治元）年に創業した友禅、高級呉服製造卸の「株式会社千總」で、創業後450年余が経過している。当時はまさに戦国時代の最中で、武田信玄（1521〜1573）と上杉謙信（1530〜1578）が信濃国（長野県）川中島で戦っていた時代である。

　次は1560（永禄3）年に創業した包丁、料理道具製造販売の「株式会社有次」、1584（天正12）年に創業した高級呉服店の「株式会社ゑり善」、1602（慶長7）年に創業した仏教書出版・販売の「株式会社法蔵館」と続く。

　以下、江戸時代（1603年〜1867年）に創業した企業は61社（28.9％）、明治

⑵　京都府の呼び掛けによる「京都老舗の会」発足会合（2012年3月21日）での発言による。

三条烏丸にある千總本社

時代（1868年～1911年）に創業した企業は143社（67.8％）、大正時代（1912年～1925年）に創業した企業は3社（1.4％）である。

　創業100年以上の企業リストに基づいて発送したが、大正時代に創業した企業のうち1社は1915（大正4）年創業と回答し、100年以上経過はしていないが以下の分析にはこの企業も含むことにした。

　帝国データバンクの企業概要調査によると、我が国最古の企業は大阪市「金剛組」（建築工事業）で578（敏達天皇6）年の創業、次いで山梨県西山温泉「慶雲館」（旅館業）が705（慶雲2）年の創業、兵庫県城崎温泉「古まん」（旅館業）が717（養老元）年に創業しており、創業開始から800年以上経過している企業が18社認められる。

　一方、京都では、885～889年ごろ（仁和年間）に「株式会社田中伊雅仏具店」が、1000（長保2）年に「一和（一文字屋和輔）」（菓子製造小売業）が、そして1160（永暦元）年に「株式会社通圓」（製茶業）が創業している[3]。

　現在地での操業開始年を同じように時代別に分けると、安土桃山時代より前（～1602年）は3社（1.6％）で、その企業は「株式会社千總」、「株式会社有次」、「田村ふとん店」（布団製造販売）である。江戸時代（1603年～1867年）より現在地で操業している企業は26社（14.0％）、明治時代（1868年～1911

年）よりが65社（34.9％）、大正時代（1912年〜1925年）よりが14社（7.5％）である。そして、昭和戦前時代（1926年〜1945年）よりが17社（9.1％）、昭和戦後時代（1946年〜1988年）よりが40社（21.5％）、平成元年以降（1989年〜）が19社（10.2％）となっている。

　京都は幸い、明治維新後の大火に、また太平洋戦争においても戦火に遭うことがなかったため、他地域と比較をすると現在地での操業期間の長い企業が多いと言える。ちなみに、法人化された年代については、ほとんどの企業が昭和に入ってからであった。

主力製品、事業分野
　一般的に老舗企業の多い業種は、旅館、料亭、酒造、和菓子であると言われている[4]（ただし、今回我々の調査では約3割であった）。帝国データバンクの企業概要データベースによる老舗出現率が高い業種を見ると、清酒製造が59.6％、以下しょうゆ等製造、みそ製造、蒸留酒・混成酒製造が35〜40％と高い。この理由として、これらの業種は永年にわたる経験と蓄積された技術、そして大がかりな設備を必要し、そのうえ免許制で保護されてきたので他よりの参入が難しかったものと思われる[5]。

　今回の調査で回答を寄せてくれた企業の場合、事業分野は様々であり、その主なものは次の通りであった。絹・人絹織物製造と卸（西陣織、丹後ちりめん）、宗教用具製造と卸（仏壇・仏具・法衣）、生菓子製造（京和菓子）、造園工事（主に寺社の庭園）、清酒製造（伏見の酒）、製茶（宇治茶）、旅館・ホテル、木造建設工事（寺社建築）などである。

企業規模
　売上高別老舗数を見ると比較的小規模なところが多く、年間売上高1億円以下の企業が77社（34.8％）、1億円超〜5億円以下が64社（29.0％）、5億円超

---
(3)　前川・末包［2011］p. 32。
(4)　鶴岡［2012］p. 6。
(5)　帝国データバンク［2009］pp. 58〜60。

〜30億円以下が65社（29.4％）、30億円超が15社（8.5％）である。

　帝国データバンクの企業概要データベースによる全国老舗の売上高区分比率は、売上区分が異なるためそのまま比較することは難しいが、年間売上高が1億円未満の企業比率は全体の39.1％、1億円以上〜10億円未満が43.5％、10億円以上が17.4％となっている[6]。これによると、やはり小規模企業が多く、京都の老舗企業と大差がないことが分かる。この理由としては、地域を問わず老舗はいたずらに規模の拡大を図るのではなく、事業の継続（家業を守ること）に力点を置く企業が多いせいではないかと考えられる。

　次に従業員数別老舗数を見ると、従業員数4人以下の企業が44社（19.8％）、5〜10人が53社（23.9％）、11〜20人が37社（16.7％）で、全体の6割（60.4％）の企業が20人以下であった。年間の売上高同様、比較的小規模な企業が多いことが分かる。

　続いて21人以上の企業を見ると、21〜50人が41社（18.5％）、51〜100人が25社（11.3％）、101〜300人が15社（6.8％）で、301人以上になるとわずか7社（3.2％）であった。

　同じように帝国データバンクの企業概要データベースによる老舗の内訳は、4人以下が44.1％、5〜9人が17.6％、10〜49人が26.6％、50〜99人が5.0％、100人以上が6.7％である[7]。これを京都の老舗と比較をすると、京都は4人以下の小規模企業比率が24.3％ポイント低く、その一方5人以上の企業比率が高くなっている。

3　京都の老舗企業の特徴

（1）家訓、社是、社訓などについて

　老舗企業の特徴の一つは「経営理念の継承」であるという[8]。

　家訓とは、「創業者」や「中興の祖」と呼ばれた人々が、家業の永久継続と子孫の繁栄を願って、自己の経験や苦労から得た信念を将来の一族および子孫

に訓戒したものである⁽⁹⁾。中世までは主に武家社会で利用されていたが、江戸時代に入ると商人、農民も利用するようになった。

現在残っている家訓は、江戸時代享保年間（1716年〜）以降に作られたものが多い。諸説があるが最古の家訓は、奈良時代の学者、政治家で、第45代聖武天皇（701〜756）らに重用され活躍した吉備真備（きびのまきび）⁽¹⁰⁾が769年に中国の『顔氏家訓（がんしかくん）』を参考に著した『私教類聚（しきょうるいじゅ）』とされている。この書には、40項目近い教訓が書かれている⁽¹¹⁾。

関西では、古くから「お天道様に恥じない行い」を常に意識して商売に励むべきであるとの考えがある。この背景として、江戸時代、商人の地位が低かったため、そうした商人の社会的地位、役割を正当に評価する思想的背景として石田梅岩（いしだばいがん）の「石門心学」が商人達に受け入れられた⁽¹²⁾。梅岩は、この他倹約、正直、勤勉なども説き、「京都商道」の開祖と言われている。今回、我々の調査による家訓例でも、この「石門心学」の教えに沿った道徳性や社会的正義が謳われているケースが多いことが分かった⁽¹³⁾。

このたび「家訓など」の有無について尋ねたところ、「明文化されたものがある」と答えた企業が67社（30.3％）、「明文化されていないが口伝としてある」が65社（29.4％）で、「明文化されたものも口伝もない」と答えた企業が89社（40.3％）であった。明文化されているか口伝かは別として、約6割（59.7％）の企業に「家訓など」があることが分かった。

帝国データバンクの企業概要データベースによる老舗の家訓調査を見ると、「明文化されたものがある」が40.0％、「口伝されている」が37.6％で、約8割（77.6％）の企業に「家訓など」があると記されている⁽¹⁴⁾。我々の調査では「家

---

(6) 前川・末包［2011］p. 12。
(7) 前川・末包［2011］p. 12。
(8) 鶴岡［2012］pp. 164〜166。
(9) 足立［1979］p. 98。
(10) 吉備真備（693〜775）その生涯は諸説があるが、備中国（岡山県吉備郡）の地方豪族出身、奈良時代の学者、政治家（公卿）。
(11) 『日本大百科全書』小学館、1994年
(12) 石田梅岩（1685〜1744）京都府亀岡市出身の江戸時代中期の思想家で「石門心学」の祖。
(13) 横澤［2012］pp. 154〜158。

訓など」があると回答した企業は約6割しかなく、2割ほど少ないことになる。

京都の老舗の「家訓など」保有率が他地域に比べて低い理由について、我々も2012（平成24）年8月から9月にかけて京の老舗数社を訪問し、各企業の家訓に対する考えを尋ねた。この聞き取り調査によると、回答集計同様、家訓などがない、家訓などを必要としないという企業が案外多かった。その理由として、ある企業は以下のように述べている。

「京都は他の地域に比べて歴史的に各業界とも下請け、分業作業などが盛んである。そのため上下左右の取引、つながりが強く、いきおい自社の方針、計画に基づいた事業展開が難しく、親会社、得意先の意向に沿った経営を強いられることが多い。そのため、家訓などを必要としない企業の比率が他地域より高いのではなかろうか」

また、他の企業では、「京都では、他地域と異なり、家訓として書き物で表したり言葉で述べるものではなく、経営者の考えは雰囲気で理解せよと考えている経営者が多いのではなかろうか。自分の考えなどを言葉や書いて表現することが苦手で、これを避ける経営者が多いように思う」と述べ、さらに他の1社では、「家族とわずかな従業員による小企業のため、家訓などは必要ない。また今後も家訓をつくるつもりはない」という考えであった。

我々が聞き取り調査をした範囲内では、「家訓など」を必要としない企業が当初の想定より多かった[15]。

一方、中小企業総合研究機構の全国老舗調査によると、「明文化されたものがある」が43%、「口伝されている」が15%で、約6割（58%）の企業に「家訓など」があると報告されている[16]。この調査を見ると、我々の調査と大差がないことになる。これらをまとめると、京都の老舗は、他地域より幾分「家訓など」のない企業が多いと言えるのではなかろうか。

しかし、「家訓など」がある場合には、「非常に重視している」が53社（42.4%）、「重視している」と答えた企業は60社（48.0%）で、両方あわせると90.4%を占めており、「重視していない」と答えた企業はわずかに2社（1.6%）であった。ちなみに、「家訓など」の具体例としては次の通りであった（順不同、原文のまま）。

- 正しい世渡りを心掛け自己本位の観念を捨て世の中に感謝し陰徳を積むこと（C社：木製品）
- "和"「真心、親切、感謝」（M社：建築金物）
- 「お客様大事」（Y社：石材）
- 「商」は牛のよだれ、よく物事をかみしめて、あわてずに（D社：建築）。
- 三方よし（O社：建設）
- お線香のように細く長く、常にくすぶって、あまねく広く世の中へ（S社：薫香）
- 一升入る袋は一升、あまり大きくするな（F社：種苗）
- 他人の保証人になるな（F社：金物）
- 押印するな（H社：造園）
- 質素、堅実（M社：醤油）
- 足るを知れ（身の丈に合った経営）、本業に徹する（S社：建築）
- 伝統は革新の連続（H社：和傘）
- 利益より永続（I社：和菓子）
- 誠実、品質本意（Y社：日本酒）

（2）現経営者の事業承継

　現在の経営者が事業を承継した時の年齢は、平均して40.5歳である。その時の先代の年齢は平均して64.1歳で、約24歳の年齢差で承継されていることが分かる。承継時の年齢の標準偏差は現経営者の場合9.70歳、先代の場合は12.25歳となり、おおよそ30歳から50歳の間で承継することがほとんどであったことも示された。

　現在の平均年齢は59.3歳で、承継から概ね20年弱経った経営者が多いようである。創業からの世代は平均で5.11代目だが、標準偏差は2.53代目とばらつき

---

(14) 帝国データバンク［2009］p. 37。
(15) 2012年8月、石田老舗、伊と忠、上羽絵惣での聞き取りによる。
(16) 中小企業総合研究機構［2010］p. 13。

が多い。

　帝国データバンクの企業概要データベースによると、全企業の社長平均年齢は59歳4か月、老舗企業の社長平均年齢は62歳1か月で、我々の調査より3歳ほど高かった[17]。

　中小企業総合研究機構の全国老舗調査を見ると、経営者の在職年数平均値は19.7年、中央値は16年で、我々の調査と大差がなかった。また、創業からの世代の中央値は5代目で、こちらもほとんど差がなかった[18]。

　次に事業承継者を先代からの関係で見ると、長男の承継が142社（64.8％）、これに長男以外の男性の実子27社（12.3％）も含めると169社（77.1％）と圧倒的に先代の男性の実子が多い。さらに、これに女性の実子（娘）、娘婿、配偶者、その他の親族を加えると212社（96.8％）となり、ほとんどの企業で先代の親族が承継している。

　京都では、事業を承継することと同時に、あるいはそれ以上に「家」を守ることが大事であると言われている。そのことからも、経営者は創業者の親族であることが重視されているように思われる。

　だが、繊維卸問屋の集積地である大阪の船場では、昔から「婿養子」をとるという習わしがある。仮に男性の実子があっても家業を継がせず、わざわざ外部から優秀な養子を迎え、将来その養子が娘と結婚することによって「家」を発展させ存続する方策がとられることが多かった。

　側聞（そくぶん）するところによれば、京都でもこの方式による事業承継が一部では行われてきた。以前は、養子制度の存在が老舗の発展につながったこともあるのではなかろうか。

　現経営者は「創業者の親族か」を尋ねたところ、204社（92.3％）の企業が「はい」と回答し、「いいえ」はわずか17社（7.7％）であった。前問「先代から見ての関係」同様、ほとんどの企業の経営者は創業者の直系で、先祖の血筋を重視し、こだわっていることが分かる。

　製造業に従事している企業の経営者に対し、製造に携わっているかどうかを尋ねたところ、「常時携わっている」が41社（31.3％）、「ときどき携わる」が30社（22.9％）、「以前は携わっていたが現在は携わっていない」が42社

（32.1％）で、この3項を合わせると86.3％を占めている。逆に、「以前も今もまったく携わっていない」はわずか18社（13.7％）にすぎず、製造業に従事している企業経営者の大部分は、何らかの形で製造に携わっていることが明らかとなった。

（3）今後の事業承継

　現経営者から見た今後の事業承継について、「後継者は決まっているか」という問いに対して、回答合計223件のなかで「はい」が50.0％であった。つまり、ちょうど半数の企業で後継者が決まっていることになる。

　次に「後継候補者と経営者の関係」を尋ねたところ、「実子」と答えた企業が82.1％であった。やはり、「実子」に企業を譲りたいという願望が強いことが分かる。その他の後継候補者を見ると、「養子」が4.3％、「兄弟、姉妹」が2.6％、「その他の親族」が8.5％で、「親族以外の役員・従業員」はわずか1.7％であった。

　日本政策金融公庫の全国中小企業調査によると、後継者がすでに決定している企業について、現経営者から見た後継候補者として「長男」を挙げる企業が約65％で、これに「長男以外の男の実子」を加えた数は約75％、4分の3に達している。一方、「従業員」と「社外の人」を加えた「親族以外」はわずか7％程度にすぎない[19]。企業規模に関わらず、いずれの経営者も実子に事業を承継したいと願っていることが分かる。

　さらに「その後継候補者は今何をしているか」と聞いたところ、その後継候補者の76.7％が「現在一緒に働いている」という回答であった。他に「異業種他社で働いている」が8.6％、「学生」が11.2％であった。

　「後継者は自分の子どもがよいと考えるか」と尋ねたところ、「子どもでなければならない」が17.1％、「できれば子どもがよい」が61.5％で、約8割

---

[17]　帝国データバンク［2009］p. 87。
[18]　中小企業総合研究機構［2010］p. 9。
[19]　村上・古泉・久保田［2010］p. 23。

（78.6％）の経営者が、自分の子どもが後継者として望ましいとしている。ここにも、事業と同時に「家」を重視するという傾向が表れている。逆に、「子どもであることにこだわらない」は20.5％で、「むしろ子ども以外から選びたい」と答えた企業はわずか１社であった。

「後継者が決まっていない理由」を尋ねたところ、「後継候補者がまだ若い」という理由が最も多く31.3％であった。経営者が若く「まだ後継者を必要としていない」が23.2％、「現在後継者を探している」と答えた企業が17.0％あった。

一方、「事業をやめる」と答えた企業は10.7％であった。その理由としては、「後継者がいない」、「将来性がない」、「社会的に必要としない」、「売上低下」が挙げられている。「事業をやめる」企業の主な業種は、酒類の小売業、繊維・染織関係の加工・小売業などであり、酒類小売り、繊維・染織関係など、競争環境の変化、市場が縮小している業種であることが分かる。

ちなみに、子どもの有無を尋ねたところ、男子が165人、女子が144人で、「どちらもいない」という回答が13あった。

（４）社会とのネットワーク

企業経営にあたっては、他社とのつながり、人と人のネットワークなどが重要な要素となると考えられる。そこで、諸団体への加入状況と、加入していたことの評価を４段階で答えてもらった[20]。

各団体への加入状況と、その団体へ加入していたことの評価を平均点で示すと図２－１の通りであった。このなかで加入率が高いのは「同業者の団体」、次いで「商工会議所、商工会」であったが、「京都経済同友会」は意外と少なかった。

４段階評価の平均値が高かったのは「青年会議所」であった。例えば、和菓子の下請け製造のＩ社の場合、「事業計画・予算作成・人との付き合い方など、事業を運営していくために勉強しなければならないことが多いが、これらについて青年会議所で修練することができ、大変役に立った」と語っていた。

「その他の団体」の例としては、以下の団体などが挙げられている。

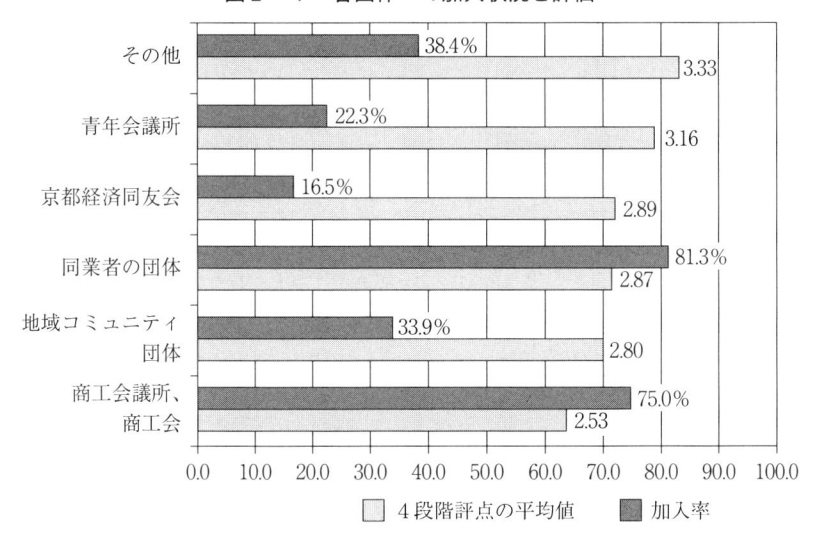

図2-1　各団体への加入状況と評価

団体	加入率	4段階評点の平均値
その他	38.4%	3.33
青年会議所	22.3%	3.16
京都経済同友会	16.5%	2.89
同業者の団体	81.3%	2.87
地域コミュニティ団体	33.9%	2.80
商工会議所、商工会	75.0%	2.53

・ロータリークラブ
・ライオンズクラブ
・京都経営者協会
・京都工業会
・京都中小企業家同友会
・納税協会

　学生時代の友人関係が、事業に役立つ場合も少なくないであろう。あるいは同窓会が新たな人間関係のきっかけとなることもあるであろう。そこで、出身学校を尋ねてみた。大学別の出身者数は**図2－2**の通りであった。
　当然のことながら、やはり地元京都の大学出身者が多く、特に同志社大学出身者が他を引き離して圧倒的に多い。この理由として考えられることは、これは同大学が永年にわたって培ってきた校風と、老舗の家風とが何となく合致し

---

[20] 4段階の評点。1：まったく役立たなかった、2：あまり役立たなかった、3：ある程度役立った、4：大変役立った

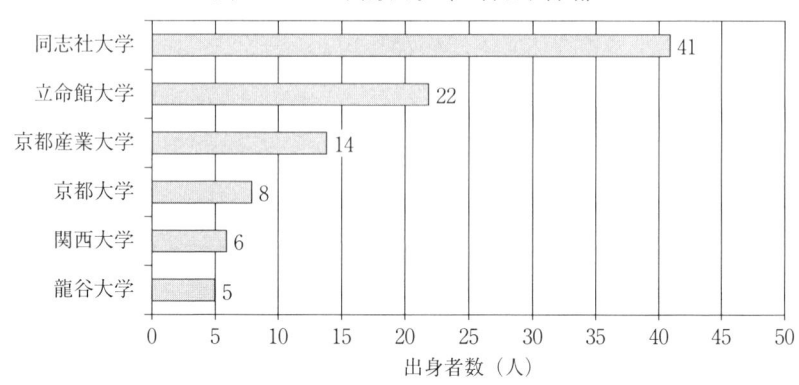

図2－2　出身大学（4名以下省略）

大学	出身者数（人）
同志社大学	41
立命館大学	22
京都産業大学	14
京都大学	8
関西大学	6
龍谷大学	5

て共感を呼ぶのではないかということである。それと、将来老舗の経営者に就任後、「豊富な人脈」すなわち同窓生、先輩そして後輩など、事業を行う時に心強いという期待もあるのではなかろうか。

　次に大阪府、兵庫県の大学と続き、関東地区の大学出身者も数人見受けられた。

　帝国データバンクの企業概要データベースによる老舗企業の社長の出身大学別人数を見ると、慶応義塾大学出身者が880名でトップ、2位が日本大学の734名、3位が早稲田大学の508名であった。関西では、5位に同志社大学が、10位に関西学院大学、11位に立命館大学、12位に甲南大学が名を連ねている[21]。「学校を卒業後、事業を承継するまでの経歴」について尋ねたところ、「自社で勤務」が最も多く40.8％、それに次ぐのが「異業種他社で勤務」が26.8％、「同業他社で勤務」が26.3％であった。そして、「勤務経験なし」は5.7％、「子会社勤務」は0.4％であった（複数回答があったため回答数の合計は228となる）。

　日本政策金融公庫の全国一般小企業向け調査によると、学校卒業から事業を承継するまでの間、「自社で勤務」が40.7％、「自社の子・別会社で勤務」が3.6％、「他社での勤務経験あり」が67.2％、「勤務経験なし」が4.4％となっており（複数回答）、社外で勤務経験を積ませることが多い。これは、入社前に

社外経験を積んだほうが広い見識や人的ネットワークが形成され、それにより自社の事業基盤の確立が可能となり、問題点を客観的に把握することができ、将来の経営に役立つという判断によるものと思われる[22]。

我々の調査と比較をすると、設問の違いがあるためそのまま比較をすることができないが、京都の老舗企業もおおよそ同じ考えで、「他社での勤務経験」を重視していることに変わりがないようである。

(5) 老舗としての事業承継と革新

事業承継にあたり、先代経営者はどの程度積極的に取り組んでくれたか

事業はまさに「人である」と言われる。老舗においても例外ではありえず、各企業とも事業を円滑に承継するために工夫し努力を重ねてきている。事業承継にあたり、先代経営者が取り組んでくれたことについて尋ねたところ、各質問項目に対する5段階評価の評点平均値による順位は**図2-3**の通りであった[23]。

その他、先代経営者が取り組んでくれたことは、「家訓・処世訓のすりこみ」、「経営哲学」、「広報活動」、「仕入先の開拓」、「内部留保」、「商業界精神の徹底」、「良好な財務状況」、「無借金経営の持続」、「社是・社訓の徹底」、「社会貢献」、「労働関係情報の収集と伝達」、「先代との関係は常にガラス張り」、「ある程度自由にやらせてもらった」などである（順不同、原文のまま）。

図2-3を見ると、縦軸「先代の取り組み」10項目のうち、上から「社内で一緒に仕事をした」より「事業の将来性や魅力の維持」までの6項目に対する5段階評価の評点平均値は3.00以上で、先代経営者が事業承継後に積極的に取り組んでくれたことが分かる。その反面、「他の役員・従業員・株主の協力体制構築」以下の項目に対する評点平均値は3.00未満で、先代経営者の取り組み

---

[21] 帝国データバンク [2009] p. 88。
[22] 村上・古泉 [2010] pp. 8～9。
[23] 5段階評価の評点。1：非常に消極的、2：消極的、3：一般的、4：積極的、5：非常に積極的

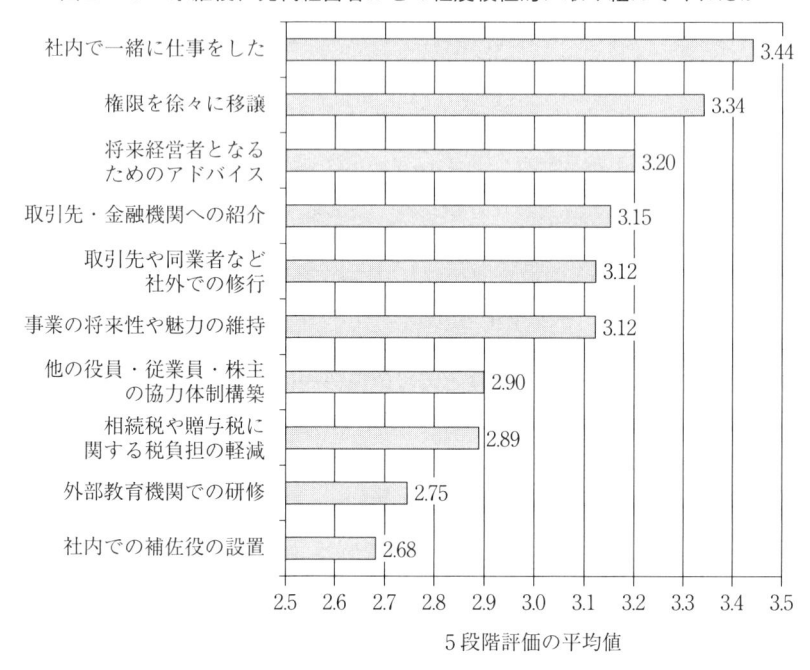

図2-3 承継後、先代経営者はどの程度積極的に取り組んでくれたか

項目	5段階評価の平均値
社内で一緒に仕事をした	3.44
権限を徐々に移譲	3.34
将来経営者となるためのアドバイス	3.20
取引先・金融機関への紹介	3.15
取引先や同業者など社外での修行	3.12
事業の将来性や魅力の維持	3.12
他の役員・従業員・株主の協力体制構築	2.90
相続税や贈与税に関する税負担の軽減	2.89
外部教育機関での研修	2.75
社内での補佐役の設置	2.68

が消極的で、あまり熱心でなかったと言えるのではないだろうか。

　日本政策金融公庫による全国一般中小企業4,427社の調査によると、1位が「社内で一緒に仕事をさせてくれた」で約半数の47.8％、2位が「権限を少しずつ移譲してくれた」で43.2％、3位が「将来経営者になるためのアドバイスをしてくれた」の32.2％、4位が「取引先や金融機関に積極的に引き合わせてくれた」が29.2％と続く。ここまでは、我々の調査による平均値の順位と同じである。

　しかし、次の5位「役員・従業員・株主の協力が得られやすいようにしてくれた」、6位「取引先や同業者など社外で修業させてくれた」、7位「事業の将来性や魅力を維持してくれた」の順位が我々の調査結果と異なっている。また、我々の調査項目にはなかったが、番外として「とくに何もしてくれなかった」が16.6％もあるのが意外であった[24]。

事業承継後、先代経営者による経営への関与

　事業承継後の先代経営者の役割について考えてみると、承継前の準備状況、承継後の関わりの度合いによるが、一般的に先代経営者が承継後も経営に対して関与の度合いが強く期間が長いほど後継者が自由に経営手腕を発揮することができない。その結果、新しい事業プラン、経営革新が思うように実行できず、承継後の業績がよくないケースが多いと言われている。

　先代経営者は、いったん事業を承継したら、経営の主体はあくまで後継者であることを自覚し、後ろから補佐するように心がけるべきであると思われる[25]。「事業承継後、先代経営者による経営への関与」について尋ねたところ、各質問項目に対する回答比率は図2－4の通りであった。

　この結果を見ると、「先代はまったく関与しなかった」、「先代は関与しなかったが、求めればアドバイスをしてくれた」の2項目で全回答数のほぼ3分の2を占めている。

　このなかには、諸般の事情により承継時に先代経営者が不在のまま事業を引継いだケースも考えられるが、それらを勘案しても、引継ぎ後は後継者に経営を任せる先代経営者が多いことが分かった。また、「特定の経営判断は先代が

図2－4　承継後、先代経営者による経営への関与

- 先代はまったく関与しなかった　34.1%
- 先代は関与しなかったが、求めればアドバイスをしてくれた　31.4%
- 経営判断の多くは先代が意思決定した　5.5%
- 特定の経営判断は先代が意思決定した　6.8%
- 最終判断は任せたが、先代も積極的に意見を述べた　22.3%

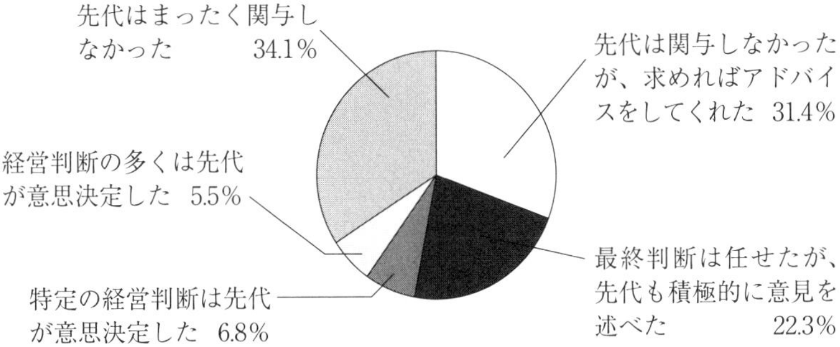

(24)　村上・古泉・久保田［2010］p. 74。
(25)　村上・古泉・久保田［2010］p. 63。

意思決定した」、「経営判断の多くは先代が意思決定した」の2項目の合計はわずか1割強で、承継後も先代経営者が積極的に経営に関与するケースは少ないようである。

　日本政策金融公庫による全国一般小企業2,197社の調査によると、「先代経営者は経営にまったく関与しなかった」が42.9％、「経営に関与しなかったが、求めればアドバイスをしてくれた」が30.7％、「最終判断は現経営者に任せたが、積極的に意見を述べた」が16.8％と報告されている[26]。

　我々の調査と比較すると、一部で幾分比率が異なるものの、ほぼ同じ傾向であると言えるのではなかろうか。これによると、地域、規模の大小、業種、業態の違いなどによる「承継後の先代経営者による経営への関与」の差はあまり見受けられないようである。

事業承継後、取り組んだ経営革新
　老舗といえども承継後に企業を維持し発展させていくためには、経営の革新が不可欠である。伝統を守りつつ常に革新を続ける姿勢、すなわち「伝統と革新」を積極的に図っていく必要がある。それは、「伝統とは革新の連続である」、「不易流行」という言葉に集約されていると思われる[27]。

　さて、「事業承継後、取り組んだ経営革新」について尋ねたところ、12質問項目に対する5段階評点の平均値と平均値による順位は図2－5の通りであった[28]。

　図2－5を見ると、縦軸「取り組んだ経営革新」12項目のうち、上から「新たな顧客の開拓」より「新たな経営理念」までの7項目に対する5段階評点の平均値が3.50以上と高かった。これは、老舗といえども従来通り旧態依然の経営に安住していることができず、生き残るため、そしてより発展を目指して常に経営革新に取り組んでいかなければならないことが示されている。なかでも特に、「新たな顧客の開拓」、「新商品・新サービスの開発・販売」の5段階評点の平均値が4.00以上で、老舗といえども、新たなマーケット開拓に積極的であることも分かった。

　老舗は「本来の事業を中心とした経営」、「変化させない伝統」を守る一方で、

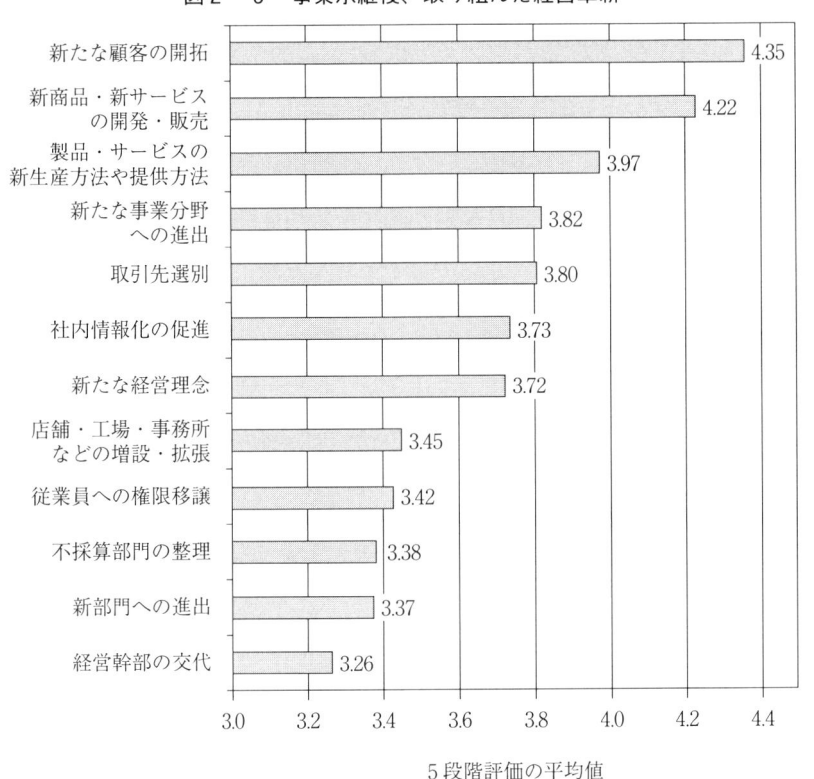

図2−5 事業承継後、取り組んだ経営革新

項目	評価
新たな顧客の開拓	4.35
新商品・新サービスの開発・販売	4.22
製品・サービスの新生産方法や提供方法	3.97
新たな事業分野への進出	3.82
取引先選別	3.80
社内情報化の促進	3.73
新たな経営理念	3.72
店舗・工場・事務所などの増設・拡張	3.45
従業員への権限移譲	3.42
不採算部門の整理	3.38
新部門への進出	3.37
経営幹部の交代	3.26

5段階評価の平均値

「時代の流れに対応し変わらなければならない」とも言われる。また、「いたずらに事業の拡大を図らず、家の存続を優先する」と言われることも多い。しかし、今回の調査では、回答者により設問の解釈に差がある懸念もあるが、「新顧客の開拓」、「新分野への進出」、「新商品の開発・販売」などの経営革新に対する積極的な姿勢が目立った。

---

(26) 村上・古泉・久保田［2010］p. 64。
(27) 横澤［2012］pp. 97〜99。
(28) 5段階評価の評点。1：消極的、2：やや消極的、3：どちらとも言えない、4：やや積極的、5：積極的

例えば、京友禅のO社は、友禅の技法を用いてハンドバッグ製造に進出し、現在は売り上げに占めるそれら小物の割合が8割に達している。また、和傘のH社は、和傘の開閉の仕組みを応用して照明器具を開発して世界的に大成功を収めている。

　日本政策金融公庫による全国一般中小企業調査によると、事業承継後、中企業の場合2,191社中97.4％、小企業の場合2,356社中89.1％の企業が経営革新に取り組んでいる。さらに従業員の規模別に見ると、規模の小さい企業ほど経営革新に対する取り組み比率が低いという傾向がある。例えば、1～2人では取り組み比率が83.2％であるが、100人以上になると98.7％の企業が経営革新に取り組んでいる。

　項目別に見ると、中企業の場合「新たな顧客の開拓」が最も多く62.3％、次いで「社内情報化の推進」が43.8％、「新商品・新サービスの開発・販売」が40.5％と続いている。小企業の場合も、最も多かったのが「新たな顧客の開拓」で64.3％、「取引先選別」が36.0％、「新たな事業への進出」が33.1％と続いている[29]。

　我々の調査と比較をすると、「新たな顧客の開拓」が最も多かった点では同じであるが、他の「社内情報化の促進」や「取引先選別」などの項目では、必ずしも同じような傾向ではなかった。また、「最も熱心に取り組んだ経営革新は前問の何番か」という問いに対する全回答数197のうち、主な項目の回答数の全回答数に対する比率は**図2－6**の通りであった。

　ちなみに、「その他に取り組んだ経営革新」の回答内容は、以下に挙げる通りである。

- ・グローバル化への対応
- ・経営理念の確立と実践
- ・経営計画書の作成
- ・研究部門の充実
- ・社員教育の強化
- ・ISO認証の取得
- ・新経営手法の取り入れ

図2−6　最も熱心に取り組んだ経営革新は前問の何番か

- 新商品・新サービスの開発・販売　22.8%
- 新たな顧客の開拓　19.3%
- 新たな事業分野への進出　12.9%
- 店舗・工場・事務所などの増設・拡張　10.4%
- 製品・サービスの新しい生産方法や提供方法　8.9%
- その他　25.7%

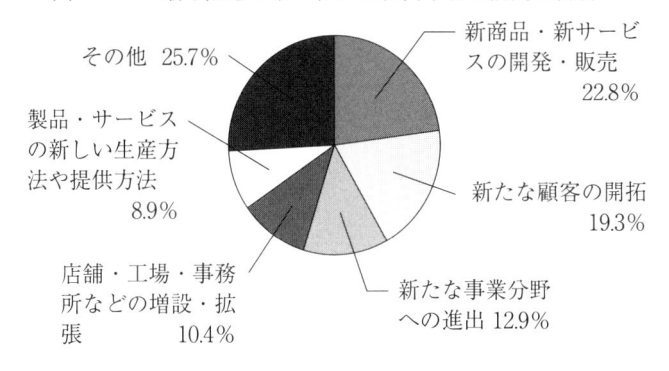

・不採算部門の整理
・生え抜き社員の抜擢、若返りなど（順不同、原文のまま）

　この回答と「事業承継後、取り組んだ経営革新」の回答を比較すると、「新商品・新サービスの開発・販売」、「新たな顧客の開拓」、「新たな事業分野への進出」はいずれも上位に位置し、その傾向はほぼ同じであった。

経営革新を実行する際の、関係者の理解と協力

　事業承継後、経営革新を実行する際、関係者の理解と協力が不可欠である。これについて尋ねたところ、これら7項目に対する5段階評点の平均値と平均値による順位は**図2−7**の通りであった[30]。

　この結果を見ると、「従業員の協力」と「金融機関の理解」の評点平均値が最も高く、従業員や金融機関より協力が得られていると理解をしている。さらに評点平均値の上位を見ると、「仕入・外注先の理解」、「販売・受注先の理解」など外部協力機関の評点平均値が高く、これら外部の協力が重視されている点も注目される。その反面、「役員の協力」、「株主の理解」、「先代経営者の

---

[29] 村上・古泉・久保田［2010］p. 49。
[30] 5段階評価の評点。1：まったく得られなかった、2：あまり得られなかった、3：どちらとも言えない、4：得られた、5：十分得られた

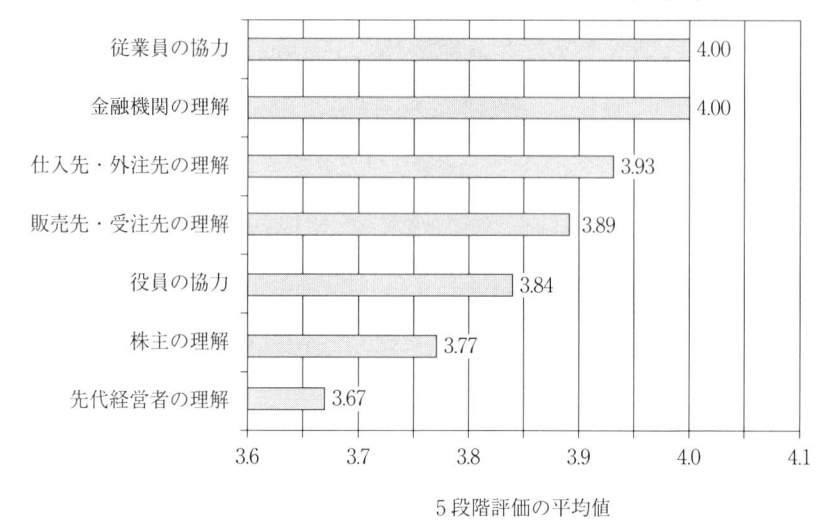

図2-7 経営革新を実行する際の、関係者の理解と協力

項目	評点
従業員の協力	4.00
金融機関の理解	4.00
仕入先・外注先の理解	3.93
販売先・受注先の理解	3.89
役員の協力	3.84
株主の理解	3.77
先代経営者の理解	3.67

5段階評価の平均値

理解」など内部関係者の評点平均値が3.76で、外部協力機関より評点平均値が低いのが気にかかる。

　日本政策金融公庫では、我々と設問内容が異なるが、全国一般中小企業4,088社に対して「経営革新に取組むうえで苦労した課題」について調査をしている。この調査によると、企業が苦労をしていることは、上位より「従業員の協力を得ること」が44.4％、「資金の調達」が39.6％、「必要なスキルをもった従業員の確保」が32.3％、「金融機関の理解を得ること」が29.0％と、これら4項目が上位を占めている。我々の調査結果と異なるが、これについては後日の検討課題としたい[31]。

経営革新を実行するのに必要な経営資源の入手

　事業承継後、経営革新を実行する際、これを遂行するために必要な経営資源を入手することが不可欠である。必要な経営資源の入手の容易さについて尋ねたところ、これら6項目に対する5段階評点の平均値と平均値による順位は**図2-8**の通りであった[32]。

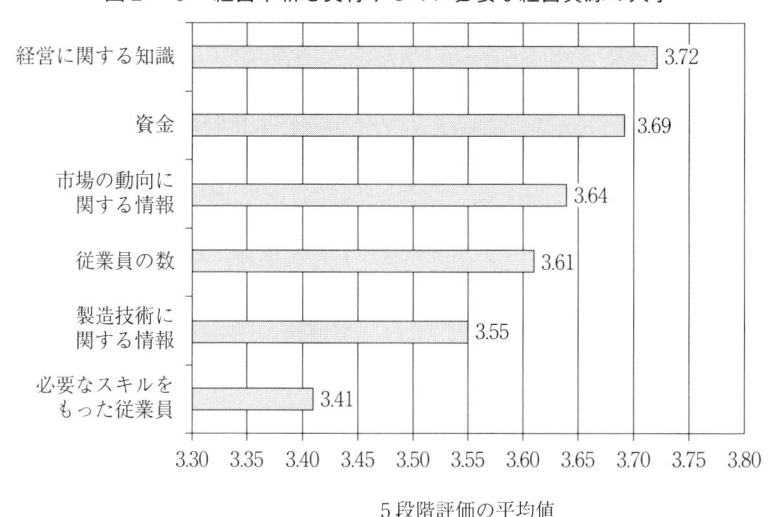

図2−8　経営革新を実行するのに必要な経営資源の入手

項目	5段階評価の平均値
経営に関する知識	3.72
資金	3.69
市場の動向に関する情報	3.64
従業員の数	3.61
製造技術に関する情報	3.55
必要なスキルをもった従業員	3.41

5段階評価の平均値

　各項目の5段階評点の平均値を見ると、いずれも平均値が3.50前後で大差がなく、「どちらともいえない」ということではなかろうか。あえて順位をつけると、「経営に関する知識」の習得や「資金」の確保がやや上位にあるが、老舗企業としての古くから受け継がれているであろう「製造技術に関する情報収集」はあまり上位にこなかった。やはり、「必要なスキルをもった従業員の確保」は厳しいようである。

---

(31)　村上・古泉・久保田［2010］p. 55。
(32)　5段階評価の評点。1：まったく得られなかった、2：あまり得られなかった、3：どちらとも言えない、4：ある程度得られた、5：十分得られた

4 創業年次（時代）による特徴

本調査では、企業が老舗であるかどうかの基準は創業後の年数である。そこで、創業年次（時代）による特徴があるかどうかを確かめるために、企業規模（売上高、従業員数）、家訓などの有無の3項目を取り上げて、創業時期を江戸時代以前（1867年以前）と明治時代以降（1868年以降）に分けて比較をしてみた。

（1）創業年次（時代）と企業規模（売上高）

表2－1を見ると、年間売上高30億円以下の場合、江戸時代以前に創業した企業と明治時代以降に創業した企業の間に比率の差がほとんどなく、ほぼ同じ

表2－1　創業年次（時代）と企業規模（売上高）

企業規模（売上高）	創業年次（時代）						『老舗学の教科書』（参考）	
	江戸時代以前〜1867年		明治時代以降1868年〜		合計		売上高	回答比率（％）
	回答数	％	回答数	％	回答数	％		
1千万円以下	3	4.7	7	4.9	10	4.8	—	—
1千万円超〜5千万円	9	14.1	20	13.9	29	13.9	—	—
5千万円超〜1億円	10	15.6	23	16.0	33	15.9	1億円未満	39.1
1億円超〜5億円	19	29.7	41	28.5	60	28.8	1億円以上〜10億円未満	43.5
5億円超〜30億円	20	31.3	41	28.5	61	29.3	10億円以上〜100億円未満	13.3
30億円超	3	4.7	12	8.3	15	7.2	100億円以上	4.1
合計	64	100.0	144	100.0	208	100.0		100.0

出所：筆者作成

出所：前川・末包［2011］
P.12　図表1－5。

であった。しかし、サンプル数は少ないが、年間売上高が30億円以上の企業については、明治時代以降に創業した企業の比率が高いことが分かった。

この違いの要因は必ずしも明確ではないが、江戸時代以前に創業した企業は、売上高の拡大を図るより永続性を重視した経営に努めた結果、中規模以下に留まる企業が多いのではなかろうか。これに対して明治時代以降に創業した企業は、より積極的に規模の拡大を目指した企業が多かったのかもしれない。

（2）創業年次（時代）と企業規模（従業員数）

従業員数より見た企業規模について、50人以下の場合、江戸時代以前の創業企業と明治時代以降の創業企業の間ではほとんど差がなかった。しかし、51〜

表2−2　創業年次（時代）と企業規模（従業員数）

企業規模（従業員数）	創業年次（時代）						日本公庫調査（参考）	
	江戸時代以前〜1867年		明治時代以降1868年〜		合計		従業員数	回答比率（％）
	回答数	％	回答数	％	回答数	％		
4人以下	13	20.0	27	18.8	40	19.1	1〜4人	37.2
5〜10人	15	23.1	36	25.0	51	24.4	5〜9人	15.9
11〜20人	10	15.4	24	16.7	34	16.3	10〜19人	14.3
21〜50人	12	18.5	29	20.1	41	19.6	20〜49人	18.2
51〜100人	11	16.9	13	9.0	24	11.5	50〜99人	9.0
101〜300人	3	4.6	9	6.3	12	5.7	100〜299人	4.9
300人以上	1	1.5	6	4.2	7	3.3	300人以上	0.4
合計	65	100.0	144	100.0	209	100.0		99.0

出所：筆者作成

出所：村上・古泉・久保田［2010］p.5 図表1−6。

100人規模では、江戸時代以前の創業企業が16.9%であるのに対して、明治時代以降の創業企業は9.0%と、江戸時代以前のほうが多くなっている。

一方、より大きな101人以上の企業の比率は、江戸時代以前の創業企業の6.1%に対して、明治時代以降の創業企業は10.5%である。この違いの要因は、前項「（1）創業年次（時代）と企業規模（売上高）」と同じ理由によるものと思われる。

（3）創業年次（時代）と「家訓など」の有無

老舗の経営では、「家訓など」言い伝えられてきた教えの影響が強いのではないかと考えられる。特に、より古い企業ほど「家訓など」の影響が強いのではないかと予想される。しかし、明文化されているかどうかは別にして「家訓など」がある比率には、江戸時代以前の創業企業と明治時代以降の創業企業の間にほとんど差がなく、約6割の企業が「家訓など」を保有していた。

明文化されているか、それとも口伝なのかという「家訓など」のあり方では、江戸時代以前の創業企業と明治時代以降の創業企業の間で差があった。明治時

表2－3　創業年次（時代）と「家訓など」の有無

「家訓など」の有無	創業年次（時代）						『百年続く企業の条件』（参考）	
	江戸時代以前～1867年		明治時代以降1868年～		合計			
	回答数	％	回答数	％	回答数	％	回答数	回答比率（％）
明文化されたものがある	14	21.9	49	34.0	63	30.3	326	40.0
明文化はされていないが口伝としてある	23	35.9	39	27.1	62	29.8	306	37.6
ない	27	42.2	56	38.9	83	39.9	139	17.0
答えられない、無回答	—	—	—	—	—	—	44	5.4
合計	64	100.0	144	100.0	208	100.0	815	100.0

出所：筆者作成

出所：帝国データバンク［2009］p.37　図8。

代以降の創業企業では34.0％の企業が明文化された「家訓など」があるのに対して、江戸時代以前の創業企業では21.9％にすぎなかった。それに対して、明文化されていない口伝として「家訓など」がある企業の比率は、江戸時代以前の創業企業の場合35.9％であったのに対して、明治時代以降の創業企業については27.1％であった。

（4）創業年次（時代）と承継後の経営革新への取り組み

創業年次（時代）によって、経営革新への取り組みに差があるのだろうか。事業承継後の経営革新について、5段階評点の平均値で経営革新への姿勢を示したのが**表2－4**（42ページ）に示してある各項目上段の数値である。そして、「やや積極的」、「積極的」と回答した企業の全企業に対する比率を示したのが、**表2－4**の各項目下段の数値である[33]。

この表より、ほとんどの項目について創業年次（時代）による大きな差は見いだせなかった。唯一大きな差が生じたのは「不採算部門の整理」である。この項目について江戸時代以前の創業企業と明治時代以降の創業企業との間には、平均値で0.21、取り組み比率で14.1％の差が発生した。これは、より古い歴史の企業が事業分野を変えない傾向にあることを示しているのではないかと考えられる。

他の項目「取引先選別」、「製品・サービスの新しい生産方法や提供方法」などの5項目についても、明治時代以降の創業企業のほうが平均値、取り組み比率ともわずかであるが高いが、項目「新たな事業分野への進出」のみ、江戸時代以前の創業企業のほうがわずかであるが高い。江戸時代以前の創業企業と比べると、明治時代以降の創業企業のほうが幾分経営革新に対してより積極的であるという見方ができるのではなかろうか。

---

[33] 5段階評価の評点。1：消極的、2：やや消極的、3：どちらとも言えない、4：やや積極的、5：積極的

表2－4　創業年次（時代）と承継後の経営革新への取り組み

経営革新		創業年次（時代）		合計	日本公庫調査(参考)	
		江戸時代以前 ～1867年	明治時代以降 1868年～		企業規模	取組比率(％)
新たな事業分野への進出	平均	3.88	3.79	3.82	小企業	33.1
	取組比率	69.0%	67.2%	67.8%	中企業	34.5
新商品・新サービスの開発・販売	平均	4.20	4.23	4.22	小企業	33.7
	取組比率	85.2%	82.1%	83.1%	中企業	40.5
新たな顧客の開拓	平均	4.40	4.35	4.37	小企業	64.4
	取組比率	85.0%	87.7%	86.9%	中企業	62.3
取引先選別	平均	3.73	3.81	3.80	小企業	36.0
	取組比率	55.9%	64.0%	61.5%	中企業	30.1
製品・サービスの新しい生産方法や提供方法	平均	3.90	3.99	3.97	小企業	22.8
	取組比率	63.0%	72.1%	69.4%	中企業	33.0
新たな経営理念	平均	3.72	3.73	3.72	小企業	26.6
	取組比率	55.2%	60.5%	58.8%	中企業	37.6
従業員への権限移譲	平均	3.39	3.43	3.42	小企業	13.8
	取組比率	47.5%	46.1%	46.5%	中企業	29.7
店舗・工場・事務所などの増設・拡張	平均	3.42	3.46	3.45	小企業	30.7
	取組比率	50.8%	51.1%	51.1%	中企業	40.2
新部門への進出	平均	3.31	3.39	3.37	小企業	5.8
	取組比率	55.9%	51.5%	52.9%	中企業	14.7
不採算部門の整理	平均	3.25	3.46	3.38	小企業	17.1
	取組比率	27.3%	41.4%	37.2%	中企業	26.1
経営幹部の交代	平均	3.19	3.32	3.26	小企業	11.4
	取組比率	39.6%	34.4%	36.0%	中企業	29.3
社内情報化の促進	平均	3.74	3.78	3.73	小企業	21.2
	取組比率	56.1%	64.3%	61.8%	中企業	43.8

出所：筆者作成

出所：村上・古泉・久保田［2010］p.49　図表2－15。

5 　事業分野（業種）による特徴

　本節では、「創業年次（時代）」、「家訓など」、「売上高」、「最近5年の売上高」の4項目と「京の老舗表彰受賞企業の業種大分類」による業種（10区分）との間に特徴があるのかを確認するために比較を行った。

　まず、事業分野（業種）別の企業数を**表2-5**の右合計欄で見ると、あくまで本アンケートに対する回答企業の分類であるが、回答企業224社10分類中1位は、京の和菓子、伏見の清酒、宇治茶など京都を代表する「食料品」が52社で約4分の1を占めている。2位は西陣織、京友禅、京呉服、丹後ちりめんなどの「繊維・染織」が44社の約5分の1で、この2業種で全企業中4割強を占めていることになる。以下、3位が社寺建築、造園の「建設業」と続いている。

　これを見ると、菓子、酒、茶などの「食料品」、西陣織・京呉服などの「繊維・染織」が上位を占め、京都のイメージにも合致していることが確認できた。

（1）事業分野（業種）と創業年次（時代）

　京都は、明治維新前約1100年の長期にわたって都であったため、江戸時代以前（〜1867年）に創業した老舗が多いというイメージがある。しかし、今回の調査によると、全企業中、江戸時代以前に創業した企業比率は全企業の約3割であった。やはり、長期にわたって事業を継続し存続させていくことの難しさをうかがわせる。

　創業年次の区分が異なるためそのまま比較をすることはできないが、帝国データバンクの企業概要データベースによると、創業200年以上の企業比率は、全老舗企業に対して4.8％、創業300年以上の企業比率はわずか2.3％である[34]。これと比較をすると、京都の老舗企業は他地域の老舗企業と比べると長寿企業が多いと言えるのではなかろうか。

---

[34] 帝国データバンク［2009］p.50。

表2−5 事業分野（業種）と創業年次（時代）

	業種		創業年次（時代）			合計
			江戸時代以前〜1867年	明治時代以降1868年〜	不明	
1	医薬品・化学（医薬品・石油・染料他）	企業数	1	12	0	13
		比率(%)	7.7	92.3	0.0	100.0
2	印刷・出版・紙製品（印刷・出版・事務用品他）	企業数	3	10	1	14
		比率(%)	21.4	71.4	7.1	100.0
4	機械金属（鉄鋼業・精密機械他）	企業数	0	8	1	9
		比率(%)	0.0	88.9	11.1	100.0
6	建設業（土木・造園・建築他）	企業数	4	18	0	22
		比率(%)	18.2	81.8	0.0	100.0
7	工芸（仏壇、仏具、扇子他）	企業数	10	7	1	18
		比率(%)	55.6	38.9	5.6	100.0
8	食料品（菓子・酒・茶・米・湯葉他）	企業数	24	29	2	55
		比率(%)	43.6	52.7	3.6	100.0
9	繊維・染織（西陣織・京呉服・ちりめん他）	企業数	14	29	1	44
		比率(%)	31.8	65.9	2.3	100.0
10	身の回り品その他（眼鏡・貴金属・履物他）	企業数	5	9	5	19
		比率(%)	26.3	47.4	26.3	100.0
11	木材・木製品・装飾品（家具・製材・竹製品他）	企業数	2	5	0	7
		比率(%)	28.6	71.4	0.0	100.0
12	料理店・旅館・理容業関係（料理店・旅館・飲食店他）	企業数	4	11	0	15
		比率(%)	26.7	73.3	0.0	100.0
	未分類	企業数	1	6	0	7
		比率(%)	14.3	85.7	0.0	100.0
	その他（不明、無記入など）	企業数	0	1	0	1
		比率(%)	0.0	100.0	0.0	100.0
	合計	企業数	68	145	11	224
		比率(%)	30.4	64.7	4.9	100.0

以下の注記は、業種分類による分析表（表2−5〜2−8）共通である。
注1：業種分類は，京都府「京の老舗表彰受賞企業の業種大分類」に準拠した。
注2：業種区分　3　お茶屋、5　金融業は、該当企業がないため除外した。

表2−5より事業分野別に創業年次を見ると、仏壇・仏具などの「工芸」、菓子・酒・茶などの「食料品」はさすが長寿企業が多く、江戸時代以前の創業企業数と明治時代以降の創業企業数の比率が拮抗している。当然ではあるが、明治時代以降、海外より技術が導入されて商品化されたものが多い「医薬品・化学」や「機械金属」関連企業は、圧倒的にそれ以降の創業となっている。

（2）事業分野（業種）と「家訓など」の有無

一般的に老舗は、業種の違いにより「家訓など」の有無に差がないように思われているのではなかろうか。しかし、今回の調査によると、**表2−6**の通り「印刷・出版・紙製品」、「建設業」業界では、7割以上の企業に「家訓など」がある。反面、「料理・旅館・理容業関係」業界では4割、「繊維・染織」、「機械金属」業界では5割前後しか「家訓など」がないことが分かった。

前述の通り、帝国データバンクの企業概要データベースによると、全国老舗の約8割の企業に家訓がある。京都でも老舗の約6割の企業に「家訓など」があるが、これと比較をすると、京都を代表する「料理・旅館・理容業関係」、そして「繊維・染織」業界における「家訓など」の保有率が意外と低かった。

（3）事業分野（業種）と売上高

売上高の区分別に見ると、**表2−7**のように「医薬品・化学」、「印刷・出版・紙製品」、「建設業」、「食料品」、「料理・旅館・理容業関係」の5業界は、売上高4区分中1億円以上の企業がこの業界の3分の2以上を占め、比較的大きな企業が多い。サンプル数が少ないため判断が難しいが、「木材・木製品・装飾品」業界は、売上高5,000万円以下と売上高5億円以上の企業に2極化されていることも分かった。

老舗は、いたずらに規模の拡大を図らず堅実に経営し、次の世代に事業を引継ぐことを目標にしているとよく言われているが、今回の調査ではこのような傾向はあまり見受けられなかった。

表2－6　事業分野（業種）と「家訓など」の有無

	業種		家訓、社是、社訓の有無				合計
			明文化されたものあり	口伝としてあり	ない	不明	
1	医薬品・化学 （医薬品・石油・染料他）	企業数	5	2	5	0	12
		比率(%)	41.7	16.7	41.7	0.0	100.0
2	印刷・出版・紙製品 （印刷・出版・事務用品他）	企業数	7	3	4	0	14
		比率(%)	50.0	21.4	28.6	0.0	100.0
4	機械金属 （鉄鋼業・精密機械他）	企業数	3	1	5	0	9
		比率(%)	33.3	11.1	55.6	0.0	100.0
6	建設業 （土木・造園・建築他）	企業数	9	7	5	0	21
		比率(%)	42.9	33.3	23.8	0.0	100.0
7	工芸 （仏壇、仏具、扇子他）	企業数	4	7	7	0	18
		比率(%)	22.2	38.9	38.9	0.0	100.0
8	食料品 （菓子・酒・茶・米・湯葉他）	企業数	12	22	21	0	55
		比率(%)	21.8	40.0	38.2	0.0	100.0
9	繊維・染織 （西陣織・京呉服・ちりめん他）	企業数	11	11	22	0	44
		比率(%)	25.0	25.0	50.0	0.0	100.0
10	身の回り品その他 （眼鏡・貴金属・履物他）	企業数	4	6	7	1	18
		比率(%)	22.2	33.3	38.9	5.6	100.0
11	木材・木製品・装飾品 （家具・製材・竹製品他）	企業数	4	0	3	0	7
		比率(%)	57.1	0.0	42.9	0.0	100.0
12	料理店・旅館・理容業関係 （料理店・旅館・飲食店他）	企業数	4	2	9	0	15
		比率(%)	26.7	13.3	60.0	0.0	100.0
	未分類	企業数	3	3	0	0	6
		比率(%)	50.0	50.0	0.0	0.0	100.0
	その他 （不明、無記入など）	企業数	0	0	1	0	1
		比率(%)	0.0	0.0	100.0	0.0	100.0
	合計	企業数	66	64	89	1	220
		比率(%)	30.0	29.1	40.5	0.5	100.0

表2－7　事業分野（業種）と売上高

	業種		最近の事業年度売上高				合計
			～5千万円	5千万円超～1億円	1億円超～5億円	5億円超	
1	医薬品・化学（医薬品・石油・染料他）	企業数	1	2	5	5	13
		比率(%)	7.7	15.4	38.5	38.5	100.0
2	印刷・出版・紙製品（印刷・出版・事務用品他）	企業数	0	0	7	7	14
		比率(%)	0.0	0.0	50.0	50.0	100.0
4	機械金属（鉄鋼業・精密機械他）	企業数	3	0	3	3	9
		比率(%)	33.3	0.0	33.3	33.3	
6	建設業（土木・造園・建築他）	企業数	4	3	9	6	22
		比率(%)	18.2	13.6	40.9	27.3	100.0
7	工芸（仏壇、仏具、扇子他）	企業数	4	6	6	2	18
		比率(%)	22.2	33.3	33.3	11.1	100.0
8	食料品（菓子・酒・茶・米・湯葉他）	企業数	5	9	16	24	54
		比率(%)	9.3	16.7	29.6	44.4	100.0
9	繊維・染織（西陣織・京呉服・ちりめん他）	企業数	12	9	7	15	43
		比率(%)	27.9	20.9	16.3	34.9	100.0
10	身の回り品その他（眼鏡・貴金属・履物他）	企業数	6	1	6	6	19
		比率(%)	31.6	5.3	31.6	31.6	100.0
11	木材・木製品・装飾品（家具・製材・竹製品他）	企業数	3	0	0	4	7
		比率(%)	42.9	0.0	0.0	57.1	100.0
12	料理店・旅館・理容業関係（料理店・旅館・飲食店他）	企業数	2	3	5	5	15
		比率(%)	13.3	20.0	33.3	33.3	100.0
	未分類	企業数	2	2	0	3	7
		比率(%)	28.6	28.6	0.0	42.9	100.0
	その他（不明、無記入など）	企業数	0	0	0	0	0
		比率(%)	―	―	―	―	―
	合計	企業数	42	35	64	80	221
		比率(%)	19.0	15.8	29.0	36.2	100.0

表2－8　事業分野（業種）と最近5年の売上高

	業種		最近5年の売上高				合計
			増加	横ばい	減少	不明	
1	医薬品・化学 （医薬品・石油・染料他）	企業数	5	6	2	0	13
		比率(%)	38.5	46.2	15.4	0.0	100.0
2	印刷・出版・紙製品 （印刷・出版・事務用品他）	企業数	3	2	9	0	14
		比率(%)	21.4	14.3	64.3	0.0	100.0
4	機械金属 （鉄鋼業・精密機械他）	企業数	3	1	4	1	9
		比率(%)	33.3	11.1	44.4	11.1	100.0
6	建設業 （土木・造園・建築他）	企業数	1	10	11	0	22
		比率(%)	4.5	45.5	50.0	0.0	100.0
7	工芸 （仏壇、仏具、扇子他）	企業数	2	3	13	0	18
		比率(%)	11.1	16.7	72.2	0.0	100.0
8	食料品 （菓子・酒・茶・米・湯葉他）	企業数	9	16	28	0	53
		比率(%)	17.0	30.2	52.8	0.0	100.0
9	繊維・染織 （西陣織・京呉服・ちりめん他）	企業数	4	14	26	0	44
		比率(%)	9.1	31.8	59.1	0.0	100.0
10	身の回り品その他 （眼鏡・貴金属・履物他）	企業数	5	4	10	0	19
		比率(%)	26.3	21.1	52.6	0.0	100.0
11	木材・木製品・装飾品 （家具・製材・竹製品他）	企業数	0	1	6	0	7
		比率(%)	0.0	14.3	85.7	0.0	100.0
12	料理店・旅館・理容業関係 （料理店・旅館・飲食店他）	企業数	3	7	4	1	15
		比率(%)	20.0	46.7	26.7	6.7	100.0
	未分類	企業数	0	1	6	0	7
		比率(%)	0.0	14.3	85.7	0.0	100.0
	その他 （不明、無記入など）	企業数	0	0	1	0	1
		比率(%)	0.0	0.0	100.0	0.0	100.0
	合計	企業数	35	65	120	2	222
		比率(%)	15.8	29.3	54.1	0.9	100.0

（4）事業分野（業種）と最近5年の売上高

　業種別に最近5年の売上高の傾向を見ると、**表2－8**の通りまず全老舗企業中約3割の企業が「横ばい」、半数以上5割強の企業が「減少」と答えている。「増加」している企業はわずか2割弱しかない。京の老舗企業と言えば、表面的には華やかな面もあるが、内実は厳しい状況が続いていることが分かる。

　業種別に見ると、「医薬品・化学」と「料理店・旅館・理容業関係」の業界では、業種別全企業中3分2以上の企業が「増加」か「横ばい」と回答している。この業界が概ね好況であることがうかがえる。

　一方、「建設業」、「工芸」、「食料品」、「繊維・染織」の業界では、業種別全企業の8割以上の企業が「横ばい」か「減少」、「木材・木製品・装飾品」業界ではすべての企業が「横ばい」か「減少」している。「印刷・出版・紙製品」と「身の回り品その他」の業界でも7割以上の企業が「横ばい」か「減少」と回答している。

　この売上高において「横ばい」と「減少」が多い一因として、業種、個別企業それぞれに事情は異なるが、やはり2008（平成20）年秋の金融恐慌いわゆるリーマン・ショックによる不況の影響を老舗といえども無視することができず、売上減として表れていると言えるのではなかろうか。

　一方、京都府商工労働観光部調査による『京都府観光入込客調査報告書2010（平成22）年』の「観光消費額の年次推移」によると、2006（平成18）年の観光消費額は6,834億円、2008（平成20）年には7,063億円と増加をするが、リーマン・ショックのせいか2009（平成21）年は6,557億円と減少し、2010（平成22）年は6,964億と伸び悩んでいる。

　京の老舗の多くは、多かれ少なかれ直接間接を問わず、京都を訪れる観光客の観光消費に依存していると思われる。そのため、景気変動の影響を受けやすい観光収入の増減が、やはり売上高の増減につながっているものと解釈すべきではなかろうか。

6 業績と経営革新

(1) 売上高、従業員数の変化と同業他社との業績比較

本調査では、最近の経営状況に関する質問として、最近5年の売上高と従業員数の変化、そして同業他社と比べた業績の3点について尋ねている。**表2－9**は「売上高の変化と同業他社との業績比較」を、**表2－10**は「従業員数の変化と同業他社との業績比較」を示したものである。これらの三つの変数間の関係を見ると、ある程度予測されたことではあるが、売上高の増減および従業員数の増減は、同業他社との業績比較と相関していることが分かった。

しかし、一部の企業では、製造設備、事務部門の機械化を進めて合理化を図り、そして従業員数を減らして業績を伸ばすという方策を講じていることもあるのではないかと思われる。

(2) 同業他社との業績比較と経営革新

最近5年の同業他社との業績比較という変数を用いて、経営革新との関連を見てみよう。「3節(5)事業承継後、取り組んだ経営革新」(32ページ)でも用いた5段階評価の評点平均値で、経営革新への姿勢を示したのが**表2－11**の各項目上段の数値である。そして、各項目下段の数値は、各経営革新項目について「やや積極的」あるいは「積極的」と答えた企業の全企業に対する比率である。この数値が高いということは、それぞれの経営革新に積極的であることを示している[35]。

まず、「新たな経営理念」の導入を除き、業績の良い企業から悪い企業へ行くほど、平均値が小さくなっていることが分かる。つまり、業績が良い企業は、より経営革新に積極的であると言えるのではなかろうか。広い意味の積極的である企業の比率もほぼ同じ傾向を示している。老舗とは、伝統と同時に革新の連続であるということを裏付けている。

経営革新の項目間で比較すると、同業他社に比べて業績がよい企業では、「新商品・新サービスの開発・販売」に最も積極的で、それに続いて「新たな顧客開拓」、「新たな事業分野への進出」が上位にある。業績のいかんに関わら

表2－9　売上高の変化と同業他社との業績比較

最近5年の売上高		最近5年の同業他社との業績比較					合計
		よい	やや良い	他社並	やや悪い	悪い	
増加	企業数	15	12	7	1	0	35
	比率(%)	42.9	34.3	20.0	2.9	0.0	100.0
横ばい	企業数	4	27	30	2	0	63
	比率(%)	6.3	42.9	47.6	3.2	0.0	100.0
減少	企業数	0	25	59	19	13	116
	比率(%)	0.0	21.6	50.9	16.4	11.2	100.0
増加・横ばい・減少の複数回答	企業数	1	0	1	0	0	2
	比率(%)	50.0	0.0	50.0	0.0	0.0	100.0
合計	企業数	20	64	97	22	13	216
	比率(%)	9.3	29.6	44.9	10.2	6.0	100.0

表2－10　従業員数の変化と同業他社との業績比較

最近5年の従業員数		最近5年の同業他社と比べた業績						合計
		よい	やや良い	他社並	やや悪い	悪い	未記入	
増加	企業数	10	14	9	0	0	0	33
	比率(%)	30.3	42.4	27.3	0.0	0.0	0.0	100.0
横ばい	企業数	10	42	60	12	5	4	133
	比率(%)	7.5	31.6	45.1	9.0	3.8	3.0	100.0
減少	企業数	0	8	28	9	7	2	54
	比率(%)	0.0	14.8	51.9	16.7	13.0	3.7	100.0
合計	企業数	20	64	97	21	12	6	220
	比率(%)	9.1	29.1	44.1	9.5	5.5	2.7	100.0

(35)　5段階評価の評点。1：消極的、2：やや消極的、3：どちらとも言えない、4：やや積極的、5：積極的

表2-11　同業他社との業績比較と経営革新

最近5年の同業他社と比べた業績	経営革新への取り組み						
	新たな事業分野への進出	新商品・新サービスの開発・販売	新たな顧客の開拓	取引先選別	製品・サービスの新生産方法や提供方法	新たな経営理念	社内情報化の促進
よい	4.50	4.75	4.70	4.15	4.39	4.00	4.33
	90.0%	95.0%	95.0%	70.0%	83.3%	73.7%	83.3%
やや良い	3.87	4.24	4.54	3.90	4.10	4.21	4.00
	67.8%	84.1%	93.7%	70.5%	79.3%	79.0%	74.6%
他社並	3.74	4.19	4.27	3.71	3.99	3.37	3.54
	62.5%	80.0%	85.9%	57.8%	69.4%	42.9%	58.8%
やや悪い	3.63	4.11	4.11	3.53	3.72	3.56	3.53
	68.4%	84.2%	84.2%	47.4%	61.1%	50.0%	47.1%
悪い	3.50	3.25	3.22	2.89	2.56	3.00	2.78
	62.5%	62.5%	44.4%	11.1%	22.2%	22.2%	11.1%
未記入	3.29	4.43	4.86	4.29	4.00	4.33	3.83
	57.1%	85.7%	100.0%	100.0%	66.6%	83.3%	66.7%
合計	3.82	4.22	4.35	3.78	3.97	3.72	3.73
	67.2%	82.6%	87.6%	61.2%	70.6%	58.1%	62.9%

注1：上段　経営革新に対する態度　1：消極的　2：やや消極的　3：どちらとも言えない　4：やや積極的　5：積極的　を平均値で表示。
注2：下段　各経営革新に対して　4：やや積極的　5：積極的と答えた企業の比率。
　　　いずれも経営革新に対する取り組み姿勢を表したもので、数値が高いほど経営革新意欲が強いことを示す。

ず、この3項目の経営革新に対する取り組み平均値がいずれも高い。しかし、業績が良い企業と悪い企業の間には大きな差がある。

　一方、あまり積極的でない経営革新には、「取引先の選別」、「新たな経営理念」が挙げられる。5段階評価の評点平均値でも、積極的な企業の比率でも、この二つの経営革新に老舗はあまり取り組んでいないことが分かる。また「新たな経営理念」は、業績の良し悪しとも関連がなかった。これまでの取引先との関係や、「家訓など」に象徴されるような伝統的な経営理念が重視されてい

ることを反映しているのではなかろうか。

このように、老舗は「新商品・新サービスの開発」や「新たな顧客開拓」といった経営革新には積極的に取り組む一方、伝統を重視し、「取引先選別」や「新たな経営理念」の導入にはあまり積極的でないことが分かった。そして、業績の良い老舗は、「新商品・新サービスの開発・販売」や「新たな顧客開拓」といった経営革新に対してより積極的であることも分かった。

7　京都の老舗企業の特徴と課題
むすびにかえて

以上、京都の老舗企業を対象に行ったアンケート調査の結果を述べてきた。このアンケートより得られた京都の老舗企業の特徴と今後の課題を簡単にまとめておこう。

まず、老舗と言えば「家訓など」をはじめとした代々受け継がれてきた経営理念が重要だと言われている。実際、帝国データバンクの調査によると、「家訓など」がある老舗は約8割に及ぶのに対して、我々の調査では、明文化された家訓も、口伝として言い伝えられている家訓もないと答えた企業が約4割もあった。このような低い比率の背景に何があるのか、今後明らかにしていかなければならない。

京都の老舗の現経営者は平均5.11代目で、自身が40歳、先代が64歳の時に承継している。そして、先代の男子である経営者が77%で、創業者の親族であるのが9割以上を占めていた。さらに、後継候補者の8割以上が実子で、後継者は自分の子どもが望ましいと考えている経営者が圧倒的に多かった。これより、京都の老舗は企業であると同時に家業であるところが多いことが確認できた。また製造業では、現経営者自身が製造に携わっている場合がほとんどで、技術や技能も承継されていると思われる。

現経営者が事業承継後に取り組んだ経営革新については、「新たな顧客の開拓」や「新商品・新サービスの開発・販売」に積極的に取り組んでいるところが多かった。しかし、日本政策金融公庫の調査で示されたような「社内情報化

の促進」や「取引先選別」にはあまり積極的ではなく、ここに京都の老舗の特徴が出ていると考えられる。

謝辞：今回の調査では、京都府商工労働観光部染織・工芸課、京都市産業観光局商工部伝統産業課、京都伝統工芸協議会、その他多くの老舗企業の方にご協力をいただき、貴重な情報を得ることができた。

参考文献一覧

- 足立政男［1979］『老舗の家訓と家業経営』広池学園事業部。
- 北寿郎・西口泰夫［2009］『ケースブック京都モデル──そのダイナミズムとイノベーション・マネージメント』白桃書房。
- 京都府［1970］『老舗と家訓』京都府。
- 久保田典男［2010］「世代交代期の中小企業経営──次世代経営者の育成」、中小企業学会第30回全国大会報告論文。
- 鶴岡公幸［2012］『老舗　時代を超えて愛される秘密』産業能率大学出版部。
- 中小企業総合研究機構［2010］『中小企業の事業継続性に関する調査研究〜長寿企業から学ぶ永続型経営の要諦〜』中小企業総合研究機構研究部。
- 帝国データバンク史料館・産業調査部編［2009］『百年続く企業の条件』朝日新聞出版。
- 中井透［2009］「第二創業としての事業承継──創業企業とのパフォーマンス比較と第二創業を生み出す要因の分析」『年報財務管理研究第20号』日本財務管理学会。
- 野村進［2006］『千年、働いてきました──老舗企業大国ニッポン』角川書店。
- 鉢嶺実［2006］「中小企業の事業承継問題の現状──世代交代を「第二創業」の契機としていくために」『信金中金月報2006年2月号』信金中央金庫。
- 日夏嘉寿雄・今口忠政［2000］『京都企業の光と陰──成長・衰退のメカニズムと再生化への展望』同明舎。
- 前川洋一郎・末包厚喜［2011］『老舗学の教科書』同友館。
- 松岡憲司・村西一男・姜紅祥［2012］「京都の老舗企業における事業承継と経営革新」『社会科学研究年報』第42号、龍谷大学社会科学研究所。
- 村上義昭・深沼光・井上孝二［2009］「小企業の企業承継を進める方策」『日本公

庫レポート』No.2008-5、日本政策金融公庫総合研究所。
・村上義昭・古泉宏・久保田典男［2010］「中小企業の事業承継」『日本公庫レポート』No.2009-2、日本政策金融公庫総合研究所。
・村上義昭・古泉宏［2010］「事業承継を契機とした小企業の経営革新」『日本政策金融公庫論集』第8号、日本政策金融公庫総合研究所。
・安田武彦［2005］「中小企業の事業承継と承継後のパフォーマンスの決定要因──中小企業経営者は事業承継に当たり何に留意すべきか」『中小企業総合研究』創刊号、中小企業金融公庫総合研究所。
・横澤利昌（編著）［2012］『老舗企業の研究』生産性出版。

コラム❶ 石田老舗——下請専業から事業領域の拡大

　石田老舗（ろうほ）は、1871（明治4）年創業の焼菓子製造卸業である。資本金1,000万円、従業員105名（パート52名を含む）。現在の社長石田宏次氏は6代目で、2011（平成23）年に社長に就任している。

　同社の出発点は、初代の石田利太郎氏が創業した石田商店で、古来からあった「ぼうろ」にそば粉を加えた「そばぼうろ」を製造販売していた。1907（明治40）年頃、2代目の石田亀之助氏が社長に就任し、たまごを加えた「たまごぼうろ」を開発した。雪のように純白で、当時の衛生思想にふさわしいということで「雪印衛生ボーロ」と銘がついたという。同社に残されている1925（大正14）年発行の『和洋菓子製造大鑑』（東洋製菓新聞社刊）には、「そばぼうろ・衛生ボーロ元祖」という広告が掲載されている。

　同社は焼菓子製造であるが、製造・卸に特化し、自社で小売店をもたないというのが同社の伝統的な経営方針である。同社に残されている明治時代の得意先名簿や、戦前の「判取り帳」（金銭の受け取りを記録した日本古来の帳簿）には、今も残る名前の通った暖簾菓子屋の名前が並んでいる。つまり、暖簾菓子屋の「下請け」として事業を営んできた。

　京都には多くの和菓子屋があるが、そこで販売されているものは、すべて自社製品というわけではなく、菓子の種類ごとの専門製造業者から仕入れた菓子

石田老舗に保存されている戦前の判取り帳など

も販売している。建設業でいえば、職人をまとめる工務店と同じような形態である。実際、京都にはそのような専門分野に特化した菓子の下請け業が多く、製餡所が20か所、焼き菓子屋は10社ほどあるという。

石田老舗では、主力事業の製造卸の一方で、小売り事業としてシュークリーム専門店を1999（平成11）年に開業し、独自ブランドでの事業展開も始めている。現在、売上高比率で、シュークリーム事業が10％を占めるまでに至っている。

売上高の総額は、不況期にもかかわらず、この5年で約2割増加している。この背景には、菓子の下請け業独特の要因がある。というのも、暖簾菓子屋は、好況期には設備投資をして自社製造をするが、不況期には自社製造をやめ、製造卸専業業者からの仕入れに頼ることが多くなるためである。

一方、従業員（パートを除く）は3割ほど増えているが、これは売上増によるものと同時に品質管理をより厳しくするようになったという要因もある。この傾向にも、下請け菓子業独特の理由がある。菓子の下請け業で最も重視されるのは「安定性」で、特に衛生面での安定性が重要であるという。特に、最近では機械化が進み、製造に関しては職人の勘から、厳密な計量が重要な要素となっており、この面でも管理の重要性が高まっている。

石田宏次氏は大学卒業後、老舗和菓子屋である「虎屋」に就職した。虎屋には5年半勤務したが、この経験は非常に貴重であったという。虎屋では、2年間の百貨店での販売のあと、広報・経営企画の部門で働いた。ここで石田氏は、イメージアップのための戦略立案に携わった。

その後、先代の夢であった小売店への進出としてシュークリーム店の開店というプロジェクトがスタートしたのをきっかけに、家業へ戻ることになった。シュークリームという商品が選ばれたのは、本業である焼菓子の取引先と競合することがないと考えたためである。

また、石田老舗発祥の地である烏丸通りの一角に土地を入手できたことも、シュークリーム専門店の開業にとっては都合がよかった。烏丸通は京都市の中心を南北に貫く幹線道路で、シュークリーム店が開業された場所は、京都御所にも近いという絶好の場所である。このシュークリーム店開業にあたり、虎屋で積んだ企画立案の経験が非常に役立った。

実際、開業当日には開店前に500人が行列するという大成功を収めた。石田

老舗にとっての画期的な新規事業であるシュークリーム店は先代の夢であったのだが、現社長は就任後、主要事業である下請的製造卸を、従来型の下請（OEM）営業と、新たな営業方法としての商事営業に二分した。商事営業とは、納入先の商品を、直接、百貨店などに配送するという事業である。このような方法は、石田老舗は流通コスト削減でき、納入先も在庫リスクを低減できるという「Win-Winの関係」を構築できる事業である。

　虎屋での経験と並んで石田社長にとって重要な役割を果たしたのは、青年会議所（JC）における経験である。

石田老舗の新事業、シュークリーム専門店クレームデラクレーム

　青年会議所は、若手経営者によって組織されている組織である。一部では派手さだけを狙う団体のように見られることもあるJCであるが、石田氏はJCを修練の場であるということを強調している。1年という単年度の枠のなかで、目標を実現するためにどのように準備をし、予算を立案し、計画を実行していくのかというプロセスを嫌というほど学んだと言われる。

　特に、意思決定の早さは、現在経営するうえでも非常に役立っていると言う。

　京都では、人間関係が特に重要であると言われる。金銭だけでなく、文化でもつながった人間関係である。こういった人間関係を築くうえでもJCは非常に役立ち、石田社長はJCに入っていなければ今頃どうなっていたか分からないとまで言われる。

　このように、菓子の下請といういわば縁の下の力持ち的な役割の企業を、シュークリームという新事業や商事営業という新しい取引方法などの革新によって、140年続いた老舗企業を新しい軌道に乗せたわけである。言うまでもなく、他社での経験やJCへの加入といったことが、その過程において重要な役割を果たした。

（松岡憲司）

第3章

永続繁盛している長寿企業の
経営革新と事業承継
―しなやかでしたたかな京の老舗から学ぶ―

辻田　素子

1　注目される老舗企業

　近年、長寿企業である「老舗」に学ぼうとする機運が高まっている。企業の永続性を具現化した老舗には、企業経営の叡智が凝縮されているというのがその立場であり、その背景には、少なくとも二つの問題意識があるように思える。

　第1は、危機に対する卓越した対応力や革新力である。リーマン・ショック後の世界的経済不況や東日本大震災といった未曽有の危機が相次ぐなかで、関東大震災や昭和恐慌、第2次世界大戦といった幾多の難局を乗り越えてきた老舗の経営が改めて見直されるようになった。

　もっとも、企業の存続を危うくするのは未曽有の大不況や災害に限らない。企業を取り巻く事業環境は刻一刻と変化しており、「競争相手の参入」、「代替品の登場」、「人々のライフスタイルや嗜好の変化」なども深刻な脅威となりうるだろう。

　それゆえ、明治、大正、昭和、平成といった激動の時代を生き抜いてきた老舗の多くは、自らの殻を何度も打ち破ってきたと推察される。様々な危機に対する卓越した対応力や革新力が、有用な経営のエッセンスとして注目されているのである。

　第2は、何代にもわたって後継者を確保・育成してきた老舗の継承力である。

我が国では、近年、中小企業の後継者難が深刻化し、事業承継は中小企業の極めて重大な経営課題となっている。そのため、事業承継を何回も成功裏に成し遂げてきた老舗の実績から、その極意を学ぼうという動きも盛んである。

こうして見ると、卓越した「しなやかさ」や「したたかさ」が老舗の高い評価につながっていることが分かるだろう。だが一方で、老舗には「保守的」というイメージもつきまとう。そこにあるのは、「創業以来変わることなく同じ事業を継続している」という老舗像である。実際、急速に進む経済のグローバル化、生活スタイルや価値観の変容、少子高齢化社会の進展といった内外の環境変化に十分対応できず、経営に行き詰る「保守的」な老舗も少なくない。

本章では、「老舗」という言葉で長寿企業をひと括りするのではなく、混迷の時代においてもなお繁盛している京都の長寿企業に着目し、経営革新と事業承継の観点からその「しなやかさ」や「したたかさ」の秘訣を探っていく。

2 老舗の経営革新と事業承継

（1）永続繁盛の長寿企業

近年、長寿企業である老舗に対する関心が急速に高まっている（野村［2006］、安田・板垣編［2006］、帝国データバンク資料館・産業調査部編［2009］、久保田［2010］、日本経済新聞社編［2010］、横澤編［2012］、朝日新聞編［2011］、前川・末包編［2011］）。先にも触れたように、老舗が老舗たる秘密を探るために、その経営理念や経営戦略、組織マネジメント、事業承継などをひもときながら、そこで明らかになった経営のエッセンスを現代の企業経営に活かそうという調査や研究が目立つ。

こうした調査や研究は、「老舗」をいかに定義しているのだろうか。先にも述べたように、老舗に対する明確な定義はないが、一般的には100年以上存続している企業が「老舗」と呼ばれ、特に定量的な調査・研究では、創業100年以上の企業を「老舗」と定義し、該当企業のデータを大量に収集・分析すると

いう手法が定着している。そして「長寿」には、老舗の絶対必要条件であるうえ、「創業以来の時間」という定量的指標を利用すれば、老舗かどうかを容易に分類できるという利点がある。

　しかし、「老舗」を定義するにあたって、「長寿」という条件だけで十分なのだろうか。また、100年というのは妥当な年月なのだろうか。100年は確かに長いが、100年程度であれば、「しなやかさ」や「したたかさ」に乏しい企業でも細々と生き永らえることができるかもしれない。例えば、長年にわたってその販売が免許制であった米屋や酒屋は、厳しい競争にさらされてきた他業種に比べて長寿化する可能性は高かったと言えないだろうか。

　京都府は、1968年から創業100年を超えた企業を「京の老舗」として表彰しており、「京の老舗表彰」受彰企業は1,754社に上るが、すでに400近い企業が所在不明（廃業を含む）となっている[1]。私たちが2011年に京都府内の創業100年以上の企業を対象に実施したアンケートでも、回答企業224社中、廃業の意向を示している企業が12社あり、その理由として「後継者がいない」、「将来性がない」、「社会的に必要とされなくなった」などが挙げられていた。

　京都は、老舗の絶対数が多いうえ、創業300年、400年といった老舗中の老舗が少なくない。高級友禅で有名な「千總」（京都市）は1555（弘治元）年、京都・伏見の代表的な蔵元である「月桂冠」（京都市）は1637（寛永14）年である[2]。また、茶の「通園」（宇治市、1160年）、水産加工の「松前屋」（京都市、1392年）、蕎麦屋の「本家尾張屋」（京都市、1465年）などは、京都人が「先の戦争」と呼ぶ応仁の乱（1467年）以前から続いている。このため京都には、100年程度の「長寿企業」が「老舗」を名乗ることをはばかる雰囲気さえ漂っている。

　実際、100年程度の老舗と300年、400年と続く老舗中の老舗との違いを指摘する声もある。前川・末包編［2011］は、300年超の老舗と100年前後の老舗の

---

[1]　京都府商工労働観光部染織・工芸課でのヒアリングによると、1,754社のうち83企業が廃業し、305企業には郵便物が届かない状況にある（2012年3月時点）。
[2]　450年続く京友禅の製造卸「千總」に関しては、長沢・石川［2010］が、経営陣へのヒアリング調査などを通じて、いかして千總ブランドが構築されてきたかを多面的に探っている。

経営戦略を比較し、前者のほうが時代や社会の流れに敏感で、新規顧客や新販路の開拓にも意欲的であり、後者の慎重さと好対照をなすと分析している。100年前後の老舗は、意外にも保守型が多いというのである。

　こうして見てくると、100年以上の長寿企業を「老舗」として定義すると、従来の事業を耐え忍んで継続し生き永らえている消極的な存在としての老舗と、創意工夫によって社会から必要とされる事業を展開し繁盛している老舗とが混在することになりそうである。

「しなやかさ」や「したたかさ」といった企業経営の叡智を「老舗」から学ぶという本章の趣旨に照らしあわせると、創業100年以上の長寿企業を「老舗」としてひと括りにするのはあまり賢明ではないかもしれない。なぜなら、本章が学びのモデルとして仰ぐ「老舗」は、時代や社会とともに変化し繁盛している企業にほかならないからである。

　実は、京都府が1970年に編纂した『老舗と家訓』でも、400年を超える老舗の経営者が、老舗の要件として「繁盛」を挙げている。フランスにある伝統企業の国際組織「エノキアン協会」[3]も、「創業200年以上の歴史」と「同族経営」に加え、「良好な経営状況」を入会条件に掲げる。

「繁盛」については、横澤編［2012］や前川・末包編［2011］も重んじており、前者は「規模の大小や業種を問わず、また血縁関係の有無にもこだわらず、とにかく100年以上も存続し今なお『しなやかに』活動している長寿企業」、後者は「創業100年以上で、永続繁盛している企業」を「老舗」としている。

　こうして見ると、「長寿」と「繁盛」という二つの要件を兼ね備えた企業だけが「老舗」の名に値すると考えられよう。

（2）老舗における伝統の継承と革新

　前川・末包編［2011］（273～276ページ）によると、老舗は、次の四つの要因の掛け合わせによって形成される。

❶政治、経済、社会、自然環境といったマクロ要因がもたらすピンチとチャンス。

❷地域資源、地元文化、交通インフラといった地域要因に起因するメリットとデメリット。
❸修業経験、代々の家系、仲間一家意識といったファミリー要因による強みと弱み。
❹仕入先、販売先、業種業態、経営改善といったマネジメント要因によるプラスとマイナス。

　前二者の外的環境要因と後二者の内的組織要因が複雑に絡みあうなかで、「攻」と「守」を巧みに使い分けることができた企業が生き残り、「老舗」と呼ばれるようになったというのである。老舗として認められるには、伝統の継承と革新への挑戦が不可欠との立場に立つ。

　久保田［2010］も、日本が世界一の長寿企業大国であり、そうした長寿企業の多くが中小企業であることを指摘したうえで、長寿企業の秘密を、伝統的な「家」制度の存在と、伝統の継承と革新に取り組んできたことに求めた。そして、さらなる長寿のためには、①経営革新に取り組む、②社員を大切にする経営を行う、③後継経営者を育成する、の3点が重要であると強調する。長寿企業は、伝統を頑なに死守してきた企業というよりも、社会や時代の変化に応じて革新することができた企業であると想定している。

　なお、イノベーションとは通常、新しい発想や技術に基づき、製品やサービス、仕組み、組織などを改革して、新たな価値を創造し、社会に大きな変化をもたらすことを意味する。つまり、社会に対する新しい価値の創造がイノベーションである。

---

(3) エノキアン協会（Les Henokiens）は、創業200年以上の歴史をもつ同族企業の国際組織である。フランスの老舗リキュールメーカー、マリー・ブリザール社の会長が提唱し、1981年に設立された。パリに本部がある。2012年現在、ヨーロッパ企業を中心に36社がメンバーに名を連ね、日本からは、温泉旅館業の法師（718年創業、石川県小松市）、和菓子製造・販売の虎屋（1530年創業、東京都港区）、酒造業の月桂冠（1637年創業、京都市）、商社の岡谷鋼機（1669年創業、名古屋市）、和菓子製造・販売の赤福（1707年創業、三重県伊勢市）の5社が加入している。詳細は、エノキアン協会のホームページ（http://www.henokiens.com/index_gb.php）を参照されたい。

それに対して経営革新は、個々の企業にとっての新しい取り組みを指している。中小企業新事業活動促進法では、「事業者が新事業活動を行うことにより、その経営の相当程度の向上を図ること」を「経営革新」と定義し、具体的には、新商品の開発や生産、新サービスの開発や提供、新しい生産方式や販売方式の導入などを意味している。

それでは、伝統の継承と革新という二つの顔をあわせもつ老舗において、何が継承され、何が変革されているのだろうか。

横澤編［2012］は、老舗が守ってきた伝統として、「顧客第一主義」、「本業重視の経営・堅実経営」、「品質本位」といった「企業理念の維持」を挙げる。他方、変化させてきたのは、「商品・サービスに関する顧客ニーズへの対応」や「販売チャネル」、「本業の縮減を前提とした新規事業の確立」などである。つまり老舗は、顧客第一主義という企業理念に従って、顧客ニーズの変化に対応するため、新しい商品やサービスの開発、販売チャネルの導入、新事業の確立といった目に見える変革を行っているというのである。

（3）経営革新と事業承継

では、企業の継続にとって不可欠とされる経営革新には、いつ、誰が、どのように取り組むのであろうか。

創業100年を超える12社の経営革新を分析した久保田章市［2012］は、過去100年を第1期（1910年～1945年）、第2期（1946年～1985年）、第3期（1986年～2009年）に分類したうえで、12社の代々の経営者すべてが経営革新に熱心だったわけではないことを示しつつ、第3期に限れば、全企業の全経営者が積極的に取り組んでいたことを明らかにした。

第2期までは、既存の商品を既存の市場向けに製造販売する「昔ながらの商売」でもなんとかやっていけたが、第3期は、バブル経済の崩壊、急激な円高の進展、企業の海外進出、低成長といった激変の時代にあたり、そうした時代背景、つまりマクロ要因が世代交代による経営革新の必要性を高め、後継経営者の経営革新を動機づけていると結論づけている。

確かに、大企業に比べて経営者の在任期間が圧倒的に長い中小企業では、世代交代が経営革新の契機となりやすい（中小企業庁編［2001］、日本政策金融公庫総合研究所［2010］）。『中小企業白書2004年版』（中小企業庁編）は、承継があった企業のほうが、そうでない企業よりも「新商品や新サービスの開発」、「新市場の開拓」、「社内体制の再編」などに取り組む割合が高いことを示した。先代経営者とは異なる知識やノウハウ、経験、人脈を有し、「斬新なビジネスモデルを構築したい」、「社会に役立つ仕事をする」といった様々な欲求によって動機づけられた若い後継者は、経営革新の重要な担い手なのである。

さらに、後継経営者の育成に関し、「他社での武者修行」、「自社での就業経験」、「経営塾への参加」など、内外のあらゆる機会を捉えて経験を重ね、幾多の試練や逆境を乗り越えるための知恵や知識、リーダーとしての人間的魅力などを磨く必要性が指摘されている（中小企業庁編［2004］、三井［2002］、高橋［2002］、久保田典男［2012］）。

もっとも、経営革新は、世代交代による後継経営者の登場だけでは十分ではない。経営革新を成功裏に実行する秘訣として古泉［2005］は、「しがらみを取り除く（remove）」、「経営資源を再利用する（reuse）」、「リスクを軽減する（reduce）」という三つの「Re」を掲げる。従業員をはじめとする内部のしがらみや、取引先、既存顧客といった外部のしがらみにとらわれることなく、企業が蓄積してきた技術やノウハウ、経験、ブランドなどを最大限に活かしつつ、外部資源の取り込みや段階的な取り組みによってリスクを最小限に抑えることが重要であると主張している。

このように、老舗や経営革新、事業承継に関する既存研究からは、①老舗は、伝統を頑なに継承するだけでなく、顧客第一主義に基づいて新しい商品やサービスの開発、新しい販売チャネルの構築といった経営革新にも積極的に取り組んでいる、②世代交代による後継経営者が経営革新の重要な担い手である、といった知見が得られよう。しかしながら既存研究は、創業100年以上の長寿企業を「老舗」としてひと括りする傾向が顕著で、創業100年以上の長寿企業の間で観察される、繁盛度合いや経営革新の程度はほとんど考慮されていない。

このため、以下では長寿企業の多様性に着目し、長寿企業のなかでも、「し

なやかさ」や「したたかさ」をもった永続繁盛の長寿企業、つまり本当の意味での「老舗」の経営革新や事業承継の秘密を探っていく。分析にあたっては、京都府内の創業100年以上の企業を対象に実施したアンケートと5社への聞き取りをもとに、主として次の3点を検討する。

❶100年以上続いてきた長寿企業の危機に対する対応力や革新力は本当に高いのだろうか。長寿企業の間にも、対応力や革新力、そしてそれらによって相当程度規定される繁盛の度合いに顕著な違いがあるのではないか。

❷もし、そうだとすれば、繁盛している長寿企業とそうでない長寿企業にはどのような違いがあるのだろうか。繁盛している長寿企業ほど、伝統の継承と革新のバランスがとれていると言えるのだろうか。

❸繁盛している長寿企業の経営者は、経営革新に必要な経営資源をいかに確保し活用しているのか。また、彼らは経営者としての能力をどのようにして磨いてきたのだろうか。

第2章で述べたように、アンケートは郵送方式で、2011年3月30日に京都府内の創業100年以上の企業960社に発送し、2011年7月1日までに224社から回答を得た。回収率は23.3％である。また、聞き取りは、アンケートに回答いただいた企業のなかから繁盛している企業5社（1社のみ聞き取り時にアンケートを実施）を選び、2012年7月から9月にかけて実施した。

3 業績好調企業の経営革新と事業承継
アンケート結果から

アンケート結果を分析するにあたり、回答企業を3類型に分類した。使った指標は、過去5年の経営状況である。売上高が5年前と比べて「増加している」と回答した企業を業績好調企業（繁盛している長寿企業）とし、「横ばいである」あるいは「減少している」と回答した企業との間で、経営革新や事業承継の面でどのような違いがあるかを比較した。

リーマン・ショック後の世界的経済不況という厳しい経済環境下で行ったア

ンケートであることを考慮すれば、また規模の拡大よりも事業の永続性がモットーとされる老舗を対象としていることを考慮すれば、売り上げが伸びている企業だけでなく、維持している企業も「繁盛」していると見なせるかもしれない。しかしながら、売上高の絶対値ではなく5年前と比べた傾向のみを尋ねているため、「横ばい」企業には、業績好調を堅持している企業だけでなく業績不振を続けている企業も含まれることになる。したがって、こうした懸念がある「横ばい」企業は含めず、外部環境の激変をものともせずに業績を伸ばしている「増加」企業に注目した。

（1）不況期の業績

5年前（2006年当時）と現在（2011年）の売上高を比べて、「増加している」と回答した企業は35社で、アンケート回答企業全体の15.6％を占めた（**図3－1参照**）。また、「横ばい」と回答した企業は65社で29.0％である。厳しい経済環境下にもかかわらず、回答企業の6社に1社が売り上げを伸ばしていた。

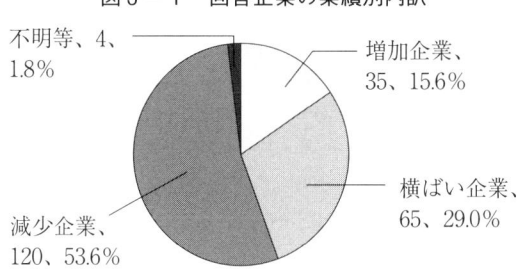

図3－1　回答企業の業績別内訳

- 不明等、4、1.8％
- 増加企業、35、15.6％
- 横ばい企業、65、29.0％
- 減少企業、120、53.6％

（2）業績好調な長寿企業の特徴

規模

リーマン・ショック前に比べて売り上げが伸びている35社の企業規模を、売上高と従業員数をベースにまとめた（**表3－1と表3－2参照**）。売上高「1

表3-1　売り上げ増加企業の企業規模(売上高ベース)

売上高	増加企業		全企業	
	回答数	%	回答数	%
～1,000万円以下	1	2.9	11	5.0
1,000万超～5,000万円以下	2	5.7	31	14.0
5,000万超～1億円以下	3	8.6	35	15.8
1億超～5億円以下	11	31.4	64	29.0
5億超～30億円以下	16	45.7	65	29.4
30億超～	2	5.7	15	6.8
回答企業数	35	100.0	221	100.0

注：全企業数から売上高の回答がなかった3社を省いている。

表3-2　売り上げ増加企業の企業規模(従業員数ベース)

従業者数	増加企業		全企業	
	回答数	%	回答数	%
4人以下	4	11.8	44	19.8
5～10人	7	20.6	53	23.9
11～20人	5	14.7	37	16.7
21～50人	7	20.6	41	18.5
51～100人	4	11.8	25	11.3
101～300人	6	17.6	15	6.8
301人以上	1	2.9	7	3.2
回答企業数	34	100.0	222	100.0

注：全企業数から従業員数の回答がなかった2社を省いている。うち1社は増加企業である。

億超～5億円以下」が11社、「5億超～30億円以下」が16社で、この両者で77.1％を占めている。アンケート回答企業全体の規模別構成比を考慮しても、売上高「5億超～30億円以下」、従業員数「101～300人」の中規模企業で、売り上げ増加企業の比率が高い。一方、売上高「1億円以下」、従業員数「4人以下」の零細企業では、増加企業の比率が低くなっている。

限られた数のデータではあるが、同じ長寿企業でも、生業的な零細企業よりも、組織や制度が整備されている中規模企業のほうが、環境変化への対応力や革新力が高い可能性が示唆される。

業種・業態

売り上げが伸びている35社の業種を見ると、最も多いのは「食料品」の9社で25.7％を占める（表3－3参照）。その大半は、緑茶、京湯葉、和菓子などの製造卸や製造小売である。アンケートに回答いただいた企業数そのものが他の業種よりも多かったという側面はあるが、不況下でも底堅いと言われる「食料品」の健闘が際立つ。

また、アンケート回答企業全体に占める比率は高くないものの、売り上げ増加企業を高い割合で輩出しているのが「医薬品・化学」（5社、14.3％）と「身の回り品」（同）である。「医薬品・化学」には、化学工業製品の卸売、壁紙施工用接着剤等の製造、ドラッグストア、「身の回り品」には、宝飾・時

表3－3　売り上げ増加企業の業種

業種	増加企業		全企業	
	回答数	％	回答数	％
医薬品・化学	5	14.3	13	5.8
印刷・出版・紙製品	3	8.6	14	6.3
機械金属	3	8.6	9	4.0
建設	1	2.9	22	9.8
工芸（仏具、扇子等）	2	5.7	18	8.0
食料品	9	25.7	55	24.6
繊維・染織	4	11.4	44	19.6
身の回り品（貴金属、お香、履物等）	5	14.3	19	8.5
木材・木製品・装備品	0	0.0	7	3.1
料理・旅館	3	8.6	15	6.7
未分類・その他	0	0.0	8	3.6
回答企業数	35	100.0	224	100.0

注：四捨五入により、比率の合計は必ずしも100.0％にならない。

計・眼鏡の小売、香木・薫香や包丁・料理道具の製造小売などが含まれている。

なお、表にはないが、35社のうち3社（8.6％）は、人口減少が深刻な京都府北部地域の小売業者である。インターネット販売などを通じて市場を全国に拡大している。過疎地域で売り上げを伸ばしている小売業者の健闘が注目される。

（3）経営革新への取り組み

企業業績と経営革新

企業業績と経営革新に対する積極性との関係を見ると、売り上げ増加企業ほど経営革新に積極的である。アンケートでは、具体的な経営革新項目を提示し、各項目に対する取り組み態度を、「積極的」から「消極的」までの5段階で自己評価してもらった。

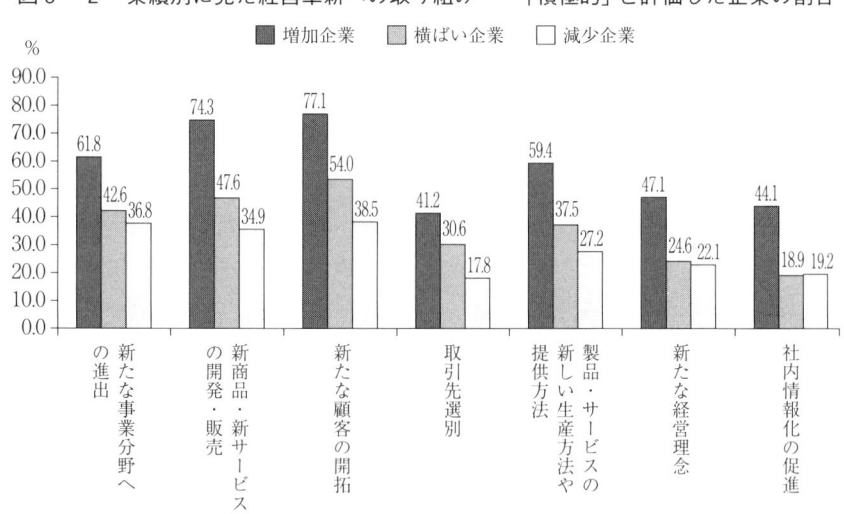

図3-2　業績別に見た経営革新への取り組み――「積極的」と評価した企業の割合

	増加企業	横ばい企業	減少企業
新たな事業分野への進出	61.8	42.6	36.8
新商品・新サービスの開発・販売	74.3	47.6	34.9
新たな顧客の開拓	77.1	54.0	38.5
取引先選別	41.2	30.6	17.8
製品・サービスの新しい生産方法や提供方法	59.4	37.5	27.2
新たな経営理念	47.1	24.6	22.1
社内情報化の促進	44.1	18.9	19.2

注：評価は「積極的」、「やや積極的」、「どちらとも言えない」、「やや消極的」、「消極的」の5段階である。

図3-2は、業績別に、「積極的」と評価した企業の割合をまとめたものである。増加企業は、横ばい企業や減少企業に比べてあらゆる経営革新に前向きであるが、なかでも「新たな顧客の開拓」と「新商品・新サービスの開発・販売」では、積極的に取り組んだ企業の比率が7割を超えた。また、「取引先選別」や「新たな経営理念」、「社内情報化の促進」といった減少企業があまり手をつけない項目も、増加企業の4割以上が「積極的」であった。

さらに、最も熱心に取り組んだ経営革新項目を一つだけ選択する場合でも、売り上げ増加企業では、「新商品・新サービスの開発・販売」と「新たな事業分野への進出」を挙げる比率が高い（**表3-4**参照）。この2項目でほぼ50％を占めた。

長寿企業においても、業績が好調な企業ほど、経営革新に積極的に取り組ん

表3-4　売り上げ増加企業が最も熱心に取り組んだ経営革新

	増加企業		全企業	
	回答数	％	回答数	％
新たな事業分野への進出	7	21.9	26	12.9
新商品・新サービスの開発・販売	9	28.1	46	22.8
新たな顧客の開拓	5	15.6	39	19.3
取引先選別	0	0.0	5	2.5
製品・サービスの新しい生産方法や提供方法	1	3.1	18	8.9
新たな経営理念	2	6.3	9	4.5
従業員への権限移譲	0	0.0	3	1.5
店舗・工場・事務所などの増設・拡張	5	15.6	21	10.4
新部門への進出	3	9.4	8	4.0
不採算部門の整理	0	0.0	8	4.0
経営幹部の交代	0	0.0	7	3.5
社内情報化の促進	0	0.0	7	3.5
その他	0	0.0	5	2.5
回答企業数	32	100.0	202	100.0

注1：全企業、増加企業ともに、未回答企業は含んでいない。
注2：四捨五入により、比率の合計は必ずしも100.0％にならない。

でいることが明らかになった。言い換えれば、長寿企業といえども、伝統を継承しているだけのところは業績が低迷している。永続繁盛のためには、経営革新が不可欠であることが強く示唆される。

ただし、注意を要するのは企業規模である。**図3－3**は、売り上げ増加企業を対象に経営革新の各項目に対する取り組み態度を、「積極的」から「消極的」までの5段階で自己評価した平均値を、従業員20人以下の企業と21人以上の企業で比較したものである。「新商品・新サービスの開発・販売」、「新たな顧客の開拓」、「従業員への権限移譲」、「社内情報化の促進」などで、従業員20人以下の企業と従業員21人以上の企業とに顕著な差異が認められた。

企業規模が小さいほど経営資源の制約が大きくなるため、「新商品・新サービスの開発・販売」や「新たな顧客の開拓」への取り組みが困難になると考えられる。また、組織的にその必要性が弱いためか、「従業員への権限移譲」と「社内情報化の促進」にもあまり積極的ではなかった。

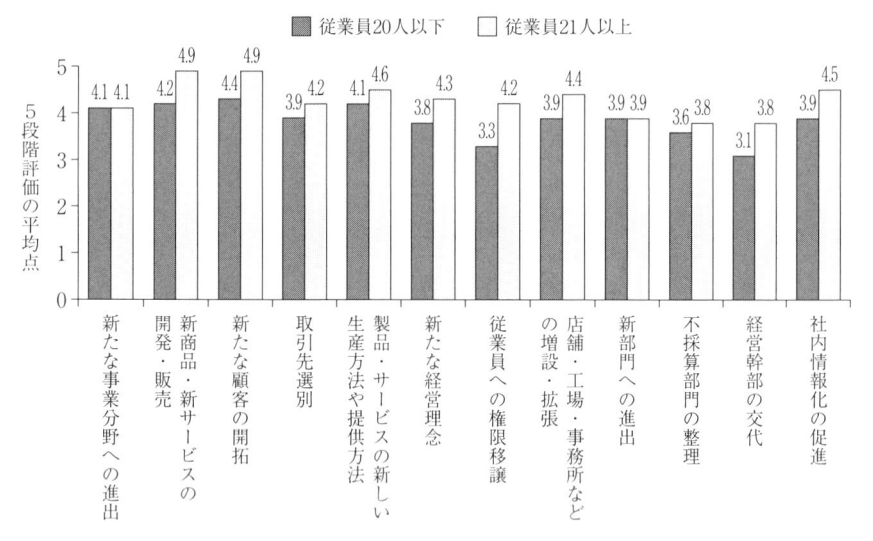

図3－3　売り上げ増加企業の企業規模別に見た経営革新への取り組み

項目	従業員20人以下	従業員21人以上
新たな事業分野への進出	4.1	4.1
新商品・新サービスの開発・販売	4.2	4.9
新たな顧客の開拓	4.4	4.9
取引先選別	3.9	4.2
製品・サービスの新しい生産方法や提供方法	4.1	4.6
新たな経営理念	3.8	4.3
従業員への権限移譲	3.3	4.2
店舗・工場・事務所などの増設・拡張	3.9	4.4
新部門への進出	3.9	3.9
不採算部門の整理	3.6	3.8
経営幹部の交代	3.1	3.8
社内情報化の促進	3.9	4.5

注：5段階評価の評点は、1：消極的、2：やや消極的、3：どちらとも言えない、4：やや積極的、5：積極的

経営革新の実施体制

次に、長寿企業が、経営革新を実施するにあたって、その体制がどの程度整備されていたかを、「関係者の理解や協力度」と「経営資源の獲得度」の２点から見ていきたい。

①関係者の理解や協力度——図３－４は、経営者自身が、経営革新に対して先代経営者や役員、従業員、取引先、金融機関といった関係者からどの程度の理解や協力が得られたかを自己評価した結果である。回答にあたっては、「十分得られた」（評点５）から「まったく得られなかった」（評点１）までの５段階で評価してもらった。

先に指摘したように、売り上げ増加企業は経営革新に熱心であり、既存取引先の選別にまで踏み込むケースさえ少なくなかったが、それにもかかわらず増加企業の経営者ほど、ほぼすべての関係者から協力や理解が「得られた」（評

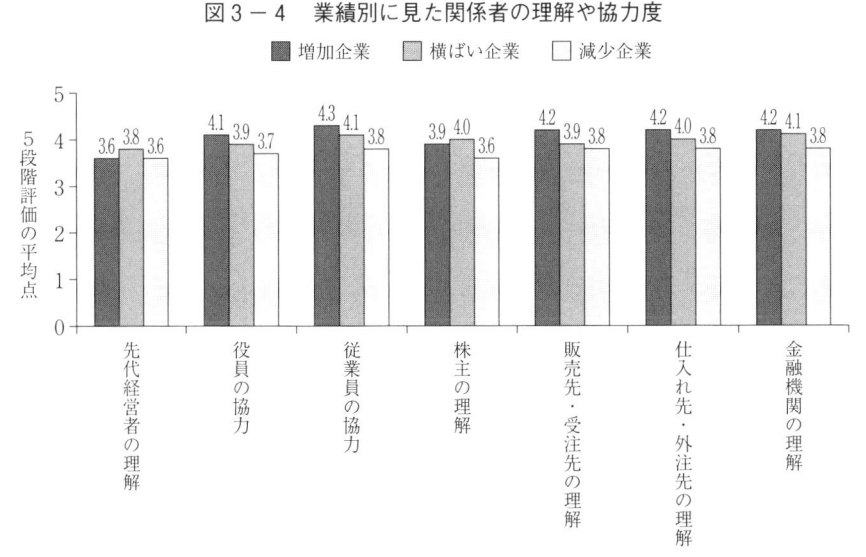

図３－４　業績別に見た関係者の理解や協力度

	増加企業	横ばい企業	減少企業
先代経営者の理解	3.6	3.8	3.6
役員の協力	4.1	3.9	3.7
従業員の協力	4.3	4.1	3.8
株主の理解	3.9	4.0	3.6
販売先・受注先の理解	4.2	3.9	3.8
仕入れ先・外注先の理解	4.2	4.0	3.8
金融機関の理解	4.2	4.1	3.8

注：５段階評価の評点は、１：まったく得られなかった、２：あまり得られなかった、３：なんとも言えない、４：得られた、５：十分得られた

点4以上）と認識している。

ただし、先代経営者についてはその限りではない。企業業績による差はほとんど見られず、増加企業においても、先代経営者の理解が得られたという認識には至っていないように見える。

②経営資源の獲得度——図3－5は、経営者自身の自己評価による経営資源の獲得度をまとめたものである。経営資源としては、労働力（従業員の数）や人材（必要なスキルを持った従業員）、情報、資金などの6項目を掲げた。回答にあたっては、関係者の理解や協力度に対する質問と同様に、「十分得られた」（評点5）から「まったく得られなかった」（評点1）までの5段階で評価してもらった。

売り上げ増加企業のほうが減少企業よりも経営資源が得られたとの回答は多いが、関係者の理解や協力度ほど明瞭な違いは見られない。また、関係者の理解や協力度と比較すると、増加企業であっても経営資源の確保には苦労してい

図3－5　業績別に見た経営資源の獲得度

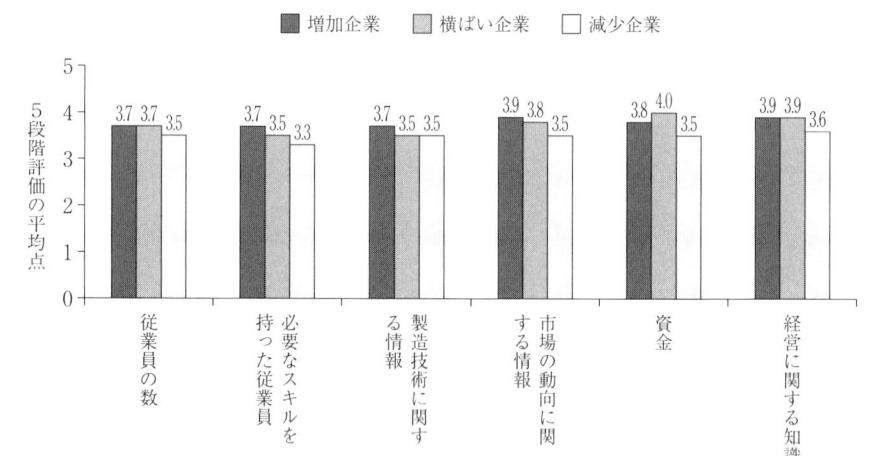

■ 増加企業　■ 横ばい企業　□ 減少企業

	従業員の数	必要なスキルを持った従業員	製造技術に関する情報	市場の動向に関する情報	資金	経営に関する知識
増加企業	3.7	3.7	3.7	3.9	3.8	3.9
横ばい企業	3.7	3.5	3.5	3.8	4.0	3.9
減少企業	3.5	3.3	3.5	3.5	3.5	3.6

注：5段階評価の評点は、1：まったく得られなかった、2：あまり得られなかった、3：なんとも言えない、4：得られた、5：十分得られた

ることがうかがわれる。関係者の理解や協力度では、「先代経営者の理解」を除くすべての項目で「得られた」（評点4）と認識されていたが、経営資源に関して、いずれの項目とも「得られた」（同）との認識に至っていない。

（4）先代経営者の役割

事業承継において重要な役割を担うとされる先代経営者との関係についても、事業承継前と事業承継後に分けて検討しておこう。

先代経営者の事業承継への下準備

図3-6は、「取引先や同業者など社外での修行」、「将来経営者になるためのアドバイス」、「相続税や贈与税に関する税負担の軽減」、「他の役員・従業員・株主の協力体制の構築」といった10項目に対して、「非常に積極的」（評点

図3-6　業績別に見た先代経営者の事業承継への下準備状況

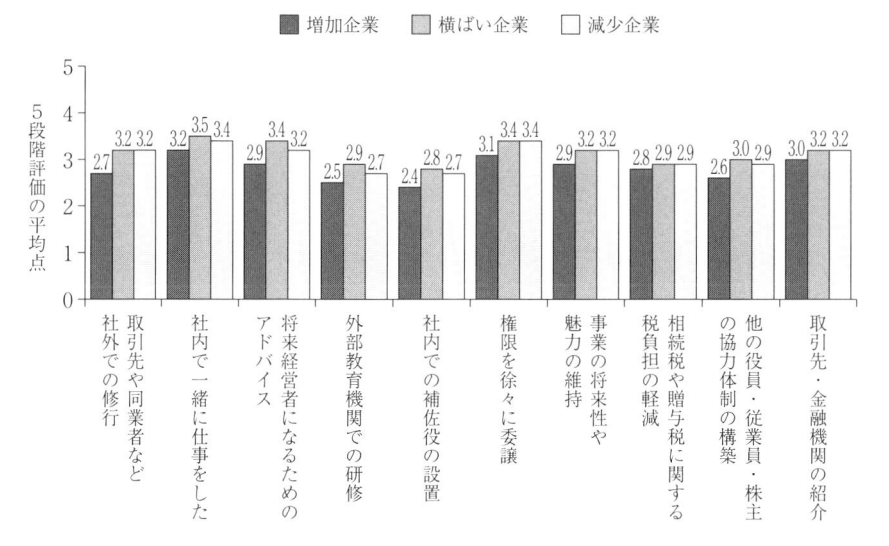

■増加企業　□横ばい企業　□減少企業

項目	増加企業	横ばい企業	減少企業
取引先や同業者など社外での修行	2.7	3.2	3.2
社内で一緒に仕事をした	3.2	3.5	3.4
将来経営者になるためのアドバイス	2.9	3.4	3.2
外部教育機関での研修	2.5	2.9	2.7
社内での補佐役の設置	2.4	2.8	2.7
権限を徐々に委譲	3.1	3.4	3.4
事業の将来性や魅力の維持	2.9	3.2	3.2
税負担の軽減	2.8	2.9	2.9
相続税や贈与税に関する他の役員・従業員・株主の協力体制の構築	2.6	3.0	2.9
取引先・金融機関の紹介	3.0	3.2	3.2

注：5段階評価の評点は、1：非常に消極的、2：消極的、3：一般的、4：積極的、5：非常に積極的

5）から「非常に消極的」（評点1）までの5段階で評価してもらった結果である。驚くべきことに、どちらかと言えば、売り上げ増加企業の後継経営者ほど先代経営者が事業承継の下準備に消極的だったと認識する傾向がうかがえる。

先代経営者の事業承継後の経営への関与度

図3-7に示した先代経営者の事業承継後の経営への関わりでも、「まったく関与しなかった」との回答比率が最も高いのは売り上げ増加企業で、半数を超えた。増加企業では、先代経営者が、後継経営者の経営にほとんど関与していないことがうかがえる。

業績が好調であるがゆえにあまり口をはさまなかったのか、先代経営者があまり口をはさまなかったがゆえに後継経営者が大胆な経営革新を遂行でき、その結果として業績が好調であるのかは不明であるが、いずれにしろ、業績好調企業において事業承継の前後ともに先代経営者の関与があまり深くないという一貫した結果となっている。

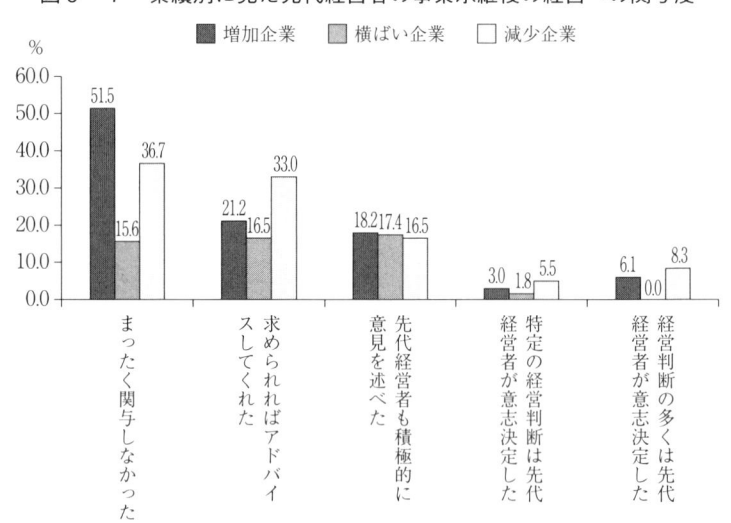

図3-7　業績別に見た先代経営者の事業承継後の経営への関与度

	増加企業	横ばい企業	減少企業
まったく関与しなかった	51.5	15.6	36.7
求められればアドバイスしてくれた	21.2	16.5	33.0
先代経営者も積極的に意見を述べた	18.2	17.4	16.5
特定の経営判断は先代経営者が意志決定した	3.0	1.8	5.5
経営判断の多くは先代経営者が意志決定した	6.1	0.0	8.3

（5）後継経営者のキャリア形成と求められる能力

　先に見たように、事業承継前の経験が後継経営者の能力形成にとって極めて重要であるとの指摘は多い。なかでも、高く評価されているのが「他社での就業経験」である。本調査では、他社での就業経験をさらに「同業他社勤務」と「異業種他社勤務」に分類して、その経験を尋ねた。

　図3－8を見ると、売り上げ増加企業では、異業種他社勤務者の比率（37.1％）が同業他社勤務者（20.0％）よりも高く、減少企業では逆に、同業他社勤務者の比率（30.1％）が異業種他社勤務者の比率（21.1％）を上回っている。中小企業研究センターが2008年に著した『中小企業の事業承継に関する調査研究――永続的な成長企業であり続けるための事業承継』のなかでも、事業承継に成功したと認識している企業ほど、同業でない他社で経験を積んだ比率が高かった（成功企業15.3％、非成功企業5.4％）とされている。

　異業種での経験がより広い視野の獲得につながり、それが事業承継後の新商品・新サービスの開発や新事業分野の展開といった思い切った経営革新に反映され、売上高の増大に結び付いている可能性が高いと考えられる。

　経営者に求められる能力に関しても、増加企業の経営者と減少企業の経営では、少し見解が異なっている。図3－9は、業績別に様々な経営能力に対して、「非常に重要」（評点5）から「まったく重要でない」（評点1）までの5段階で評価した結果をまとめたものである。全体として、売り上げ増加企業の経営

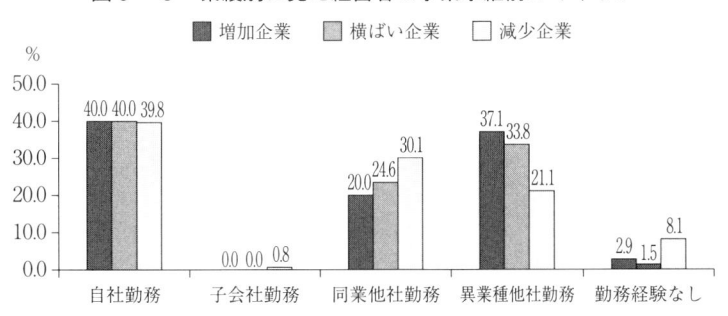

図3－8　業績別に見た経営者の事業承継前のキャリア

	自社勤務	子会社勤務	同業他社勤務	異業種他社勤務	勤務経験なし
増加企業	40.0	0.0	20.0	37.1	2.9
横ばい企業	40.0	0.0	24.6	33.8	1.5
減少企業	39.8	0.8	30.1	21.1	8.1

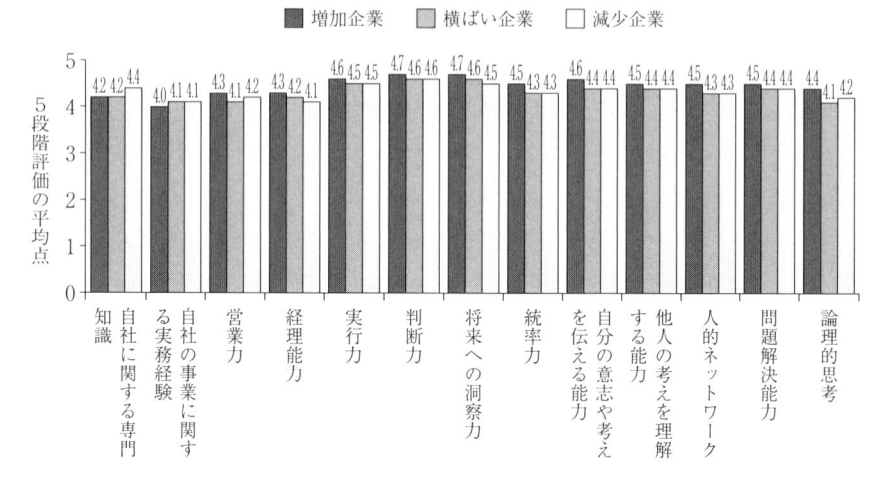

図3-9　業績別に見た後継者に必要な能力

■増加企業　■横ばい企業　□減少企業

能力	増加	横ばい	減少
自社に関する専門知識	4.2	4.2	4.4
自社の事業に関する実務経験	4.0	4.1	4.1
営業力	4.3	4.1	4.2
経理能力	4.3	4.2	4.1
実行力	4.6	4.5	4.5
判断力	4.7	4.6	4.6
将来への洞察力	4.7	4.6	4.5
統率力	4.5	4.3	4.3
自分の意志や考えを伝える能力	4.6	4.4	4.4
他人の考えを理解する能力	4.5	4.4	4.4
人的ネットワーク	4.5	4.3	4.3
問題解決能力	4.5	4.4	4.4
論理的思考	4.4	4.1	4.2

注：5段階評価の評点は、1：まったく重要ではない、2：あまり重要でない、3：どちらとも言えない、4：重要、5：非常に重要

者は、減少企業の経営者よりも経営者の様々な能力をより重要と認識しており、そのなかでも、「判断力」(4.7)、「将来への洞察力」(4.7)、「実行力」(4.6)、「自分の意志や考えを伝える能力」(4.6) に高い評価を与えている。他方、「自社に関する専門知識」(4.2) と「自社の事業に関する実務経験」(4.0) への評価は相対的に低い。

(6) 家訓などの有無と重視度

最後に、業績と家訓との関係にも触れておきたい。**表3-5**から明らかなように、業績と家訓の有無との間に相関関係は認められない。売り上げ増加企業のうち、口伝を含めた家訓などをもつ企業の比率は58.9％で、全企業の平均(59.7％) とほぼ同じである。

しかしながら、家訓などに対する姿勢には少し違いが認められる。**図3-10**は、家訓などを有する企業に限って、その重視度を5段階で評価した結果をま

表3-5　家訓等の有無

	増加企業		全企業	
	回答数	%	回答数	%
明文化されたものがある	11	32.4	67	30.3
口伝としてある	9	26.5	65	29.4
ない	14	41.2	89	40.3
回答企業数	34	100.0	221	100.0

注：四捨五入により、比率の合計は必ずしも100.0％にならない。

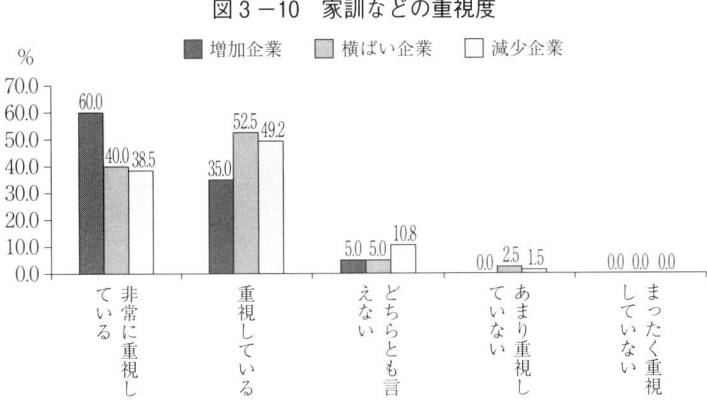

図3-10　家訓などの重視度

凡例：増加企業　横ばい企業　減少企業

	非常に重視している	重視している	どちらとも言えない	あまり重視していない	まったく重視していない
増加企業	60.0	35.0	5.0	0.0	0.0
横ばい企業	40.0	52.5	5.0	2.5	0.0
減少企業	38.5	49.2	10.8	1.5	0.0

とめたものである。増加企業では、「非常に重視している」との回答が全体の60.0％を占めた。それに対し、減少企業で「非常に重視している」企業の割合は38.5％に留まっている。家訓がある場合は、増加企業ほど、家訓重視の経営に徹していることがうかがえる。

　自由記述欄に書かれた増加企業の家訓などを見ると、その内容は実に多彩である。顧客志向（お客様第一主義、お客様第一）、変革性（伝統は革新の連続）、地域性（地域の方々の健康で快適な生活を応援し続ける）、堅実性（常に財務バランスに気を配り、堅実な経営を目指す、質素倹約、質実剛健、報恩感謝）、永続性（利益より永続）といった特定の分野を強調している家訓が少なくない。

また、「売り手よし、買い手よし、世間よし」（三方よし）、「国家社会に有益である、堅実経営に徹する、従業員を大切にする、得意先を大切にする、株主を大切にする」といった企業の社会的責任を強く意識した家訓も目立つ。そうした家訓は、社会の多様な価値観を理解し、様々な利害関係者からの要求や期待にこたえながら、社会から必要とされる企業であり続けることを使命に掲げている。CSR（Corporate Social Responsibility）重視の経営理念が、結果として永続繁盛につながっていく可能性も示唆されよう。

（7）業績好調企業の特徴

　以上のアンケート結果から、創業100年以上の長寿企業において、その繁盛度には明らかな差があり、繁盛している長寿企業には次のような特徴があることが浮き彫りになった。

　売上高5億超〜30億円以下、従業員数101〜300人の中規模企業で繁盛している企業の割合が高い。業種的には食料品が目立つが、苦戦が予想された繊維やお香といった伝統産業や、地方都市の小売業者でも繁盛企業が一定数存在していた。

　また、繁盛企業の経営者は、「新商品・新サービスの開発・販売」や「新事業分野への進出」といった経営革新に積極的であった。従業員、金融機関、取引先といった関係者の理解・協力は概ね得られているが、先代経営者からのサポートは弱かった。先代経営者は事業承継の下準備に消極的だったと認識する傾向が強く、承継後の経営についても「まったく関与しなかった」との認識が主流であった。

　さらに、繁盛企業の経営者ほど異業種他社勤務の経験が高かったことから、異業種経験が視野を広め、経営革新を促進する可能性が強く示唆された。繁盛企業の経営者は、後継者に必要な能力としても「将来への洞察力」と「判断力」を最重要視している。つまり、京都の繁盛している長寿企業では、先代経営者が事業承継に向けた筋書きを準備し、後継者がそれに沿って歩むという単純な構図でなく、自立した後継経営者が自社の未来を冷静に洞察し、事業を将

来にわたって存続させるために新しい知識やノウハウ、人脈などを大胆にもち込んで経営を革新していると言えそうである。

とはいえ、そうした後継経営者も、「顧客主義」、「従業員重視」、「社会貢献」、「堅実経営」などを掲げた家訓（経営理念）の遵守を重要視しているように見える。確かに、京都の場合、「家訓なし」とする長寿企業が少なくなかったが、それは「経営のエッセンスは、明文化して伝授するものではなく、継承者が感じ理解するものである」（伊と忠）といった京都人の美意識と関連しているのかもしれない。

また、「商売は得意先次第なので、家訓があると家訓が揺らぐ。時代に応じた商売の仕方があるので、頑固に家訓を守っていると逆に続かないのではないかと思われる」（石田老舗）といった声もあり、家訓がない企業でも、代々伝えられてきた「顧客主義」や「社会貢献」などの意識が研ぎ澄まされているからこそ、時流を読んで新しい製品やサービスを提供し、新事業分野に進出することになると推察される。

人々の価値観や生活スタイルが劇的に変化していくなかで、「顧客主義」を徹底しようとすれば、さらに、従業員や取引先、地域社会などの要望や期待にこたえようとすれば自らを変革せざるをえないのである。また、変革できるからこそ永続繁盛できるとも言えるだろう。

4 業績好調企業の経営革新と事業承継
事例を中心に

本節では、環境の激変にもかかわらず業績を伸ばしている老舗企業5社の事例を中心に、事業継続のための経営革新や事業承継の取り組みをより詳細に見ていくことにしたい。なお、同じ中小企業でも、規模に応じて経営革新や事業承継の課題は異なるとされる（日本政策金融公庫総合研究所［2010］）。例えば、小規模企業ほど人的資本に占める経営者の比率が高いことから、経営者が高齢化し意欲や行動力が衰えると企業活力は衰えがちである（古泉［2005］、川上［2012］）。

また、先に指摘したように、本アンケートでも経営革新の取組内容について従業員規模による違いが認められた。このため本節では、従業員20人以下の小規模企業のケースとして、日本画絵具製造卸の「上羽絵惣」（京都市）と丹後ちりめん製造卸の「山藤」（与謝野町）、21人以上の中規模企業のケースとして和装履物製造小売の「伊と忠」（京都市）と焼菓子製造卸の「石田老舗」（同）

表3－6　業績好調企業5社の概要

	所在地	事業内容	従業員数（人）	売上高（億円）	創業年	代目	現社長のプロフィール						先代退任時期	家訓
							生年・先代との関係	入自社時期	就社長任時期	学歴	職歴		
上羽絵惣	京都市	①画材製造卸、②ネイル製造卸・小売	8	1	1751	10	1964長男	2005	2007 43歳	私大	異業種他社、自営	73歳	なし。
山藤	与謝野町	①風呂敷製造卸・小売	6	0.7	1833	6	1952長男	1980	1982 30歳	私大	異業種他社、同業他社	60歳	敢えて言えば「毎日、楽しくなくてよい」（淡々と日々を重ねることが大事である）
中村藤吉本店	宇治市	①宇治茶卸、②抹茶スイーツ製造小売	190	9	1859	6	1952長男	1878	1992 40歳	私大	異業種他社、自社別会社	67歳	あり。「茶煙永日香」（これから子々孫々にわたり、この宇治の地で茶の商いに精進し、茶の薫煙を絶やさぬように）
石田老舗	京都市	①焼き菓子製造卸、②シュークリーム製造小売	100	14	1871	6	1970長男	1997	2011 42歳	私大	同業他社	75歳	なし。
伊と忠	京都市	①和装履物・バッグ製造小売、②和雑貨製造小売	150	15	1895	4	1974長男	2001	2010 35歳	国立大	異業種他社	68歳	なし。

注：従業員数は、パート、アルバイトなどを含む。

を取り上げる[4]。また、茶卸の「中村藤吉本店」（宇治市）は、現経営者による経営革新が功を奏し、小規模企業から中規模企業に転じたケースである。

　長寿度で言えば「上羽絵惣」が最も長く250年を超える歴史があり、「山藤」および「中村藤吉本店」を加えた3社が江戸時代の創業で、「石田老舗」と「伊と忠」の2社が明治時代の創業である。なお、各企業の事業内容や現社長のプロフィールなどについては**表3－6**にまとめたので参照していただきたい。

（1）経営革新——実績を積んで信頼を得る

新商品・新サービスで新市場を開拓する

　経営革新を考える場合の一つの分析枠組みとして、**表3－7**のように製品と市場の関係を四つのマトリックスで分析し、それぞれの戦略を考える製品市場戦略がある（Ansoff［1965］）。
「市場浸透戦略」は、既存市場を対象に、既存顧客への販売量を増やすとともに潜在顧客を掘り起こす戦略で、販売促進活動に力を入れたり、顧客サービスを充実したり、商品のバリエーションを増やしたりする取り組みである。また、「新商品開発戦略」は、既存市場でシェアを拡大するために新商品や新サービスを提供する戦略で、既存顧客や販売チャネルが活用できるというメリットがある。

表3－7　製品市場戦略のマトリックス

	既存商品・サービス	新商品・サービス
既存市場	市場浸透戦略	新商品開発戦略
新市場	新市場開拓戦略	多角化戦略（新事業戦略）

注：Ansoff［1965］のマトリックスを一部修正し、「使命（需要）」を「市場」、「製品」を「商品・サービス」と読み替えている。

---

[4]　中小企業基本法によると、製造業その他は従業員20人以下、商業・サービス業は従業員5人以下が小規模企業者として定義される。

一方、「新市場開拓戦略」は、既存の商品やサービスをそのまま、あるいは改良して新市場に売り込む戦略である。全国市場や海外市場に進出するため、あるいは卸売事業者が一般消費者を対象とする小売事業を展開するため新規に出店したり、インターネットなどの新しい販売チャネルを構築したりする取り組みがここに入る。商品そのものの革新よりも、新しい販路の構築に重点が置かれている。

そして「多角化戦略」は、新しい商品やサービスを新しい市場に投入する戦略である。これまでとは明らかに異なる商品やサービスで、同じくこれまでとは異なる新たな顧客を獲得していく。建設業者の健康・医療分野への進出などがその一例にあたり、本章で「新事業分野への進出」と呼ぶ経営革新に相当する。

先のアンケート調査で抽出した業績好調企業35社を製品市場戦略のマトリックスで分類すれば、既存商品やサービスを新市場に売り込む「新市場開拓戦略」や既存市場でシェアを拡大するために新商品や新サービスを提供する「新商品開発戦略」ではなく、新商品や新サービスで新市場を開拓する「多角化戦略」（新事業戦略）を採用した企業が主流となっている。本格的な自己変革が成功し、それが好業績につながっていると言えるだろう。もちろん、5社の経営革新も「多角化戦略」（新事業戦略）が基本となっている（表3－8参照）。
「石田老舗」の創業は1871（明治4）年で、全国の有力菓子屋から依頼を受け相手先ブランドの焼菓子を生産してきたが、1999年、京都市中京区の同社発祥の地にシュークリーム専門店「クレーム　デラ　クレーム」をオープンさせた。このシュークリーム事業は、2012年までに売上高の約1割を占めるまでに成長している。焼菓子から生菓子へ、さらに卸業から小売業への進出が功を奏し、同社の売上高はこの5年間で20％増加し、正社員も30％以上増えた。

茶卸の「中村藤吉本店」も、小売業に展開し大繁盛している。同社は、伊勢神宮の藁葺き職人の長男である藤吉が、1859（安政6）年に京都・宇治で創業したのが始まりで、宇治茶の卸業一筋だった。ところが、1992年に就任した6代目の現社長がお茶を使ったソフトクリームやチョコレートの開発に乗り出し、2001年には明治時代の製茶工場を現代風に改修して、宇治茶や抹茶スウィーツ

表3-8　業績好調企業5社の現経営者が関与した主な経営革新と支援者

	経営革新		支援者	
	事業、商品・サービス	制度・システム	内部	外部
上羽絵惣	2010：胡粉を使ったネイルを販売 2011：店舗を改装して胡粉ネイルの小売り専門店をオープン	2010：京都商工会議所の知恵ビジネスプランコンテストで、知恵ビジネスに認定される 2010：京都応援ファンド事業の助成金を獲得 2011：京都応援ファンド事業の助成金を獲得	実妹	京都商工会議所、京都産業21、化学メーカー、化粧品メーカー、京都造形大学
山藤	1997：ホームページを作成し、オリジナル風呂敷のネット販売を開始 1997：東京インターナショナルギフトショーに出展 2006：JAPANブランド育成支援事業で、パリの「丹後テキスタイル展」に出展	2009：地元同業者と「丹後シルク有限責任事業組合（丹後シルクLLP）」を設立 2011：株式会社「山藤」を設立	妻	与謝野町商工会、同業者仲間
中村藤吉本店	1998：抹茶を使ったソフトクリームや生チョコを発売 2001：製茶工場を改修し宇治茶・スウィーツを提供するカフェをオープン 2004：抹茶を使ったクッキーやシフォンケーキを発売 2006：平等院近くの料亭旅館を改築しカフェ2号店をオープン 2008：JR京都駅にカフェ3号店をオープン	2012：宇治市内に新工場設立		異業種の経営者仲間、工芸家、文化人
石田老舗	1999：京都市中京区の発祥の地に、シュークリーム専門店「クレームデラクレーム」をオープン	2008：京都市伏見区に新工場設立、本社移転 2009：神戸工場設立 2011：社長就任時に代表所信を作成 2011：商事部営業を新設		青年会議所
伊と忠	2004：ジーンズに似合う履物ショップを京都市中京区にオープン 2005：雑貨ブランド「カランコロン京都」立ち上げ 2009：雑貨ブランド「ぶぶ」立ち上げ 2012：雑貨ブランド「ぽっちり」立ち上げ	2002：若い人材（職人を含む）の採用開始 2012：雑貨の新事業部門を別会社化し、㈱スーベニールを設立	新規採用社員	京都府物産協会（京都のれん会）

老舗茶商ならではの上質な文化がかおる中村藤吉本店

などを提供するカフェをオープンさせた。その後も、お茶を使ったゼリーやクッキー、シフォンケーキなどの新製品を矢継ぎ早に売り出している。

ちなみに2006年には、江戸時代から続く宇治を代表する料亭旅館「菊屋萬碧楼」を取得、改装してカフェの２号店を、2008年にはJR京都駅にカフェの３号店を開いた。各カフェとも、老若男女が長い列を作る人気店で、全売上高に占めるスウィーツ・カフェ事業の割合は３割を超えた。

京友禅などに使われる絹織物「丹後ちりめん」を京都・室町や東京・日本橋の和装問屋に卸していた「山藤」は、丹後ちりめんを使ったオリジナル風呂敷を生産しインターネットなどを使って全国に販売している。また、日本最古の日本画絵具商の「上羽絵惣」は、200年以上にわたって蓄積してきた日本画絵具の技術やノウハウを応用してネイル事業に進出した。

高級和装履物を全国の百貨店などで販売している「伊と忠」も、若い女性が好む和雑貨の新事業を立ち上げ、「カランコロン京都」のブランドで全国に展開中である。新事業分野の躍進で、同社の売上高は５年間で1.5倍に増え、正社員も30人から48人に急増した。

こうして見ると、業績好調企業で、新商品・新サービスによる新市場開拓、つまり新事業分野への進出が目立つのは、長寿企業ならではの特徴とも考えられる。長寿企業の場合、創業以来の既存事業が成熟期、あるいは衰退期に入っ

第3章　永続繁盛している長寿企業の経営革新と事業承継　87

しゃれたオリジナル製品が並ぶ伊と忠「カランコロン京都」。
作り手の思いを届けたいと、日本製にこだわる

ているケースが多いと推察される。このため、縮小している既存市場に新しい商品やサービスを提供する戦略は業績アップにつながりにくい。

また、長寿企業が担う商品やサービスは日本固有の価値観やライフスタイルに関連したものが少なくないため、日本仕様の商品やサービスをそのまま海外市場へ売り込むことも困難と見られる。結果的に、新しい商品やサービスを開発し、新市場に提供して、新しい顧客を獲得することに成功した長寿企業が業績を伸ばすことになるのだろう。

価値を創造する

こうした企業に共通する傾向として、伝統の技術やノウハウ、センスなどを活かして比較的手頃な新商品や新サービスを開発し、一般消費者を顧客として取り込んでいる点が指摘できる。さらに、近年、注目を集める経験価値の創造に成功しているケースが少なくない。

経験価値とは、商品やサービスが有する物質的・金銭的な価値ではなく、商品やサービスを購入したり使用したりする過程から得られる感動や満足感といった心理的・感覚的な価値のことである。長沢編［2006］は、京を代表する

独特のシボが生まれるという「山藤」自慢の八丁撚糸機を操作する6代目の山添憲一社長。数百年来変わらぬ製法を守り続けている。右はオリジナル風呂敷の一例

京菓子の「末富」やお香の「松栄堂」を取り上げ、その強さの秘密をこの経験価値の創造に求めているが、「山藤」や「中村藤吉本店」、「伊と忠」などもこの経験価値の創造に成功している。

　風呂敷用の絹織物を伝統的な製法で生産する「山藤」は、染業者や加工業者らと連携し、顧客の注文に応じて最終製品である風呂敷そのものを生産・販売する独自の仕組みを構築した。同社のホームページにアクセスし、好みの色や柄、大きさ、素材などを注文すれば、誰でも世界で1枚しかないオリジナル風呂敷を手に入れることができる。

　同社が提供するのは、「2万円の風呂敷」ではなく「手刺繍が好きだった母の思い出の品（スミレの刺繍をほどこした藤色のふくさ）」であり、「結婚する友人への祝福の品（夫妻の名前をあしらった若草色の風呂敷）なのである。使う人や送る人の心に響く本物の風呂敷を提供できることが同社の大きな強みとなっている。

「中村藤吉本店」のカフェ事業も、茶商屋敷のたたずまいと宇治茶の確かな品質が息の長い人気につながっている。老舗ならではの文化的建造物や歴史を感じさせる空間が消費者の知的好奇心をくすぐり、感動を呼び起こしている。さらに、その空間で提供される茶や茶を使ったスウィーツは、昭和天皇に御茶を献上し、茶道家元から茶銘を拝する茶のプロが吟味したものである。こうして同社のカフェは、ブームに乗じたにわか仕立ての抹茶カフェでは決して得られ

ない至福のひと時を味わいたい人々を魅了し続けている。

　さらに「伊と忠」では、既存事業の高級和装履物が生み出す経験価値が、新しい和雑貨事業に寄与しているように見える。同社は、足のサイズや形状にあわせて鼻緒をすげており、伝統に裏打ちされた確かな技で、足にあった履きやすい草履や下駄を提供してきた。もちろん、色や素材も顧客の好みに対応している。

　「伊と忠が提供する商品やサービスを、多くのお客様が信頼してくださっています。それはまさに無形資産です。新しい和雑貨事業も、その伊と忠が手がけているからと安心感をもっていただいているように感じます」と、「伊と忠」の現社長は既存事業と新事業との関係をこう説明する。

　このように繁盛している京都の長寿企業には、新興企業が決して真似ることのできない伝統や信用を最大限に活用して、新しい経験価値を創造することに成功しているところが少なくない。

ピンチをチャンスに変える

　多くの経営者は、常態化する業績不振や主要取引先からの受注量激減など、自社の存続が危惧される事態に直面して初めて経営の革新に向かうようである。「山藤」の現社長である山添憲一氏は、1980年に同社に入社し、２年後の1982年、30歳で事業を承継した。風呂敷用絹織物を生産していた同社は、高額な風呂敷が人気を集めたバブル経済期に大きく業績を伸ばしたが、崩壊後は毎年数千万円単位で売り上げが減少し、一時は最盛期の10分の１にまで落ち込んだ。和装市場全体が縮小するなかで、得意先である和装問屋の経営破たんが相次ぎ、新たな販路を自力で開拓するしか存続の道はなかったという。

　窮余の策として浮上したのが、白生地ではなく、白生地を加工した付加価値の高い風呂敷を、消費者に直接販売するという新事業だった。同社は1997年、染業者らと連携して風呂敷の生産体制を構築するとともにホームページを立ち上げ、ネットを駆使したマーケティングで自社をアピールし始めた。結婚式の引き出物や企業のノベルティー、国際会議の記念品といったある程度数がまとまったものから、この世に１枚の風呂敷まで、デザインや色、染め方、価格な

どの希望に応じて生産している。

　ネットの普及とともに同社の業績もＶ字回復した。2012年現在の販売先を見ると、ネット経由で販売した風呂敷（完成品）と、企画会社やデザイン会社などに販売した風呂敷用の白生地がほぼ半々となっている。新商品を開発し、新しい販売チャネルを構築することで、同社がこだわってきた伝統的製法による高密度の絹織物生産を継承できた。

「上羽絵惣」のネイル事業への進出は、慣れない絵画ビジネスで負債を抱え込んだ先代経営者が病に倒れるというお家の一大事がきっかけとなった。実兄の現社長である上羽豊氏とともに、2007年に同社の経営を引き継いだ取締役の石田結実氏は次のように振り返る。

「事業を継承した当時、絵具類の製造販売だけでは、事業が先細りになるとの危機感がありました。店を閉めることになれば、ご贔屓(ひいき)にしてくださっているお客様にご迷惑がかかります。職人さんとその家族の生活に対する責任もあります。日本画用絵具の伝統技術を維持し、日本文化を守るためにも、何らかの手を打って存続させなければならないと必死でした」

「中村藤吉本店」の現社長である中村藤吉氏にも、このまま何もしなければ店はいずれ潰れるとの危機感があった。

「これから先も『お茶』が必要とされるためには、また我が社が存続するためには、幹を太くしなければならないと考えました。幹が太くなり、大木になれば、不要な枝葉を払い落とすことができますが、幹が細ってしまうと簡単に倒れてしまいます。お茶を使ったスウィーツやカフェを始めたのは、新しい枝葉を伸ばし、幹を太くするためです。商売全体の３分の１程度を常に変革する心構えがないと伝統は守れないと思います」

　このように、企業の存続に対する危機感が経営革新への強い動機になっている。そして、その背後には、伝統技術やノウハウの継承、従業員や下請業者の生活などに対する強い責任感がうかがえるのである。

経営革新の実施体制

　次に、経営革新を実施するにあたって、関係者の理解や協力がどの程度得られたか、またどのような経営資源をいかに獲得したかを以下の三つの視点から見ていこう。

①**懐刀を得る**——既存事業が一定の収益を上げている場合、同事業を担ってきた先代経営者や古参の役員、社員らの理解を得るのに苦労するケースが少なくないようである。経営者個人の人間性が色濃く反映する中小企業の場合、古参の経営幹部は先代経営者とよく似た思考や行動様式に染まっている可能性が高く、「抵抗勢力」になりかねない。

　和装市場全体は縮小傾向にあるが、高級和装履物とバッグの「伊と忠」は高い競争力を誇っている。先代経営者の功績は大きい。東京や名古屋、大阪といった主要都市の百貨店に出店して全国市場を開拓する一方、和装市場が活況を呈したバブル経済期も、着物や帯、足袋などに手を広げず、履物とバッグという本業に集中して商品の企画力や調達力を磨き上げた。

　しかし、先代経営者の長男で現社長の伊藤忠弘氏は、2001年に「伊と忠」に入社した際、「人の継承」に漠然とした不安を感じ、若い社員の採用に乗り出した。その第1号が、大学卒業後ファッション雑貨メーカーで2年間働き、和装専門学校で2年間学んだ20歳代の女性である。

　忠弘氏は当時、役員として「伊と忠」の業務をしながら同社員と二人三脚で新事業を模索した。日常使いの和雑貨事業が軌道に乗るまでの数年間、社内には「伊と忠で稼いだ利益をなぜ新事業に使うのか」、「無駄に金を使うな」という冷ややかな空気が漂っていた。新事業の立ち上げに奔走する忠弘氏に、「変えないでくれ」と直訴する古参社員も少なくなかった。

　経営者の世代交代とともに、企業の経営陣も刷新されるものなのかもしれない。同社では、新事業の展開にあたり、和装や雑貨に関する知識やノウハウをもった新規採用者が、孤立しがちな後継経営者の懐刀として奔走した。忠弘氏の信頼を勝ち得た第1号新規採用の女性社員は、2012年現在、和雑貨事業の責任者として活躍している。

「古きよきものを愛する心をもっている。悪しき習慣を潔く捨てる勇気がある。本気で取り組むかっこよさを知っている。失敗こそが次の起点であることがわかっている。日々のスピードの心地よさを感じている。無限の可能性を強く信じている。そして、前を向いてこれからもずっと成長し続ける」

これは、社内の反対を押し切って新事業を軌道に乗せた忠弘氏が、従業員採用にあたって明示している人材観である。経営革新に積極的な従業員を切望していることがうかがえよう。

オリジナル風呂敷を製造販売する「山藤」でも、異質の発想やアイデア、価値観などをもった後継経営者の懐刀が経営革新を後押ししてきた。現社長である山添憲一氏の心強いサポーターは妻の明子氏である。丹後の地域経済を長年にわたって支えてきた高級絹織物「丹後ちりめん」の生産量が下げ止まらず、地元関係者は機織業の将来を悲観しがちであったが、宮崎県出身の明子氏は違った。

「私の地元にはこれといった産業がありません。でも、丹後には長い伝統としっかりとした技術があります。こんなに恵まれた魅力的な地域はないと思いました」

「風呂敷文化を広げたい」という明子氏が、同社のホームページを充実させた。東京でのギフトショーやフランス・パリでのテキスタイル展への出展も彼女が主軸となっている[5]。

②**組織の改革**——経営革新と言えば新商品や新サービスの開発・提供、新市場の開拓が目立つが、その推進にあたって、社内の組織やシステムを抜本的に改革する必要に迫られることもある。

「石田老舗」が1999年に始めたシュークリーム事業は、4代目社長の時代に、その弟（5代目）と甥（6代目）が丁々発止でやり合いながら具現化したものである。シュークリームの専門小売店という新事業は、のちに5代目社長（2005年就任）となる石田弘三氏が構想を練ったが、その実現にあたっては、弘三氏の長男でのちに6代目社長となる宏次氏が支援した。

東京でサラリーマンをしていた宏次氏は、「新事業を立ち上げるから」と呼

び戻されて1997年に同社に入社した。弘三氏と宏次氏は、新しい店舗のつくりや商品の構成、宣伝のしかたなどをめぐって激しい喧嘩を繰り返したが、本業の有力菓子屋から焼菓子生産を請け負うOEM事業には手をつけなかったため、社内に大きな混乱はなかった。しかし、2011年に社長に就任した宏次氏が新たに着手した社内の組織改革が、従業員を戸惑わせた。

　宏次氏は、営業部門にブランド菓子を百貨店や生協、食品商社などに売り込む「商事部営業」を新設した。「商事部営業」は、自社のオリジナル製品であるシュークリームだけでなく、相手先ブランドで生産している他社の菓子類も同時に売り込んでいくための部署である。生産を請け負っている菓子屋に代わって営業活動を行うもので、菓子屋にとっては、これまで付き合いのなかった百貨店や生協などに自社ブランド品を石田老舗の営業担当者が売り込んでくれるメリットがある。また「石田老舗」にとっても、成約高に応じて受け取るロイヤルティー以外に、生産を請け負っている菓子の生産量が増加することによる収益の増加が期待できる。

　6代目社長は双方にとってうまみの多い新たなビジネスモデルを考案したが、百貨店が要求する納期は厳しい。そのため同社従業員は、自社で生産している他社ブランド菓子の在庫まで厳しく管理しなければなければならなくなった。在庫リスクを新たに抱えることになった従業員の戸惑いや抵抗は小さくなかったという。新しいビジネスモデルの成功は従業員参加型経営への脱皮が大前提となるため、6代目社長は組織化にも力を入れ、課長や主任といったポストを整備し、権限と責任を明確化した。

「石田老舗」は、新事業が既存事業の組織改革にまで波及したケースであるが、新事業と既存事業を完全に分離するケースもある。高級和装履物やバッグの「伊と忠」は2012年に和雑貨を中心とする新事業部門を別会社化し、株式会社「スーベニール」を設立した。現社長の伊藤忠弘氏はその理由を以下のように説明する。

「高級和装履物やバッグの事業は家業、和雑貨事業はビジネスと割り切りまし

---

(5)　パリでの丹後テキスタイル展は、京都府商工会連合会が実施している「JAPANブランド育成支援事業」の一環である。

た。伊と忠の暖簾(のれん)は、同族経営を基本に守りますが、和雑貨の新事業は同族経営にこだわる必要はありません。事業のらしさに応じた経営スタイルがあると考えています」

　事業そのものの革新ほどは目立たないが、一定規模以上の企業では、事業の革新と社内の組織やシステムの変革が表裏一体となっていることがうかがえる。

③応援団の手厚い支援を受ける——中小企業が経営革新を遂行するにあたり、企画力、技術力、販売力といった様々な経営資源をすべて自社で賄うのは困難であるし、リスクも高まる。そのため、どのような外部資源にアクセスできるかが重要なカギとなる。

　様々な外部資源を効果的に活用していたのが、日本画用絵具商の上羽絵惣である。同社の従業員は、パートやアルバイトを合わせてもわずか10人である。10代目社長の上羽豊氏が、実妹の石田結実氏とともに家業を継いだ2005年当時の従業員数はさらに少ない数人であった。そんな小規模企業がネイル事業に進出できたのは、多彩な人や組織の応援があったからである。

　結実氏は、京都商工会議所のセミナーや異業種交流会などに積極的に参加した。長年培ってきた伝統技術やブランド力を活用しながら新事業を立ち上げて成功している老舗経営者らの話を聞いているうちに、伝統技術を残していくためには、時代にあった商品を開発するしかないとの思いをもつに至った。多くの経営者と交流するなか、企業存続に向けた基本戦略のアイデアが固まったと言える。

　ホタテの貝殻を原料とする「胡粉ネイル」の開発では、乳化液に胡粉の微末を溶かす特許技術をもった大阪の化学メーカーの協力を仰ぎ、開発した胡粉ネイルの量産は化粧品メーカーに委託している。商品名に「百光(びゃっこう)」、「紅梅白(こうばいびゃく)」、「鶯緑(うぐいすみどり)」といった日本古来の伝統色の名前をつけ、レトロ調のラベルを張り付け、日本画用絵の具の世界で信頼の証となっている「上羽絵惣」のロゴマーク「白狐（BYAKKO）」をあしらうといったアイデアは、京都造形大学との共同研究プロジェクトの成果から得ている。「色味やネーミング、パッケージなどを厳選すれば、『歴史ある京都』という付加価値がつく」という学びが活きた

結果である。

「胡粉ネイル」の販路開拓も、知り合いマスコミ関係者が雑誌や新聞などで大きく取り上げてくれたことで、全国の小売店から販売したいという問い合わせが相次いだ。それゆえ、地道な営業活動をする必要はなかったそうだ。さらに、マスコミ報道で「胡粉ネイル」の存在を知った京都商工会議所からは、同所が実施している「知恵ビジネスプランコンテスト」[6]への応募を誘われた。同社の事業プランが知恵ビジネスプランとして認定されると、それをマスコミ報道で知った取引銀行の役員が花束を持ってお祝いに駆けつけてくれたという。

1751（宝暦元）年の創業以来、京都市下京区の同地で、日本画や京人形の絵の具の原料である「胡粉」を製造販売してきた上羽絵惣。左側のショーウインドウは、新商品の胡粉ネイルを扱う「アンテナショップ」

その後、「上羽絵惣」のネイル事業は、京都府と公益財団法人京都産業21[7]

---

[6] 京都商工会議所が「知恵産業のまち・京都」を推進するために実施しているコンテストで、京都府内に活動拠点を置く中小企業を対象としている。京都ならではの知恵を活かして、世の中にない商品やサービスを開発し、新たな顧客や付加価値を創造する事業プランを掘り起こすのが目的である。応募された事業プランは、専門家らが、独自性や競合優位性、顧客創造力、事業計画の熟度などをもとに審査・評価する。事業プランが「知恵ビジネス」として認定されると、当該企業には事業実現に向けたきめ細やかな継続的支援が行われる。

[7] 京都産業21は、京都企業の発展や京都産業の振興を推進する京都府の産業支援機関で、2001年4月に(財)京都府中小企業振興公社、(財)京都産業情報センター、(財)京都産業技術振興財団が統合されて誕生した。経営支援をメインとし、産学公の連携による中小企業の経営革新、新事業展開、創業などをサポートしている。なお、研究開発や技術支援を担うのは「京都府中小企業技術センター」で、両組織は「京都府産業支援センター」として一体的な運営が図られている。

の「きょうと元気な地域づくり応援ファンド」の助成案件にも選ばれ、2010年と2011年に総額約400万円の助成金を獲得した。それが、「胡粉ネイル」のカラーバリエーションの増加や、子ども向けネイルやアロマオイル配合の香りがするネイルの開発に寄与している。

「上羽絵惣」の新事業は、多彩な顔ぶれからなる応援団によって推進されてきたと言えるだろう。あるいは、応援団が誕生したからこそ、「上羽絵惣」の新事業が軌道に乗ったと言うべきなのかもしれない。日本最古の絵具商で、神社仏閣の内装や襖絵、雛人形、能面、日本画などの下地や彩色に使われる絵具を生産している同社に対し、多くの関係者が「潰すわけにいかない」という強い想いを共有したちがいない。

「山藤」や「中村藤吉本店」も、外部の応援団に助けられてきた。「山藤」は、自社のホームページを作成する際、パソコンに詳しい隣家の翻訳家やセミプロ級の技術をもった地元僧侶の手を借りた。一方、「中村藤吉本店」では、新事業の企画立案において、異業種の経営者仲間や工芸家らとの交流が役立っている。また、カフェ事業の立ち上げ時には、神戸で飲食業を展開している友人から様々なアドバイスを得た。両社とも、友人や知人のネットワークがフル活用されている。

伝統や文化の継承といった社会的使命を背負う長寿企業の場合、後継者が本気で存続に向けた新たな取り組みを始めると、外部者はその使命に強く共感できるがゆえに、知識やノウハウ、アイデア、資金などを惜しみなく提供しているようにも見える。これこそが、長寿企業に固有の強みなのかもしれない。

（2）事業承継時期と後継経営者の能力形成過程

ここまで、経営革新の内容やその実施体制を見てきたが、そもそも後継経営者は経営革新に必要な能力をいかに形成しているのであろうか。能力形成に関しては、「後継経営者のキャリア」、「外部組織での学習」、「幼少期からの経験や人生観」の3点から見ていくことしよう。

後継経営者のキャリア

　5社の現社長のキャリア形成を、入社前と入社後に分けて見てみよう。全員が他社での勤務経験があった。しかも、4人が家業とまったく異なる世界で働いていた。また、入社後直ちに社長に就任するケースは、先代社長が病に倒れるといった突発事項がある場合に限られており、他社での武者修行後、自社内で修行を積むパターンが目立つ。

　先代社長から「うちは継ぐような商売ではない」と言われていた「伊と忠」の現社長である伊藤忠弘氏は、大学卒業後にチケット販売会社「ぴあ」に就職した。当時の「ぴあ」はまだ規模が小さかったため、若手社員でも経営幹部のやっていることが見えるのではないかというひそかな期待があったという。「ぴあ」で働くうちに「自分の想いや考えを形にしたい」と経営者を意識するようになり、2001年、26歳で「伊と忠」に入社した。

　入社後は、商売人気質が強い先代社長を補佐して、経営基盤の強化に取り組んできた。中長期の経営計画を立て、在庫管理を徹底し、財務体質を改善した。和雑貨の新事業も軌道に乗せている。こうした経営者としての実績が金融機関の忠弘氏に対する信頼につながり、否定的だった社内の空気感も一変させた。2010年、異業種他社で3年、自社で10年修行した忠弘氏は、35歳の若さで「伊と忠」の社長に就任した。

「親父と折り合いが悪かったので、大阪にある鉄鋼商社に入社した」と言うのは「中村藤吉本店」の現社長、中村藤吉氏である。鉄鋼商社の東京営業所で働いていたある日、先代社長から「ローソンをフランチャイズで経営するから戻ってこい」と連絡があった。藤吉氏は、コンビニ経営を別会社化し、一切口出しをしないことを条件に宇治に戻った。1976年、24歳の時である。

　創業期のローソンは輸入デリカテッセンが中心で、顧客のオーダーに応じてハムやソーセージなどをスライスしていた。

「宇治という地域特性を考えると難しいビジネスでした。人を減らして損益分岐点を下げるしかなかったので、私は毎朝6時に店に入って深夜1時に帰宅していました」と、当時を振り返る。

　3年後、「中村藤吉本店」に入社した。先代社長とは経営方針をめぐって何

度も意見の対立を繰り返したが、39歳になった時、「今日から銀行関係をすべて任せる」と印鑑をわたされた。そして1年後の1992年、社長に就任した。先代社長は晩年、40歳での社長交代について、「40歳ならまだ頭も柔らかいし、失敗しても取り返しがつく」と説明してくれたそうだ。

　シュークリームの小売販売という新事業立ち上げのために、1997年に呼び戻された「石田老舗」の現社長である石田宏次氏も、他社で5年半の武者修行後、自社で15年間の修行を積んでいる。武者修業先だった和菓子の老舗「虎屋」では、営業部門に2年、広報や経営企画を担当する社長室に3年半在籍した(8)。「虎屋のブランドイメージをいかに高めるか、虎屋の経営陣が考えていることを売り場の従業員らに分かりやすく伝えるためにはどうすればよいかなどを、ひたすら考えていました。自分の成長を実感できるサラリーマン生活でした。虎屋にいたおかげで今の私があると言っても過言ではありません」と言う石田宏次氏は、創業140周年の2011年、42歳で事業を承継した。

　こうした経営を革新した企業事例を見ると、20歳代から30歳代にかけての後継経営者育成期間が決定的に重要であることが示唆される。後継経営者の多くは、「他社勤務を通じて幅広い見識や人脈などを獲得する」、「社内で実務経験を積みながら、自社の強みや課題を客観的に把握する」、「特定のプロジェクトや子会社などの責任者として経営を担う」といった様々なキャリアを重ねていた。そうしたプロセスを通じて、将来に対する洞察力や統率力、自分の意志を伝える能力などを高めるとともに、経営者としての覚悟も固めていくことになるのであろう。

外部組織での学習
　三井［2002］は、後継経営者の育成にあたり、優れた経営者が指導する経営塾や同業者団体、異業種交流会といった外部組織での学習効果にも言及している。第1は、経営知識やマネジメントスキルなどを系統的、集中的に学ぶ「知識学習」の場、第2には、多くの企業経営者との対話や体験交流を通じて企業経営の生の姿を実感し、貴重な教訓を得る「バーチャルトレーニング」の場、第3は、信頼できる仲間や先輩、指導者らに経営者としての悩みを相談し回答

を探す「問題解決」の場としての機能である。

　5社の経営者も様々な外部組織を積極的に活用していた。「石田老舗」は公益社団法人の青年会議所（Junior Chamber）、「伊と忠」は公益社団法人の京都府物産協会（京都のれん）、「上羽絵惣」は京都商工会議所、「中村藤吉本店」は異業種交流グループ、「山藤」は若手同業者の会などである。
「石田老舗」の現社長である石田宏次氏は、かつて勤めていた「虎屋」の社長が日本青年会議所の会頭経験者だったことがきっかけで青年会議所に関心をもった。青年会議所は、青年の情熱を結集して社会に貢献するのが目的の組織で、会員の多くは2代目や3代目といった事業承継者である。先代社長からも「京都のことを学べる」とすすめられ、京都青年会議所に入会した。

　青年会議所のメンバーは、理事長をはじめとする様々な役職を経験するが、その任期はすべて1年である。そのため、単年度決算、単年度経営の感覚が身に付いたという。また、理事会構成メンバーの了承がなければ事業を進められないため、事業を担当するとその目的やプロセス、予算の使い方などを徹底的に考え抜くことを求められる。青年会議所の活動に深く関わった宏次氏は、「泣けてくるほど嬉しかったり悔しかったりすることを嫌というほど経験し、事業の進め方や人との付き合い方などを修練させてもらいました」と感謝する。

　青年会議所での活動を通じて、異業種の企業経営者や行政の幹部、伝統文化の担い手らとも懇意になり、人脈が一気に広がるメリットも大きかった。宏次氏は社長就任直後、青年会議所での学びを活かして社員らに代表所信を表明した。

　京都の旦那衆が集まる公益社団法人京都府物産協会（京都のれん会）での活動を肥やしにしているのは、「伊と忠」の現社長である伊藤忠弘氏である[9]。30歳の時に先代社長からすすめられて参加し、理事に就任した。同協会は、京都の物産振興や観光客誘致などを目的としており、京都物産展や観光客誘致の

---

(8) 和菓子の「虎屋」は、日本を代表する老舗の一つである。フランスにある伝統企業の国際組織「エノキアン協会」にも加入している。高いブランド力は定評があり、長沢・染谷［2007］がその伝統と革新を分析している。
(9) 公益社団法人京都府物産協会（京都のれん会）の詳細は、http://www.kyoto-norenkai.org/top.html（2012年10月7日アクセス）を参照されたい。

イベントを各地で開催している。2012年9月現在のメンバーは153社、京都府下の名だたる老舗が顔を揃える集まりである。
「父親世代の経営者のみなさまと交流させていただき、お付き合いの仕方を学びました。以前は、京都の曖昧さが嫌いだったのですが、白黒はっきりさせずに曖昧なままに動かしていくことの大切さも知りました。京都らしさとはこういうものなのだということが分かり、その空気感が新事業に役立ちました」と忠弘氏は述べる。
　他方、「中村藤吉本店」の現社長である中村藤吉氏が深く感謝するのは、商売をしている様々な業種の友人である。「『お前の店、このままやったら潰れてしまうで』とあれこれ助言してもらったから、今がある」と言う。
「石田老舗」の後継経営者は青年会議所での活動を通じて経営知識やマネジメントスキルなどを系統的に学び、「伊と忠」の後継経営者は、京の老舗経営者との交流を通じて京の老舗の深遠な知恵を感じ取り、「中村藤吉本店」の後継経営者は、信頼できる経営者仲間との対話を通じて課題を解決するための処方箋を見いだしたと言えるだろう。

幼少期からの経験や人生観

　企業規模によって経営者に求められる能力は異なる可能性があり、組織や制度が整備されている比較的規模の大きな企業では、自社に関する専門知識や事業に関する実務知識はあまり重要でないかもしれない。「伊と忠」の現社長である伊藤忠弘氏は、「私は下駄をすげられません。それは職人に任せればよいことです。新事業はやはり、私が立案実行していくケースが多いです。後継者には、もっと大きな会社の方向性を考える責務があります」と指摘する。
　こうした同社長の発想は、育った幼少期の環境や経験とも深く関わっている。京都の名門私立高校から京都大学に進学した忠弘氏は、受験勉強の経験が今に活きていると断言する。
「目的を設定して、その目的を達成するためにどうすればよいかを考えるという行為を、自分の意志で初めてしたのが受験勉強でした。経営者になった今もその連続です。何かをしたいという想いがあった時に、それをするためにどの

ようなプロセスを踏まないといけないかを考える私の思考パターンは、受験勉強を通じて形成されたと思います」

　優等生だった「伊と忠」の現社長とは対照的に、「中村藤吉本店」の現社長である中村藤吉氏の場合は、世間の常識から逸脱した破天荒ぶりが目を見張る。京都教育大付属中学を卒業後、京都市内の私立高校に進学したが2か月通っただけで中退した。その後、奈良の私立高校に入り直し、京都産業大学に進学したが、大学も1年留年している。若い頃は、相当なワルだったようだ。学校生活で挫折感や劣等感がなかったと言えば嘘になる。父親に対する反抗心も相当なものがあった。

　とはいえ、こうした青年期を通じて、常識にとらわれない柔軟な発想、成功への強い意欲などが育まれている。様々な知識やノウハウ、アイデアなどをもった多彩な経営者仲間や文化人などが現社長の周囲に集まり、その経営革新を真摯にサポートしているのは、酸いも甘いも噛み締めた同社長の人間的魅力ゆえであろう。

　アンケートでは、事業承継の下準備として企業経営に直接関わる項目のみに注目したが、個別事例を詳細に分析すると、後継経営者の成長過程の様々な経験やそれらを通じて培った価値観、人生観が、企業の経営スタイルや経営戦略に少なからず反映されていることが浮き彫りになった。また、繁盛している長寿企業の後継者は、先代経営者が描いた事業承継に向けた筋書きに沿って歩んできたというよりも、自らの強い意志で判断し、そのキャリアを形成してきたことが観察された。

　彼らは、個性豊かで勉強熱心な自立した経営者であった。アンケートでも、売り上げ増加企業の経営者ほど、先代が事業承継の下準備に消極的で承継後の経営についても関与しなかったと認識している結果となっており、経営革新に積極的な後継者は、いわゆる筋書きによって育成できるものではなさそうである。

5　業績堅調企業が教えること
むすびにかえて

　本章では、アンケートとヒアリング調査をもとに、京都の長寿企業の事業承継と経営革新を分析してきた。その結果から示唆されることは次の3点である。

　第1に、100年以上続いてきた長寿企業といえども繁盛度合いに顕著な違いがあり、企業規模でいえば、小規模企業よりも中規模企業のほうが繁盛している企業の割合が高かった。

　第2に、繁盛している長寿企業ほど経営革新に積極的であったことが分かった。経営者の能力に依存する部分が大きい中小企業は、後継経営者が迅速かつ柔軟に判断し、新商品を開発したり新市場を開拓したりすれば業績を改善させることが可能であることが確認された。意欲や能力をもった後継経営者の多くは、自社の将来を冷静に洞察し、事業を継承する以前の20歳代、30歳代で新商品や新サービスの開発や新市場の開拓に取り組んでいるケースが目立ち、新興企業が決して真似ることのできない長寿企業ゆえの伝統や信用を最大限に活用して、新しい経験価値の創造に成功しているところが少なくなかった。継承してきた伝統をベースに革新が図られ、革新によって伝統がさらに継承されるという好循環が生まれていると考えられる。

　第3に、新興企業に比べて経営資産が蓄積されている長寿企業でも、経営革新にあたっては人に関わる部分が課題として認識されており、新しい知識やノウハウをもった従業員を新規採用したり、既存従業員のモチベーションを向上させ、戦力化したりする動きが随所に見られた。また、長寿企業ゆえに内外の「しがらみ」を断ち切る難しさがある反面、日本の文化や伝統を担ってきた長寿企業の存続を願う外部応援団が結成されやすいことも示唆された。

　さらに、孤立しがちな後継経営者が内外関係者の信頼を勝ち取る最善の道は、業績アップという分かりやすい数字を提示することであり、経営革新の実績が、その後の事業承継を円滑化させる傾向にあった。

　最後に、経営革新に取り組んだ後継経営者は早い段階で先代から自立しており、先代の支援や関与は弱かった。そうした後継者の育成にあたって、王道と

もいえる筋書きはなく、後継者自身が様々な機会を通じて知恵や知識を磨き、将来に対する洞察力や統率力を高める必要があることが改めて浮き彫りになった。

　本章は、老舗の内的要因であるファミリー要因とマネジメント要因を中心に分析を進め、長寿企業が多い京都という地域特性については十分な議論をしてこなかった。ただ、個別事例の分析から、京都の繁盛企業の後継経営者が、成功裏に経営を革新した京の長寿企業をモデルとして学び、京の老舗旦那衆との深い付き合いを通じて、その人生観や経営哲学などを実感する場に足しげく通っていることが観察された。そうした「場」が、京都の老舗の後継経営者の育成や経営革新の推進に寄与している可能性がある。なお、地域要因についての分析は今後の課題としたい。

参考文献一覧

- 朝日新聞編［2011］『日本の百年企業』朝日新聞出版。
- Ansoff, H. Igor. [1965] *Corporate Strategy*, McGraw-Hill（広田寿亮訳『企業戦略論』産業能率短期大学出版部、1969年）
- 川上憲繁［2012］「現代における小規模企業の経営者像——事業継続の源泉は後継経営者に宿る『学習と体験』」、三井逸友編『21世紀中小企業の発展過程——学習・連携・承継・革新』同友館。
- 京都府編［1970］『老舗と家訓』京都府。
- 久保田章市［2010］『百年企業、生き残るヒント』角川SSコミュニケーションズ。
- 久保田章市［2012］「中小企業の世代交代と経営革新——創業100年以上の長寿中小企業を事例とする実証研究」、三井逸友『21世紀中小企業の発展過程——学習・連携・承継・革新』同友館。
- 久保田典男［2012］「中小企業の事業承継と後継者育成」、三井逸友編『21世紀中小企業の発展過程——学習・連携・承継・革新』同友館。
- 古泉宏［2005］「長寿企業の経営革新——『第二の創業』で成長を持続」『国民生活金融公庫調査月報』531、pp. 4〜15。

- 高橋美樹［2002］「イノベーションと中小企業の事業承継」、中小企業研究センター編『中小企業の世代交代と次世代経営者の育成』調査研究報告書 No. 109。
- 中小企業研究センター［2008］『中小企業の事業承継に関する調査研究——永続的な成長企業であり続けるための事業承継』(社)中小企業研究センター。
- 中小企業庁編［2001］『中小企業白書2001年版』ぎょうせい。
- 中小企業庁編［2004］『中小企業白書2004年版』ぎょうせい。
- 帝国データバンク資料館・産業調査部編［2009］『百年続く企業の条件——老舗は変化を恐れない』朝日新聞出版。
- 長沢伸也編［2006］『老舗ブランド企業の経験価値創造——顧客との出会いのデザインマネジメント』同友館。
- 長沢伸也・染谷高士［2007］『老舗ブランド「虎屋」の伝統と革新——経験価値創造と技術経営』晃洋書房。
- 長沢伸也・石川雅一［2010］『京友禅「千總」——450年のブランド・イノベーション』同友館。
- 日本経済新聞社編［2010］『200年企業』日本経済新聞出版社。
- 日本政策金融公庫総合研究所［2010］『中小企業の事業承継』日本公庫総研レポート No. 2009-2。
- 野村進［2006］『千年、働いてきました——老舗企業大国ニッポン』角川書店。
- 前川洋一郎・末包厚喜編［2011］『老舗学の教科書』同友館。
- 三井逸友［2002］「世代交代の過程と次世代経営者の能力形成・自立の道」、中小企業研究センター編『中小企業の世代交代と次世代経営者の育成』調査研究報告書 No. 109。
- 安田龍平・板垣利明編［2006］『老舗の強み——アンチエイジング企業に学べ！』同友館。
- 横澤利昌編［2012］『老舗企業の研究——100年企業に学ぶ革新と創造の連続』生産性出版。

コラム2　上羽絵惣株式会社
──事業ドメインを再定義し、ネイルアート業界に参入

創業260年を誇る日本最古の絵具商

　上羽絵惣は、江戸中期の1751（宝暦元）年以来一貫して、京都市下京区燈籠町で日本画用の顔料を製造してきた。日本最古の絵具商でもある。

　上羽豊社長は、初代の「ゑのぐ屋惣兵衛」から数えて10代目にあたり、実妹の石田結実取締役とともに260年にわたって続く「のれん」を守っている。従業員はパートやアルバイトを合わせても10人で、重厚な佇まいの京町家が店舗、事務所、作業場を兼ねている。

　上羽絵惣が扱う絵の具類は、ホタテの貝殻を原料とする「胡粉」や、様々な天然鉱石を細かく砕いた「岩絵の具」などで、その数は商品にして700点、1,200色に上る。五感を研ぎ澄ました職人の丹念な手仕事にこだわり、機械では困難な繊細な色を提供し続けてきた。他社の追随を許さない、確かな品質と種類の豊富さが強みである。

　こうした絵の具類は、神社仏閣の内装や襖絵、雛人形、能面、日本画などの下地や彩色に使われてきた。京都にはかつて20軒以上の同業者があったとされるが、2012年現在、上羽絵惣ただ1軒のみである。

家業存亡の危機

　豊氏と結実氏の兄妹は、2005年から上羽絵惣の経営を担っている。豊氏は大学卒業後、家業を手伝っていたが、実父である先代社長（9代目）と意見を違えて飛び出した。また、結実氏も結婚を機に店を離れていた。ところが、先代社長が多額の借金を抱えたまま病に倒れたため、2人は「260年からの歴史を私たちの代で絶やすわけにはいかない」との強い覚悟で家業の再建に乗り出した。

　日本画は、1980年代後半のバブル経済期に、株や不動産と並ぶ投資先として脚光を浴び、日本画用の絵の具の需要が拡大した。先代社長は、この日本画ブームに乗じ、新規事業として絵画ビジネスまで立ち上げた。しかし、バブル経済の崩壊とともに日本画の需要が落ち込み、日本画用の絵の具の売り上げは減少し、絵画ビジネスも頓挫した。さらに追い打ちをかけたのが、CG（コンピ

ュータ・グラフィックス）をはじめとするデジタル技術の普及である。絵筆を執って絵を描く人が減り、絵の具市場はさらに縮小していった。

事業領域の再定義——アートを司る

「色」に関心があった結実氏は、絵を習い、カラーコーディネーターの資格を取得するなどして専門知識を深める一方、京都商工会議所のセミナーや異業種交流会などで老舗の成功モデルを学び、時代にあった商品を開発するしかないとの確信を得た。

とはいえ、どのような商品を開発すればよいのか。開発テーマを探るために力を入れたのが事業ドメインの見直しである。事業ドメインとは、どのような顧客にいかなる付加価値をどのようにして提供するのかという事業の基本領域のことである。

結実氏は、自問自答を繰り返すうちに、上羽絵惣は「絵の具を売る」会社ではなく「芸術（アート）を司る」会社であると考えるようになった。事業ドメインを、「絵の具」という物理的定義から「芸術（アート）を司る」という機能的な定義に捉え直すことで、同社が担える事業範囲は拡大した。

この新たな事業ドメインと、「女性が楽しめる商品を提供したい」という結実氏の長年の想いが重なるところにあったのが、爪をキャンバスに見立てたネイルアートである。実際の商品開発では、ラジオ番組で流れた「ホタテの貝殻を原料とするネイルを開発している」という情報がヒントになった。ホタテの貝殻は、上羽絵惣が長年扱ってきた胡粉の材料で、同社が得意とする伝統技術が活用できる。また、胡粉は炭酸カルシウムが主成分で、京都銘菓の「五色豆」にも使われる安全・安心の顔料である。

爪にやさしい胡粉ネイル。左は、同事業を推進した石田結実取締役。

貝殻に含まれるバイオミネラルは爪の保護や保湿に役立ち、真珠層が爪を美しく輝かせる。天然素材にこだわり、爪の健康を意識した商品を開発すれば、有機溶剤を使った既存のマニキュアと差別化できると思われた。

専門家らの協力を得て開発を続けた結果、2010年1月、乳化液に胡粉の微粉末を溶かした「胡粉ネイル」（マニキュア）が完成した。日本画用の絵の具と同じ水溶性で刺激臭はなく、消毒用アルコールで簡単に落ちる。爪にも環境にも優しいネイルの誕生である。

時代ニーズと老舗の強み

「胡粉ネイル」は2010年1月の発売時から話題を集め、1年目の販売目標6,000本はわずか4か月で達成した。そして、2年目の2011年には2万本を売り上げ、2012年に入ってからは毎月1万本以上のペースで売れている。顧客の中心は30歳〜50歳代で、妊婦や高齢者、アレルギー体質の人など、マニキュアと縁がなかった新しい層を掘り起こしているという。

当初は、京都の土産物店やセレクトショップなどに置いてもらっていたが、2012年8月現在、全国80店舗に卸している。2011年には京町家の玄関部分を改装し「胡粉ネイル」の専門小売店もオープンした。

胡粉ネイルのカラーバリエーションは2012年9月現在、22種類（1本1,200円）。商品には、紅梅白、鶯緑、水桃といった日本古来の伝統色の名前をつけ、日本の色彩文化の魅力を発信している。「芸術（アート）を司る会社」としての挑戦は続いており、胡粉入り石けんや口紅も順次販売する予定である。

絵の具事業は横ばいであるが、ネイル事業が急成長し、2011年には既存事業と新事業の収益がほぼ同規模となった。事業ドメインを再定義した上羽絵惣は、ネイルアートという成長市場に目をつけ、創業以来培ってきた日本古来の色彩技術を活かして、健康志向や天然志向という時代ニーズに応えたオリジナル製品を開発し、家業の存続を図っている。

（辻田素子）

第4章 京都の伝統産業

松岡　憲司

1　伝統産業とは

　平安時代以来1200年の歴史を誇る京都には、多くの伝統産業が残されている。2010（平成22）年度の工業統計表によれば、京都市の製造業全体の出荷額は2兆1,926億円である。一方、伝統産業の出荷額は2,477億円となっており、伝統産業が製造業に占める比率は11.3％と小さくない[1]。

　京都の伝統産業には多くの特質がある。京都市では、伝統産業の活性化により京都経済を発展させるための具体的な施策として、2005（平成17）年に「京都市伝統産業活性化推進計画」という計画を策定した。それを引き継ぎ、2012（平成24）年に策定した「第2期京都市伝統産業活性化推進計画」では、以下の5点の特質を指摘している[2]。

❶平安時代の宮廷工業から江戸時代の手工業を経て現代に至る1200年の歴史。
❷良質な原料、磨かれた感性、高度な技術による高級品としての「京もの」のブランド力。
❸宗教、茶道・華道・香道、能・狂言などの伝統文化との融合。
❹多種多様の伝統産業がある総合産地。

---

(1)　京都市［2012］p. 9。
(2)　京都市［2012］p. 7。

❺家内工業を基礎とした工程毎に細分化された分業体制。

　これらの特質から、京都の伝統産業は、京都の歴史や文化、生活に根ざしていることが分かる。
　京都市では、伝統産業を保護発展させることを目指し様々な支援政策を実施している。その一環として、2005年には京都市伝統産業活性化推進条例を施行している。この条例の第2条で、伝統産業は「伝統的な技術及び技法を用いて、日本の伝統的な文化及び生活様式に密接に結びついている製品その他の物を作り出す産業」と定義されている。そして京都市では、2012年2月現在、73品目が伝統産業に該当するとしている。
　京都府でも「京都府伝統工芸品指定要綱」が制定されており、「京都府伝統工芸品」を指定している。また、国レベルでは、1974年に「伝統工芸品産業の振興に関する法律」(伝産法)が制定されている。京都市の伝統産業73品目のうち伝産法の指定対象は17品目であり、これらは「染織」の分野と「諸工芸」の分野に二分されている。染織では、西陣織、京鹿の子絞、京友禅、京小紋、京くみひも、京繡、京黒紋付染の7品目が指定されており、諸工芸には、京仏壇、京仏具、京漆器、京指物、京焼・清水焼、京扇子、京うちわ、京石工芸品、京表具、京人形の10品目が挙げられている。
　伝統を誇る京都の伝統産業であるが、厳しい現状に直面しているのが現実である。京都市の「第2期京都市伝統産業活性化計画」では、以下の五つの特徴的問題を指摘している[3]。
❶需要の低迷で、業界団体や製造事業者の67.3％が5年前に比べて生産量が減少または大幅に減少している。
❷後継者難。業界アンケートに対して「57.7％が需要低迷で、後継者を雇うことができない」と、後継者難が需要の低迷と密接に結び付いていることを示している。
❸道具や原材料の確保難。
❹京都の伝統産業の特徴として挙げられた分業構造や、販売における各種問屋の介在による複雑な流通構造。

❺消費者への情報提供不足。

　伝統産業製品が抱える問題についての市民アンケートによると、最も多くの人が問題と考えているのは「着用・使用する機会・場が少ない」で、66.4％の市民から指摘されている[4]。

　伝統を誇る京都の伝統産業であるが、このように一般市民にとっては、必ずしも身近な存在でないことが課題となっている。そこで我々は、京都の伝統的な製品が一般市民にどのように捉えられているのかをアンケートによって調査した[5]。この調査では対象を東京と京都という二地点に絞り、京都の伝統産品についてのイメージや認知、保有状況が東西でどのように違うのかを検討した。

　ここで調査対象としたのは着物である。アンケートはWebを使って行った。具体的な方法としては、楽天リサーチ株式会社のモニターを対象に実施した。その実施日は2011年12月14日（水）である。

　この調査は、楽天リサーチに登録した会員が画面上でアンケートに回答するという形式で行われた。サンプル数は、東京と京都それぞれ200の合計400である。性別と年齢による内訳は、男性30代以下東京と京都各15名の計30名、男性40代以上東京と京都各35名の計70名、女性30代以下東京と京都各50名の計100名、女性40代以上東京と京都各100名の計200名となっている。

　東京の回答者で「京都へ行ったことがない」という人は非常に少なく４人（２％）であった。最も多かったのは、「行ったことはあるが、ここ数年は行っていない」という回答で59.5％であった。また、京都の回答者は、20年以上京都に住んでいるという人が72.0％と非常に多かった。10年以上となると84.5％となり、ほとんどの回答者は京都に長く住んでいる人であった。

　このように、東西の回答者の性格は大きく違っており、各回答を比較することで東西の違いが出てくると考えられる。

---

(3) 京都市［2012］pp. 14〜18。
(4) 京都市［2012］p. 18。
(5) この調査は、龍谷大学経済学部での「地域活性化プロジェクト」という講義科目（担当・松岡憲司）の一環として実施した。

2 京都の伝統工芸品

　京都には様々な魅力的な側面がある。歴史的な面もあれば、自然という面もある。この調査では、まず京都のどのような点に魅力を感じるかを複数回答可で回答してもらった。その結果、最も多くの人が抱いた京都の魅力は「寺・神社等の歴史的建造物」で、全体の88.3％の人がこれに同意した。それに続くのが「桜や紅葉などの自然の風景」75.3％と「町屋などの歴史的町並み」の67.5％であった。これらはほぼ予測通りであろう。

　本章で取り上げているような伝統的な産品も、京都の魅力の一つではないだろうか。しかし、「京ブランドの伝統工芸品」を京都の魅力として選択した人は、今回掲げた選択肢のなかで最も低く41.8％であった。ただし、京都と東京の間には、京都46.5％に対して東京37.0％と9.5％ポイントという大きな差があり、京都では伝統工芸品も京都の魅力の一つとしてある程度認識されているのに対して、東京での認識度は京都よりかなり低いことが明らかとなった。

　本章のメインのテーマである各種の伝統工芸品は、人々にどの程度知られているのだろうか。本章の冒頭で述べたように、京都市では73品目を伝統産業と認定し、そのうち伝産法の指定を受けている品目が17ある。今回の調査では、調査票の都合上、これら17品目のうち、京友禅と京小紋、京仏壇と京仏具、京扇子と京うちわをそれぞれまとめ、全体を14品目としてどの程度知っているかを尋ねた。

　14品目の京都伝統産業の認知度についての全体の状況は**図4－1**のようになっている。認知度が高い（「よく知っている」と「知っている」の合計が50％を超）品目は、西陣織（84.0％）、京友禅・京小紋（68.1％）、京焼・清水焼（73.0％）、京人形（53.6％）の４品目だけであった。

　逆に、認知度が低い（「知らない」、「まったく知らない」の合計が50％超）のは、京鹿の子紋（51.3％）、京繍（64.8％）、京黒紋付染（61.3％）、京指物（63.8％）、京石工芸品（65.1％）、京表具（52.1％）の６品目と認知度の高い品目数よりも多いという結果が出た。

図4－1の「認知度」は「よく知っている」を5点、「知っている」を4点、「どちらとも言えない」を3点、「知らない」を2点、「まったく知らない」を1点として、回答数によって加重平均した値である。値が大きいほど、より認知されていることを意味する。この認知度によっても、先の結果とほぼ同じであるが、京扇子・京うちわが3.352と京人形を上回り、京扇子・京うちわも一定程度認知されていることが分かった。

　東京と京都の比較でも、認知度の高低はほぼ同じである。当然のことながら、京都のほうがより高い認知度を示している。そのなかで、東京と京都の認知度の差が1ポイントを超したのは京仏壇・京仏具で、1.19ポイントもの差があった。京都では多くの仏壇・仏具店を町なかで目にする一方、東京では必ずしも京都と仏壇・仏具が結び付いていないようである。このような、伝統工芸品への認知度の違いを生み出している要因をもう少し探ってみよう。

　東京での回答者を、「時々京都へ行く」グループ（76人）と「あまり京都へは行かない」グループ（123人）に分けた。前者には、「年に3回以上行く」、「年に1、2回行く」、「数年に1回行く」という回答者が入る。そして後者には、「行ったことはあるが、この数年行ったことがない」と「これまで行ったことがない」という回答者が入る。その他、「よく分からない」という1名がおり、これは除いた。また、京都の回答者を「20年以上京都に住んでいる」グループ（144人）と「京都在住20年未満」のグループ（56人）に分け、それぞれ認知度の違いを計算した。

　図4－2に示すように、東京から京都へ来る頻度による違いはあまりなかった。特に、西陣織や京友禅、京焼・清水焼のような全体での認知度が高い品目については、京都へ来る頻度に関わらず高く認知されていることが分かる。

　京都の在住年数による違いは、当然20年以上住んでいる人がより高い認知度を示した。特に、西陣織や京友禅・京小紋、京焼・清水焼のような知名度の高い工芸品は、平均でも4％ポイント以上と非常に高い値を示した。すべての伝統品について「20年以上居住」が「20年未満居住」を上回ったが、その差はあまり大きな違いではなかった。

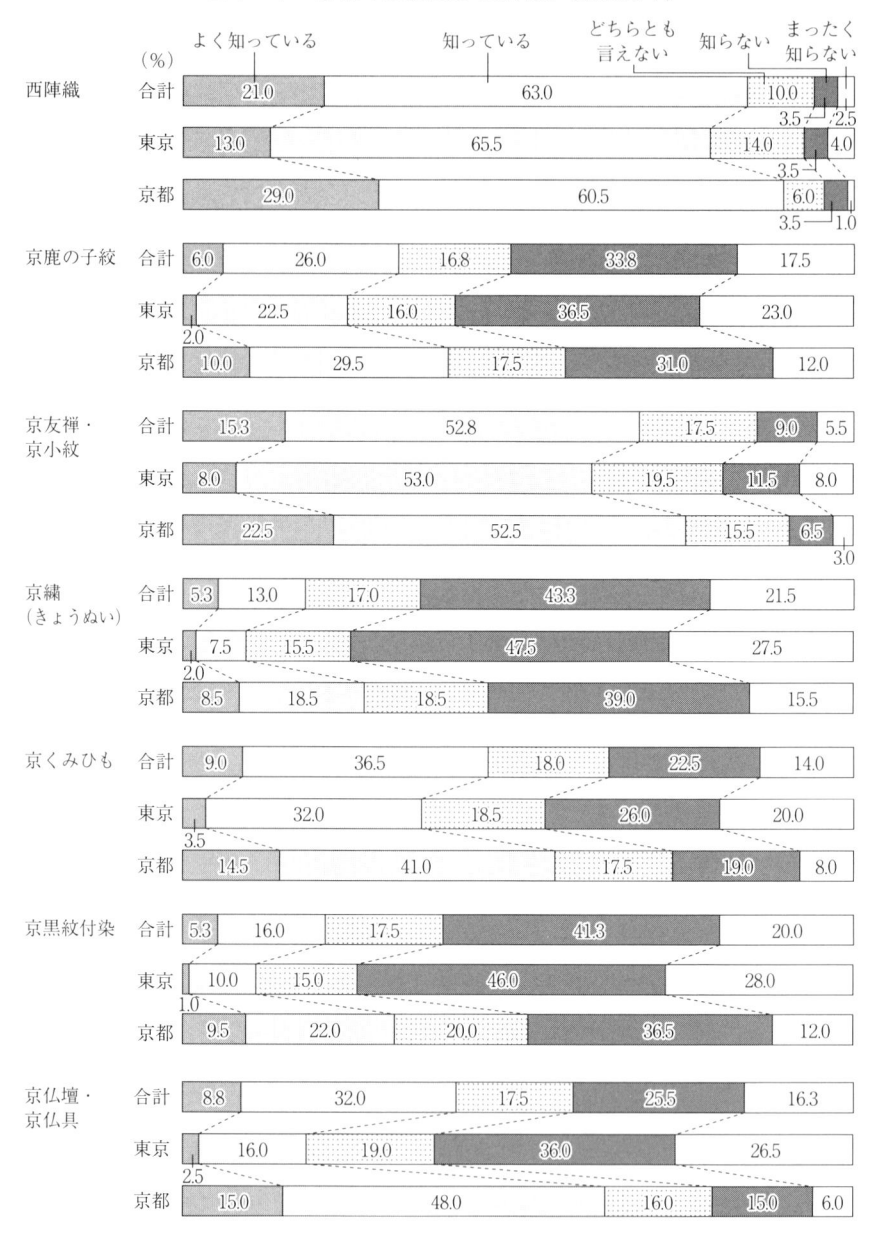

図4−1 京都の伝統産業の認知度（認知比率）

（％）　よく知っている｜知っている｜どちらとも言えない｜知らない｜まったく知らない

品目	区分	よく知っている	知っている	どちらとも言えない	知らない	まったく知らない
西陣織	合計	21.0	63.0	10.0	3.5	2.5
	東京	13.0	65.5	14.0	4.0	3.5
	京都	29.0	60.5	6.0	3.5	1.0
京鹿の子絞	合計	6.0	26.0	16.8	33.8	17.5
	東京	2.0	22.5	16.0	36.5	23.0
	京都	10.0	29.5	17.5	31.0	12.0
京友禅・京小紋	合計	15.3	52.8	17.5	9.0	5.5
	東京	8.0	53.0	19.5	11.5	8.0
	京都	22.5	52.5	15.5	6.5	3.0
京繡（きょうぬい）	合計	5.3	13.0	17.0	43.3	21.5
	東京	2.0	7.5	15.5	47.5	27.5
	京都	8.5	18.5	18.5	39.0	15.5
京くみひも	合計	9.0	36.5	18.0	22.5	14.0
	東京	3.5	32.0	18.5	26.0	20.0
	京都	14.5	41.0	17.5	19.0	8.0
京黒紋付染	合計	5.3	16.0	17.5	41.3	20.0
	東京	1.0	10.0	15.0	46.0	28.0
	京都	9.5	22.0	20.0	36.5	12.0
京仏壇・京仏具	合計	8.8	32.0	17.5	25.5	16.3
	東京	2.5	16.0	19.0	36.0	26.5
	京都	15.0	48.0	16.0	15.0	6.0

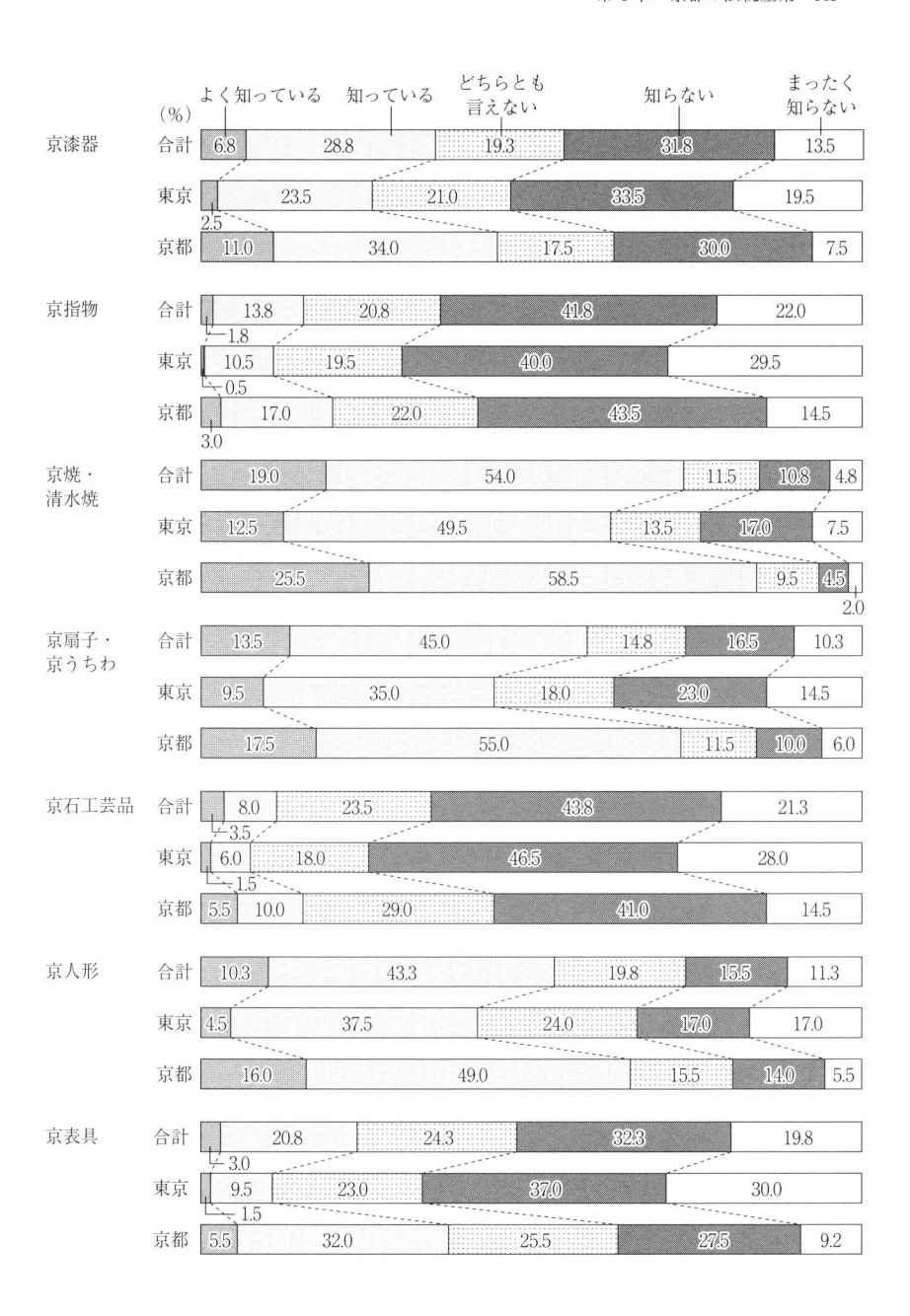

第4章 京都の伝統産業 115

		よく知っている	知っている	どちらとも言えない	知らない	まったく知らない
京漆器	合計	6.8	28.8	19.3	31.8	13.5
	東京	2.5	23.5	21.0	33.5	19.5
	京都	11.0	34.0	17.5	30.0	7.5
京指物	合計	1.8	13.8	20.8	41.8	22.0
	東京	0.5	10.5	19.5	40.0	29.5
	京都	3.0	17.0	22.0	43.5	14.5
京焼・清水焼	合計	19.0	54.0	11.5	10.8	4.8
	東京	12.5	49.5	13.5	17.0	7.5
	京都	25.5	58.5	9.5	4.5	2.0
京扇子・京うちわ	合計	13.5	45.0	14.8	16.5	10.3
	東京	9.5	35.0	18.0	23.0	14.5
	京都	17.5	55.0	11.5	10.0	6.0
京石工芸品	合計	3.5	8.0	23.5	43.8	21.3
	東京	1.5	6.0	18.0	46.5	28.0
	京都	5.5	10.0	29.0	41.0	14.5
京人形	合計	10.3	43.3	19.8	15.5	11.3
	東京	4.5	37.5	24.0	17.0	17.0
	京都	16.0	49.0	15.5	14.0	5.5
京表具	合計	3.0	20.8	24.3	32.3	19.8
	東京	1.5	9.5	23.0	37.0	30.0
	京都	5.5	32.0	25.5	27.5	9.2

図4－2　京都の伝統産業の認知度（認知度）

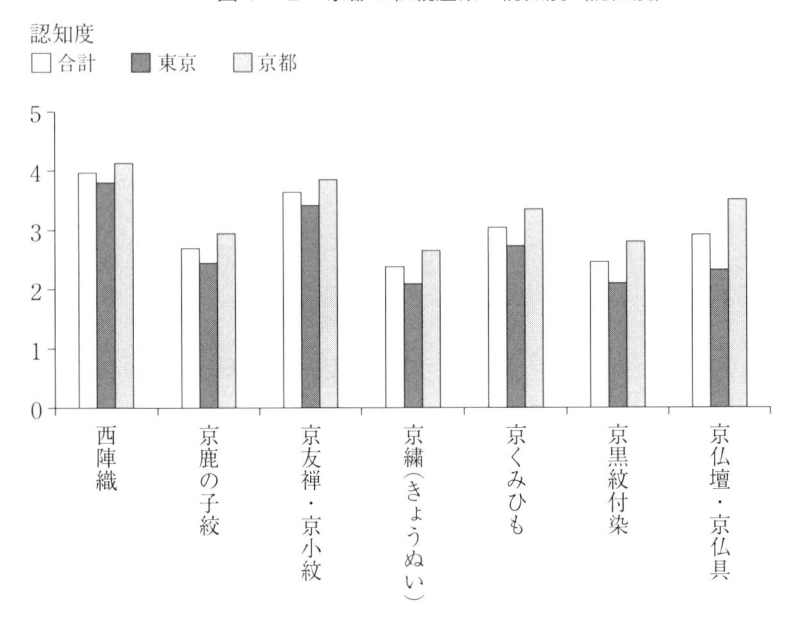

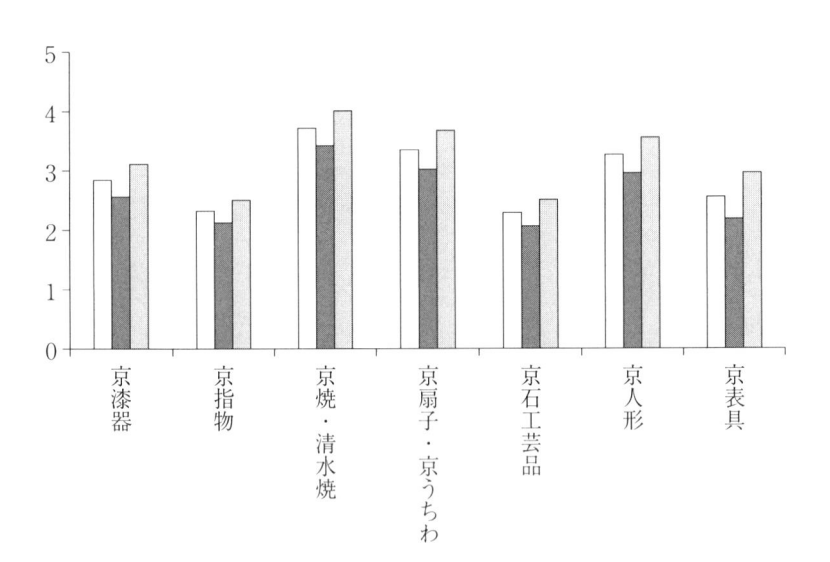

認知度
□ 合計　■ 東京　□ 京都

西陣織、京鹿の子絞、京友禅・京小紋、京繍（きょうぬい）、京くみひも、京黒紋付染、京仏壇・京仏具

京漆器、京指物、京焼・清水焼、京扇子・京うちわ、京石工芸品、京人形、京表具

第4章 京都の伝統産業　117

図4-3　京都の伝統産業認知度の決定要因　京都へ来る頻度と京都居住年数

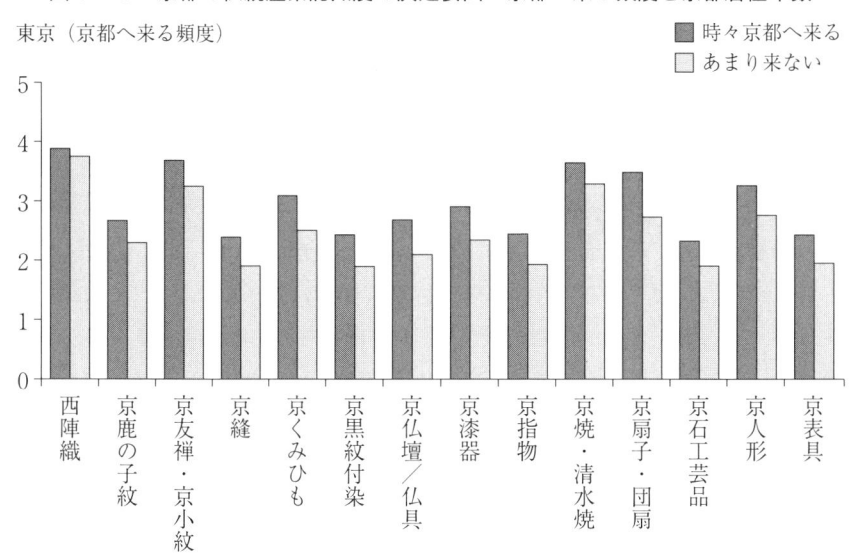

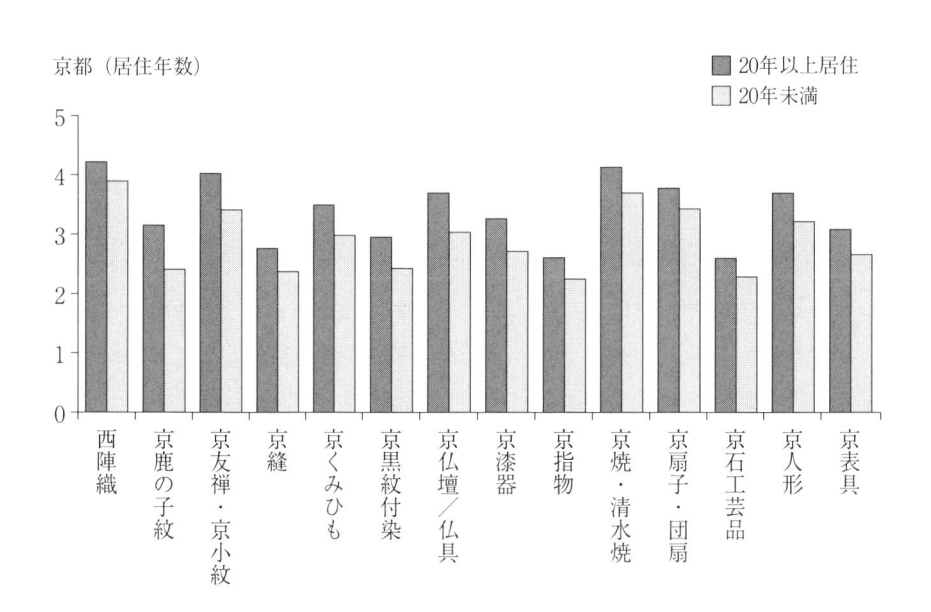

東京（京都へ来る頻度）　■時々京都へ来る　□あまり来ない

京都（居住年数）　■20年以上居住　□20年未満

茶道や華道などの習い事は、伝統的な工芸品と深いつながりをもっている。習い事をしている、あるいは以前していたことのある人は、伝統的工芸品についてより知っているのではないかと考えられる。そこで、習い事の有無による違いを検討した。

　習い事については、華道と茶道以外の習い事をしたことがある回答者はほとんどいなかった。また、男性の回答者で、茶道や華道などの習い事をしている人も少なかった。そこで、東京、京都ともに女性のみについて、「華道を習っているか習ったことがある人」を一つのグループ、「習ったことのない人」をもう一つのグループとしてクロス集計を行った。そこから認識度を求めた結果が図4－4である。ちなみに、茶道を習っていたことのある人は東京で24.5％、京都で27.0％である。華道を習ったことのある人は、東京で21.5％、京都で31.0％である。

　この図が示すように、すべての品目について、東京・京都を問わず、「華道を習っているか習っていたことのある人」のほうが、「習ったことのない人」よりも認知度の値が高くなっている。習ったことのある人と習ったことのない人の間で最も大きな差があったのは、東京の人の「京くみひも」で0.9661であった。一方、京都の人については、その認知度の差は0.5914であった。「京鹿の子紋」は、習ったことのある人とない人の間での差が大きかった。東京で0.7134、京都で0.7109とどちらも0.7を超えた。「京鹿の子紋」は絞り染めの一種で、着物や帯、帯揚げなどの和装小物に使われる[6]。西陣織や京友禅・京小紋などの和装製品に比べると全体的に認知度が低い品目であったが、華道を習い、着物を着る機会が多いと思われる人たちでは、習ってない人よりも認知度が高い。西陣織については全体的に認知度が高く、華道を習っているかどうかでの差も小さい。一方、同じく認知度が高い京友禅・京小紋については、華道を習っているかどうかでの差が東京で0.6563、京都で0.7171と比較的大きな差が観察された。

　同じく「華道を習っている」あるいは「習ったことがある人」については、京都の人が東京の人よりもより高い認知度であった。その認知度の差が最も大きかったのは、全体でも大きな差があった京仏壇／仏具で1.1178であった。

第 4 章 京都の伝統産業　119

図 4 − 4　京都の伝統産業認知度の決定要因　華道

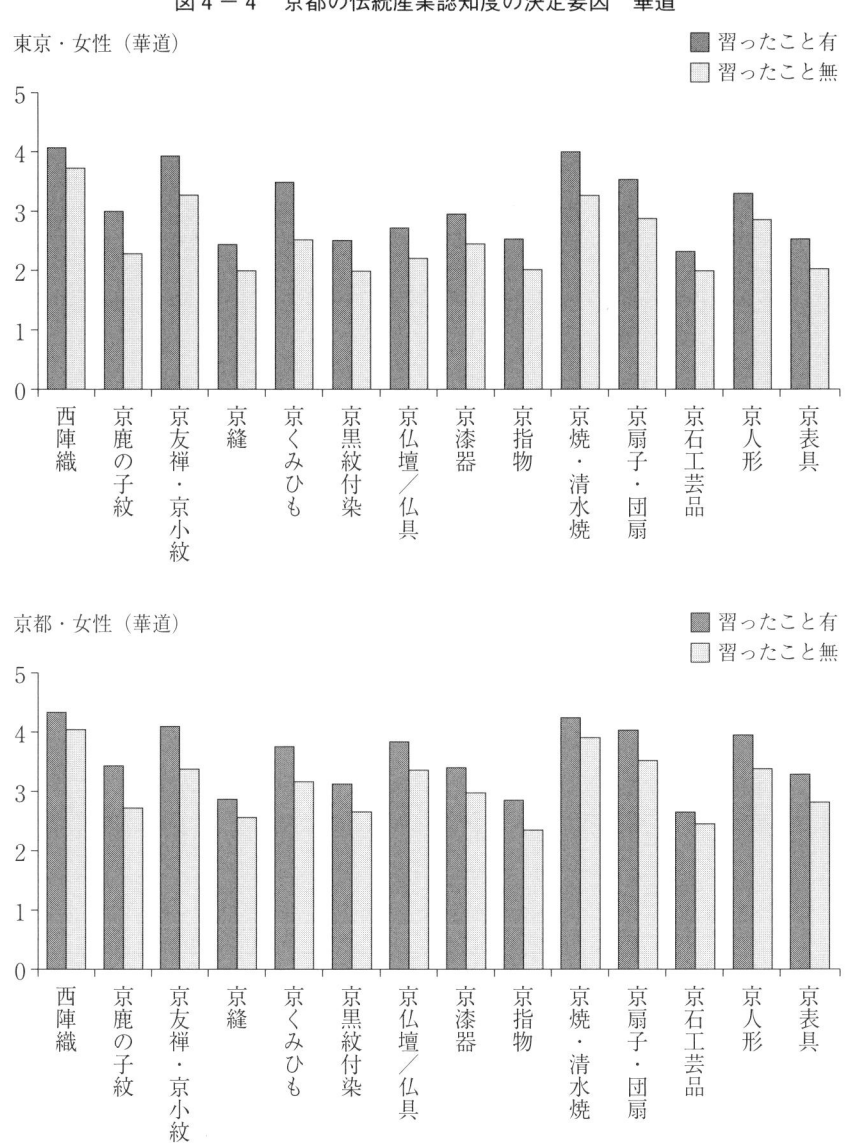

東京・女性（華道）

■ 習ったこと有
□ 習ったこと無

京都・女性（華道）

■ 習ったこと有
□ 習ったこと無

(6)　京都府中小企業総合センター［2005］p. 103。

3　着物の所有

　和装は、京都の代表的な伝統産業と言ってよいだろう。まず、一般的に着物産地として思い浮かべる都道府県を挙げてもらうと、最も多かったのは石川県で112人の回答者が挙げた。これは、加賀友禅を考えているのではないかと思われる。京都は2番目で88人であった。その他、回答のあった都道府県は東京都29人、鹿児島県24人、沖縄県18人であった。このように、京都は和装産地として認知されていることが分かる。

　しかしながら、日常生活の欧風化により着物を着る機会は減少している。それに伴い、和装産業では出荷金額も減少傾向にある。

　工業統計表（京都市）によると、2006年度には208億円あった京友禅・京小紋など織物手加工染色整理業の出荷額は、2010年度には114億円まで下落している。西陣織などの絹・人絹織物産業の出荷額も、2006年度の172億円から114億円まで下落している。また、小幅友禅の生産量は、1971年度には1,652万反であったのが、2010年度になると51万反と激減している[7]。このような需要減退の背景に、着物に触れる機会が少なくなったことがあるだろう。そこでまず、着物の所有状況について調べてみた。

　着物の所有率について、全体としては220人（55％）と半数強の人が着物を持っていた。男女別では、予想されるように女性の着物所有率が65.3％と高いのに対し、男性の所有率は24％と4分の1以下であった。

　地域別に比較すると、男女合わせた東京の所有率は45.5％と半数を割っているのに対して、京都は64.5％と高い値を示している。この差は、年代別にも同じように観察される。30歳以下の女性について、東京では所有率が38.0％であるのに対して、京都の所有率は60.0％である。女性40歳代以上でも、東京では所有率が64.0％であるのに対して、京都の所有率は83.0％となっている。年代層に関わりなく、20％ポイント以上の差が表れている。

　茶道や華道の場では和装の場合が多いだろう。そこで、茶道や華道を習っているあるいは習ったことがあるかどうかと、着物所有の有無を東京・京都の女

性に尋ねた。予想通り、茶道や華道を習ったことのある人の着物所有率は習ったことのない人よりも高く、東京の茶道を除き80％を超えていた。特に京都の茶道では、92.3％と非常に高い所有率だった。

　所有している着物の価格帯（複数持っている時は最も高いもの）について、東京30代以下では50万円以上の価格帯が多く、200万円以上500万円未満では3人（15.8％）いた。京都30代以下は、200万円未満の範囲で各価格帯に分散しており、200万円以上の価格帯には回答者がいなかった。一方、40代以上では、東京では30万円から100万円の範囲に45.3％が集中している。京都では同じ価格帯は36.2％となっており、全体に各価格帯に分散している。

　茶道や華道の場では、着物を着用することが多く、より高価な着物が着用されるのではないかと思われる。そこで、所有している着物の価格と習い事の有無の関係を見てみよう。意外にも、京都の華道を除き、東京でも京都でも習い事をしたことのない人のほうがより高い着物を持っており、予想とは違った結果となった。

　京都の着物については、どのようなイメージをもたれているだろうか。

　全体で、高い（非常に高い＋高い）というイメージをもっているのが72.0％であった。東京・京都の比較では、「非常に高い」というイメージが東京で24.7％であるのに対して、京都では16.0％である。逆に「普通」というのが東京では3.3％であるのに対して、京都では13.3％となっている。このことから、京都の着物の価格について、京都よりも東京でより高価なものであるというイメージが強いと言える。

　茶道・華道などの習い事をしている人は、着物についてより多くの知識をもっており、京都の着物にも詳しいのではないかと考えられる。そこで、前項と同じように東京と京都の女性のみについて、茶道や華道を習っていたことがあるかないかでグループ分けして集計を行った。その結果、「非常に高い」というイメージは、習ったことのない人のほうが習ったことのある人よりも多かった。

---

(7)　田中［2012］p. 42。

図4-5　着物の所有

（%）
■ 持っている
□ 持っていない

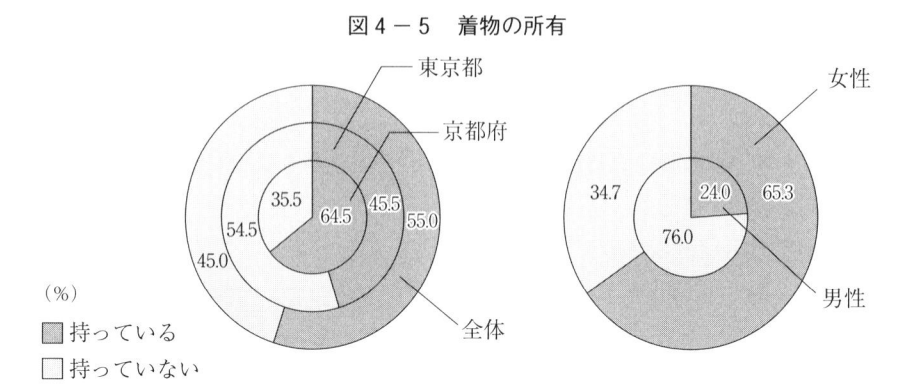

東京都　京都府　全体
35.5／64.5　45.5／55.0
54.5／45.0

女性　男性
34.7／65.3　24.0／76.0

図4-6　茶道と着物の所有率（女性のみ）

習ったことあり／習ったことなし

東京：27.3／72.7、内側 51.9／48.1
京都：7.7／92.3、内側 33.7／66.3

（%）
■ 持っている
□ 持っていない

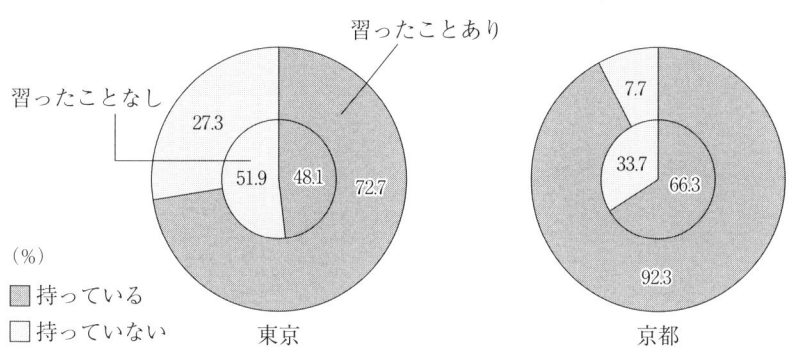

図4-7　華道と着物の所有率（女性のみ）

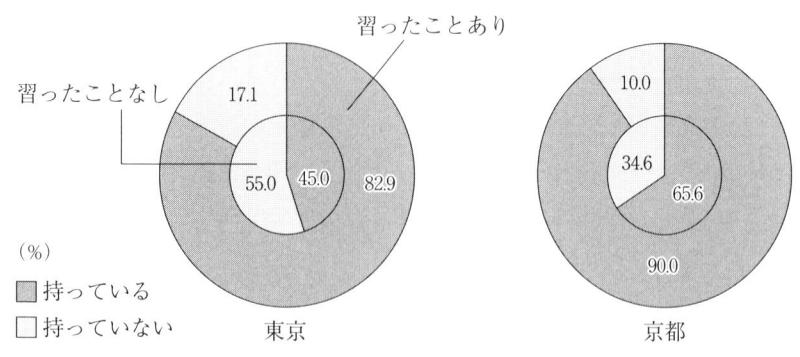

習ったことあり／習ったことなし

東京：17.1／82.9、内側 55.0／45.0
京都：10.0／90.0、内側 34.6／65.6

（%）
■ 持っている
□ 持っていない

第 4 章　京都の伝統産業　123

図 4 − 8　所有する着物の価格

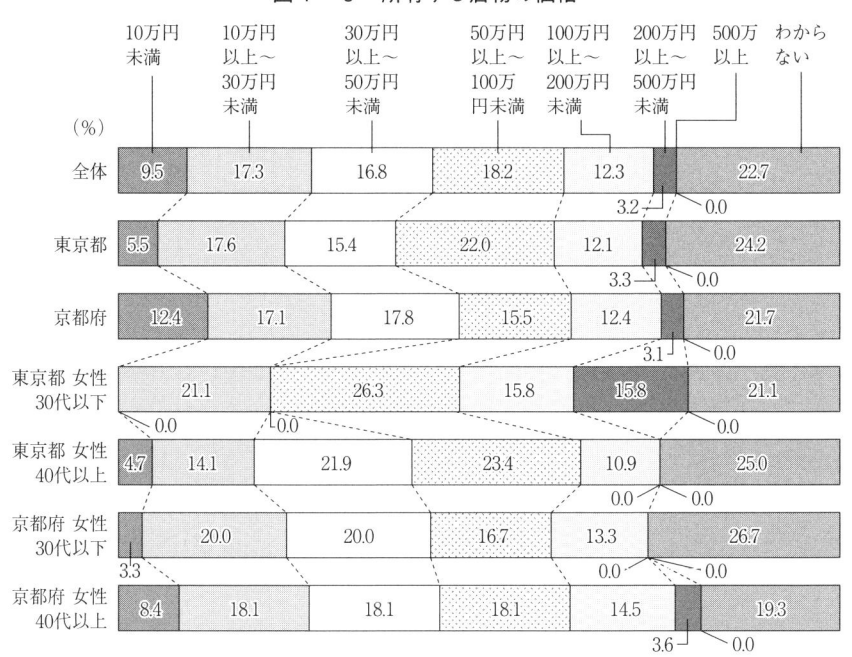

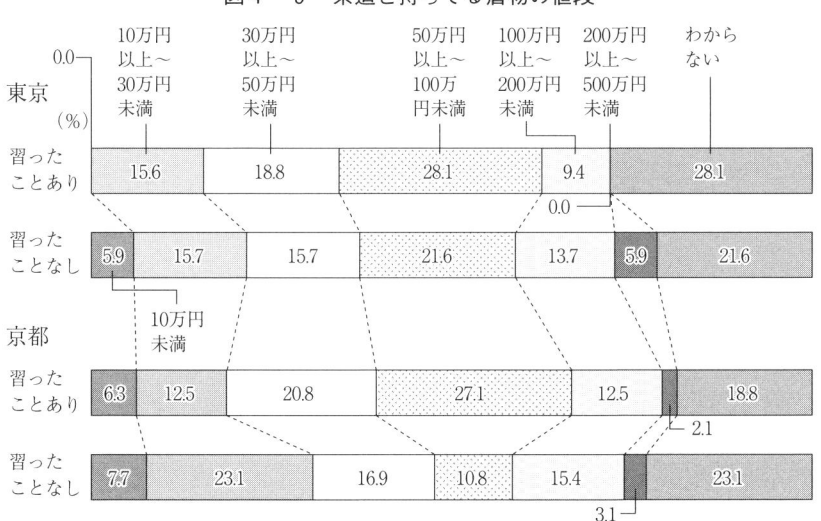

	10万円未満	10万円以上〜30万円未満	30万円以上〜50万円未満	50万円以上〜100万円未満	100万円以上〜200万円未満	200万円以上〜500万円未満	500万円以上	わからない
全体 (%)	9.5	17.3	16.8	18.2	12.3	3.2	0.0	22.7
東京都	5.5	17.6	15.4	22.0	12.1	3.3	0.0	24.2
京都府	12.4	17.1	17.8	15.5	12.4	3.1	0.0	21.7
東京都 女性 30代以下	0.0	21.1	26.3	15.8	15.8	0.0	0.0	21.1
東京都 女性 40代以上	4.7	14.1	21.9	23.4	10.9	0.0	0.0	25.0
京都府 女性 30代以下	3.3	20.0	20.0	16.7	13.3	0.0	0.0	26.7
京都府 女性 40代以上	8.4	18.1	18.1	18.1	14.5	3.6	0.0	19.3

図 4 − 9　茶道と持ってる着物の値段

	10万円未満	10万円以上〜30万円未満	30万円以上〜50万円未満	50万円以上〜100万円未満	100万円以上〜200万円未満	200万円以上〜500万円未満	わからない
東京 (%) 習ったことあり	0.0	15.6	18.8	28.1	9.4	0.0	28.1
習ったことなし	5.9	15.7	15.7	21.6	13.7	5.9	21.6
京都 習ったことあり	6.3	12.5	20.8	27.1	12.5	2.1	18.8
習ったことなし	7.7	23.1	16.9	10.8	15.4	3.1	23.1

図4-10 華道と持っている着物の値段

東京 (%)

	10万円以上～30万円未満	30万円以上～50万円未満	50万円以上～100万円未満	100万円以上～200万円未満	200万円以上～500万円未満	わからない
習ったことあり	14.7	23.5	26.5	8.8	0.0	26.5
習ったことなし	6.1 / 16.3	12.2	22.4	14.3	6.1	22.4

（習ったことなしの最初の6.1は「10万円未満」）

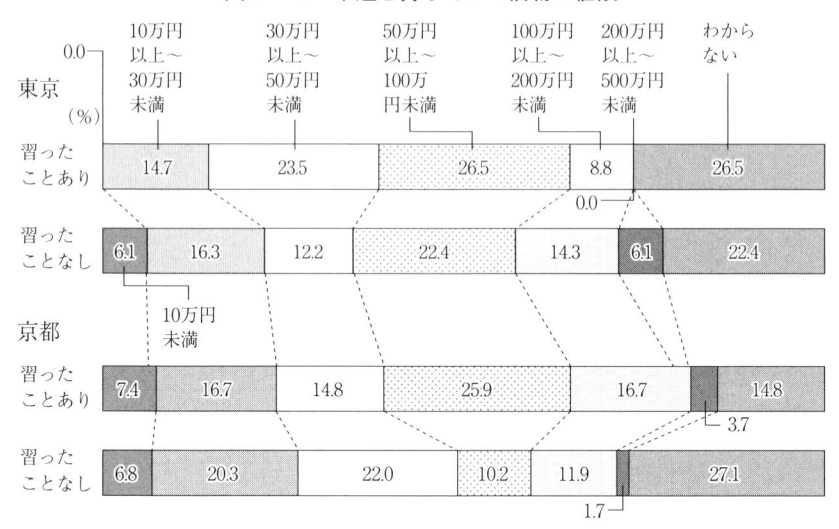

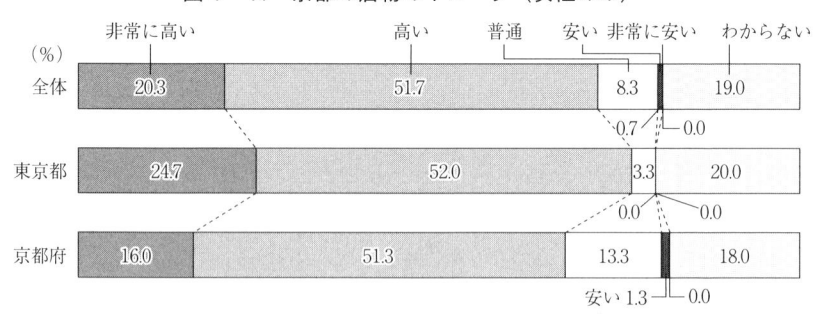

京都

習ったことあり	7.4	16.7	14.8	25.9	16.7	3.7	14.8
習ったことなし	6.8	20.3	22.0	10.2	11.9	1.7	27.1

図4-11 京都の着物のイメージ（女性のみ）

(%)	非常に高い	高い	普通	安い	非常に安い	わからない
全体	20.3	51.7	8.3	0.7	0.0	19.0
東京都	24.7	52.0	3.3	0.0	0.0	20.0
京都府	16.0	51.3	13.3	安い 1.3	0.0	18.0

第4章 京都の伝統産業　125

図4-12　茶道と京都の着物のイメージ（女性のみ）

東京
(%)　非常に高い　　高い　普通　安い　非常に安い　わからない

習ったことあり： 22.7 ／ 54.5 ／ 4.5 ／ 18.2

習ったことなし： 25.5 ／ 50.9 ／ 2.8 ／ 20.8

京都

習ったことあり： 11.5 ／ 53.8 ／ 13.5 ／ 21.2

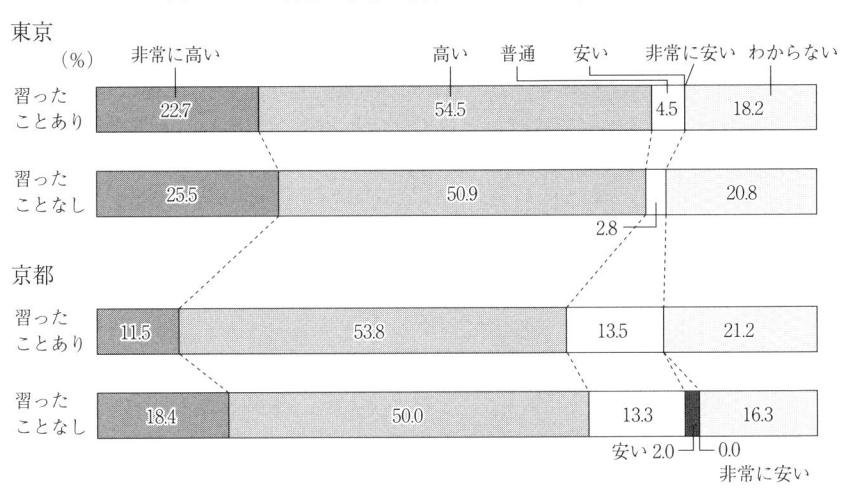

習ったことなし： 18.4 ／ 50.0 ／ 13.3 ／ 安い2.0 ／ 0.0 非常に安い ／ 16.3

図4-13　華道と京都の着物のイメージ（女性のみ）

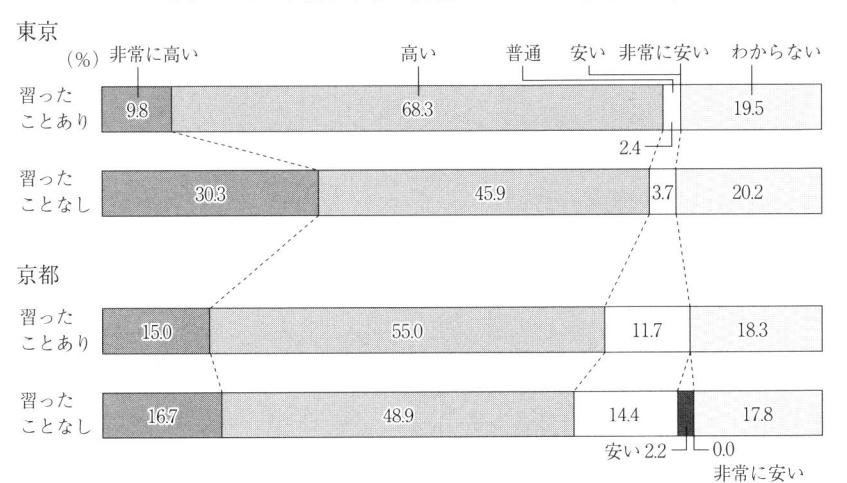

東京
(%)　非常に高い　　高い　普通　安い　非常に安い　わからない

習ったことあり： 9.8 ／ 68.3 ／ 2.4 ／ 19.5

習ったことなし： 30.3 ／ 45.9 ／ 3.7 ／ 20.2

京都

習ったことあり： 15.0 ／ 55.0 ／ 11.7 ／ 18.3

習ったことなし： 16.7 ／ 48.9 ／ 14.4 ／ 安い2.2 ／ 0.0 非常に安い ／ 17.8

図4-14 京都の着物の品質（女性のみ）

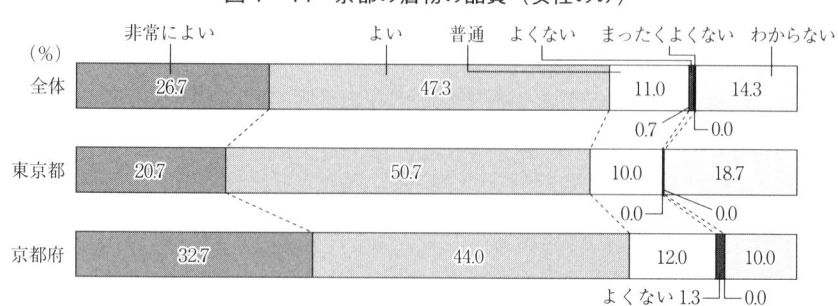

	非常によい	よい	普通	よくない	まったくよくない	わからない
全体	26.7	47.3	11.0	0.7	0.0	14.3
東京都	20.7	50.7	10.0	0.0	0.0	18.7
京都府	32.7	44.0	12.0	よくない 1.3	0.0	10.0

図4-15 京都の着物に払ってもいいと思う金額（女性のみ）

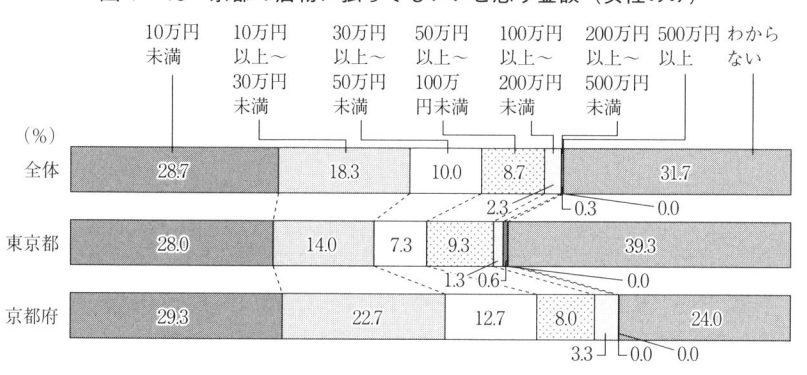

	10万円未満	10万円以上～30万円未満	30万円以上～50万円未満	50万円以上～100万円未満	100万円以上～200万円未満	200万円以上～500万円未満	500万円以上	わからない
全体	28.7	18.3	10.0	8.7	2.3	0.3	0.0	31.7
東京都	28.0	14.0	7.3	9.3	1.3	0.6	0.0	39.3
京都府	29.3	22.7	12.7	8.0	3.3	0.0	0.0	24.0

　京都の着物の品質についてのイメージはどうであろうか。「非常によい」と「よい」を合わせると、全体で73.0%の人が高い評価をしている。東京と京都の間でこの値に差はない。ただ「非常によい」と評価している比率が、京都のほうが東京よりも10%ポイント高く、地元京都の人がより高い評価をしていることが分かった。

　このように、どちらかというと高品質であるが高価であるというイメージをもたれている京都の着物に対して、いくらぐらい払ってもよいと考えているのだろうか。

　全体でも東京・京都でも、10万円未満が最も多く、100万円以上払おうとい

う回答者はごくわずかで、さらに高い500万円以上支払ってもよいという回答者はいなかった。ただ、「わからない」という回答が、東京で38.0％、京都で24.5％もあり、この影響が大きい。「わからない」という回答を除いて各比率を求めると、50万円以上支払ってもいいという回答の比率は、東京で15.38％であるのに対して京都では11.99％となり、東京の人のほうが高い金額を払ってもいいという人が若干多かった。

4　伝統産業と文化
むすびにかえて

　多くの京都伝統産業は、需要の低迷に悩んでいる。そして、その背景には、伝統的な産品をあまり身近に感じていない人が多いということがある。そこで、京都の伝統産業の製品を、東京と京都の人がどの程度認識しているか、そして代表的な伝統産業である和装、すなわち着物について保有状況とイメージについてアンケート調査を行った。

　まず認知度では、西陣織や京友禅・京小紋、京焼・清水焼、京人形など、一般的によく知られていると思われる産品の認知度が高いという常識的な結果となった。東京在住者よりも京都在住者のほうが、各産品についてより高い認知度を示したというのも当然であろう。

　習い事との関係では、華道を習っている（いたことがある）人と、習ったことのない人の間では習っている場合のほうが認知度の高いのは当然である。一般的に知られている西陣織では、華道を習っているかどうかでの差は小さい一方、京友禅・京小紋では両者の間に比較的大きな差が見いだされた。

　着物の所有率については、女性は約6割の人が持っていたのに対して、男性で所有している人は4分の1以下であった。東京と京都の比較では、京都が20％ポイント近くの差をつけてより多く持っていた。このように、華道や茶道も着物の所有率に影響を及ぼしている。

　この結果、京都の伝統産品は一般に有名な産品以外はまだまだ知られておらず、着物も習い事をしているかどうかによって所有率に差があることが分かっ

た。ここから、すでに高い知名度をもっている伝統産業以外の、知名度の低い伝統産業についてその知名度を高めるような対策が必要であろう。

また着物は、日常的な服装ではなく、茶会や華会などの晴れの場に参加する機会の有無が所有やイメージ影響していることが分かった。ここから、長らく需要低迷に直面している和装産業は、それだけの振興ではなく、茶道や華道に代表されるような伝統的文化活動と一体になって振興策を考えていく必要があることが示唆される。

参考文献一覧

・京都市［2012］『第2期京都市伝統産業活性化推進計画』。
・京都市中小企業総合センター［2005］『京都府産業の展望2005』。
・田中宣子［2012］「京都小幅友禅業の衰退傾向分析と将来展望」、『龍谷ビジネスレビュー』第13号。

コラム3 株式会社伊と忠
―― 「あいまい」という京都文化に象徴される老舗

　創業は1895（明治28）年、創作京履物を中心に事業展開し、2012（平成24）年8月1日付で組織の大変革を行った。2010（平成22）年に4代目を就任した37歳の若き経営者・伊藤忠弘社長のもと、5年前の10億円強の売上高から現在の約15億円に大きく業績を伸ばし、正社員も30人から48人へと増加させている。

本業：株式会社「伊と忠」について
　和装用の履物、バック、袋物の企画、製造、小売業が主たる事業で、本社では企画・販売事業を中心に行っている。和装の履物は鼻緒と台で構成されており、伝統産業の特徴である分業という形態で、京都・大阪・奈良など関西圏を中心にそれぞれを委託した職人が製造し、本社では最後に台と鼻緒を付ける「すげる」という作業を行う。このすげがあわないと足が痛くなるため、本来は注文品に行う作業だが、既製品の購入者にも手直しサービスをしてきたことが伊と忠の特徴であり、顧客からの信頼を受けてきた原点といえる。若い職人もおり、京都伝統工芸大学からの紹介を受けたりして人材には困っていない。
　本業はリーマン・ショックまでは伸びていたが、その後、若干落ちている。ただ、他の和装系の企業に比べて落ち込みが少なかったのは、着物や小物類を扱わず、あくまで和装用の履物に集中してきたことにある。国内で和装履物業者は10社もなく、そのうち一応の企業は3〜4社程度で競合が少なく、ほかにこれだけの品揃えができる会社がないことが幸いした。

新事業：株式会社スーベニール（小物・和雑貨）について
　今回の組織の改革とは、従来からの創作京履物の株式会社「伊と忠」と新規事業の雑貨を中心とした「スーベニール」に分社したことにある。本業と新規事業では、金額ベースで6：4の状態にまで達しており、本業がやや縮小気味という状態から考えると、新規事業が業績を伸ばしてきたといえる。
　新会社は、東京のアパレル会社の勤務経験に加え、和装専門学校で学び直した、いわば和洋両方の目をもつ入社11年目という、社長と同世代の女性社員篠崎麻希氏が指揮をとっている。

同社は、①カランコロン京都（和風小物・雑貨）、②げたばこ（同）、③ぶぶ（生活和雑貨）、④ぽっちり（ガマ口専門店）の四つのブランドをもっている。①と②は8割方同じ商品内容で、③は郊外型の出店形態をとり、オリジナル商品よりもセレクトSHOP系で展開されている。

　社長はかつて、コア（本業）を大切に、その周辺を考えて「ジーンズにあう履物」を手がけたが失敗し、もっと自由な発想で、京都の感性を活かした自分たちが欲しいと思うような商品を目指して雑貨事業を始めた。現在は90％がオリジナルとなっており、顧客は30代を中心に20～40代に広がっている。

事業承継について

　社長が手がけ始めた雑貨事業が進んできたので、社内でも承継の雰囲気が醸成され、先代が68歳、社長が35歳という若い年齢で事業承継が行われた。はっきりとした順序を追った段階や言葉などはなく、あいまいに継承し、経営はすべて社長に任された。大学卒業後、チケット販売で著名なベンチャー企業に就職し、3年ほど勤務した頃、自然と自分で何かを動かしたいと思うようになり自社へ入社して、今年で12年目になる。

　最初の3年間は本業に専念し、入社して4～5年頃から金融機関のことは社長が行うようになり、新規事業への融資にも協力的だったことを受けて、私財を投げてもとチャンスに賭けた。

伊と忠本店の一軒隣にあるカランコロン京都本店

経営革新について

　取引先の選別については、国内や京都近郊で作ってくれるところが追いつかない状態にあるが、中国などでの海外生産は考えていない。経営理念としては、昔を愛する心という程度というくらいで、「家訓」などといった明確なものはない。社内情報化の推進としては、パソコンやメールの導入という一般的なことしか行っておらず、導入前は電話対応で間違いも多かったようだ。

　変革への抵抗については、社長やベテラン社員からは、変えないで欲しいと常に言われてきた。その最たるものが、先に述べた篠崎氏の雇用だったが、現在は、新事業部門の責任者として社長から全面的な信頼を受けている。

「家業」と「企業」

　残しておきたい「暖簾(のれん)」は企業形態では無理と判断している。「伊と忠」は「暖簾」のため同族で継承してゆく「家業」であり、新規事業は同族でなくてもよい「企業」としている。ただ、これまでの伊と忠の安定感や信用は無形財産であり、これらは新規事業にも生きており、わざわざこちらから新規事業と言わなくても、お客様には十分伝わっている。

「あいまい」という京都文化の良さ

　社長はもともと京都の「あいまいさ」や「グレーさ」が嫌いだったが、今ではそれを認めている。変化は、30歳の頃に京都府物産協会の理事に就任し、京都の経営者との交流が始まった時に現れた。PRしないのが「京都」、ありのままを伝えることと、京都は女性が主役の町なのでその感性を活かすことが大切なことなどを学んだという。

　もともと京都の職人の世界は腕と勘による「あいまい」さがあり、作業工程に社長は一切口を出さないものである。それゆえ、新規事業の和雑貨も女子社員に任せている。そこには、深い信頼関係がある。企業内、そして顧客からの信頼は急に生まれるものではない。言うまでもなく、長い年月が必要である。それこそが、老舗が培った財産なのであろう。「あいまい」という言葉に老舗企業の奥深さや強さ、そして自信を見た。

　　　　　　　　　　　　　　　　　　　　　　　　　　（北野裕子）

第5章 次世代から見た地域産業
――丹後の伝統産業に関する高校生の意識――

松岡　憲司

1　丹後地域の産業

　京丹後市をはじめとする京都府丹後地域の代表的な伝統産業と言えば、「丹後ちりめん」として知られる絹織物の産業であろう。江戸時代以来の約280年という長い歴史[1]をもつ絹織物業であるが、最近の生産高は最盛期の10分の1以下にまで落ち込んでしまっている。また、絹織物製造に従事する人々の高齢化も著しい。

　それに代わって、製造業のなかで最も大きな割合を占めるようになったのは機械・金属業である。丹後の機械・金属業は第2次世界大戦後より発展した産業で、絹織物業に比べるとまだまだ浅い歴史であるが、近年では丹後地域の出荷額で最も大きな割合を占めるところにまで成長してきている。また、冬のカニ、夏の海水浴を中心とする観光業も地域の産業として重要である。さらに、農業は地域に根ざした産業である。このように、繊維、機械・金属、観光、農業は、丹後を代表する産業と言ってよいであろう。

　地域の産業、特に伝統産業は、これまでの何世代にもわたる先人たちの努力

---

[1] 丹後の絹織物業の歴史については、北野裕子「縮緬業の歴史にみる丹後の地域力――発展の内的要因」松岡憲司編『地域産業とイノベーション』日本評論社（2004年）を参照されたい。

によって築き上げられてきたものである。ただ引き継いできただけでなく、技術や技能を磨き上げてきた賜物である。このような伝統を持続するためには、これからの世代の人たちが事業を継いでいかなければならない。現在、多くの地域産業において後継者難が指摘されており、事業承継を円滑に進めるための政策支援も実施されている。

実際にこれから仕事に従事していく若い世代は、地元の産業についてどのように考えているのであろうか。そこで我々は、丹後地方の地元高校生に繊維業、機械・金属業、観光業、農業の現状や将来性について、どのような意識をもっているかを明らかにするためのアンケートを実施した。

アンケートは、京丹後市内の京都府立高校の生徒たちにホームルームの時間に回答していただいた。時期は2011年の3月である。その結果、260件の回答をいただいた。一部に無効回答があり、分析対象としたのは259件の回答である。内訳は、男子117名、女子134名、性別記入なしが8名であった。また、普通科が180名、普通科以外が71名、記入なしが8名である。

2　繊維業、機械・金属業、観光業、農業への従事

質問1：現在、あなたの血縁者は繊維業、機械・金属業、観光業、農業に携わっていますか？（複数回答可）

まず、血縁者がこれら産業に従事しているかどうかを尋ねた。血縁者の範囲は、父母、祖父母、兄弟・姉妹、おじ、おば、いとこまでとした。

回答は、**表5－1**に示されているように、父母では機械・金属業に従事している場合が最も多く44人（全体の17.0％）であった。一方、伝統産業である繊維業の場合は16人（6.2％）と若干少なかった。祖父母については、最も多かったのは農業で56人（21.6％）で、繊維業では20人（7.7％）であった。農業は、祖父母が多いのに対して父母の従事者数は少なく、農業においても高齢化が進んでいると思われる。

興味深いのは、繊維業で父母よりも祖父母の人数が多かった点である。丹後

表5－1　各産業への血縁者の従事（複数回答可）

	繊維業		機械・金属業		観光業		農業	
	人	%	人	%	人	%	人	%
1．父母	16	6.2	44	17.0	5	1.9	11	4.3
2．祖父母	20	7.7	6	2.3	2	0.8	56	21.6
3．兄弟、姉妹	0	0.0	12	4.6	1	0.4	0	0.0
4．おじ、おば、いとこ	8	3.1	10	3.9	4	1.5	10	3.9
5．誰もいない	105	40.5	103	39.8	114	44.0	91	35.1
6．わからない	34	13.1	32	12.4	35	13.5	32	12.4
記入者数	178	68.7	189	73.0	160	61.8	187	72.2
無記入	81	31.3	70	27.0	99	38.2	72	27.8
合計	259		259		259		259	

出所：本研究グループで実施したアンケート結果に基づく。以下の表も同じである。

の繊維業では、従業者の高齢化が進んでいることを反映しているものと思われる。また、繊維業で父母と祖父母がともに従事しているという回答は4人（1.5％）であった。

質問2：過去、あなたの血縁者は繊維業、機械・金属業、観光業、農業に携わっていたことがありますか？（複数回答可）

　次いで、過去に血縁者が各産業に従事していたかどうかを尋ねた。ここで特徴的に表れているのは、過去の祖父母が繊維業に従事していたという回答が56人（21.6％）と非常に多かったことである。これは、かつて丹後において繊維業が隆盛を誇っていたことを反映していると思われる。一方、機械・金属業に従事していた祖父母は12人（4.6％）と少なく、同産業の歴史がまだ浅いことを示している。また、農業においても、過去従事していた祖父母が36人（13.9％）と少なくないことも注目される。

　祖父母と父母が共に従事していたという回答は、繊維で7人（2.7％）、機械金属で2人（0.7％）、観光で3人（1.2％）、農業で4人（1.5％）と、どの産業もあまり多くなかった。

表 5 − 2　各産業への血縁者の過去の従事（複数回答可）

	繊維業		機械・金属業		観光業		農業	
	人	%	人	%	人	%	人	%
1．父母	17	6.6	13	5.0	6	2.3	7	2.7
2．祖父母	56	21.6	12	4.6	6	2.3	36	13.9
3．兄弟、姉妹	0	0.0	3	1.2	1	0.4	0	0.0
4．おじ、おば、いとこ	7	2.7	5	1.9	5	1.9	8	3.1
5．誰もいない	70	27.0	86	33.2	93	35.9	77	29.7
6．わからない	53	20.5	58	22.4	59	22.8	53	20.5
記入者数	190	73.4	170	65.6	165	63.7	173	66.8
無記入	69	26.6	89	34.4	94	36.3	86	33.2
合計	259		259		259		259	

3　繊維業、機械・金属業、観光業、農業への従事希望

質問3：過去・現在に血縁者が携わっていた方にのみうかがいます。あなたは、将来、現在・過去に血縁者が携わっていた業界への就職を希望しますか？

　現在あるいは過去に血縁者が各産業に従事していたと回答した人に、将来その業種の仕事に従事したいかどうかを尋ねた。高校2年生であるので、まだ将来を決めていない生徒も多いと思われるが、この質問に回答してくれた人の半数以上が「はい」あるいは「いいえ」を明確に答えてくれた。

　その産業に従事したいと答えた人の割合が高かったのは機械・金属業で、12人（回答者の9.8%）であった。伝統産業である繊維業の場合、血縁者が従事していても2人（同1.6%）にすぎなかった。逆に「いいえ」、つまりこの業種に就きたくないと答えた人の割合は、繊維業（88人、68.8%）、観光業（67人、67.7%）が60%を超えていたのに対して、機械・金属業は71人（58.2%）、農業は72人（62.6%）と若干低かった。

質問3−1：質問3で「はい」と答えた方へ、その理由は次のどれでしょうか？（複数回答可）

表5-3　各業界への従事を希望するか（過去・現在に血縁者が携わっていた人）

	繊維業		機械・金属業		観光業		農業	
	人	%	人	%	人	%	人	%
1．はい	2	1.6	12	9.8	3	3.0	4	3.5
2．いいえ	88	68.8	71	58.2	67	67.7	68	59.7
3．どちらとも言えない	38	29.6	39	32.0	29	29.3	42	36.8
合　　計	128	100.0	122	100.0	99	100.0	114	100.0

表5-4　家族が従事している産業に、自分も従事したいと思う理由

	繊維業		機械・金属業		観光業		農業	
回答者数	2		12		4		4	
	人	%	人	%	人	%	人	%
1．現在の家業であるから	1	50.0	4	33.3	1	25.0	1	25.0
2．伝統ある地域産業だから	0	0.0	1	8.3	0	0.0	1	25.0
3．この産業に興味があるから	2	100.0	6	50.0	2	50.0	1	25.0
4．この産業に関する勉強をしているから	0	0.0	4	33.3	0	0.0	0	0.0
5．自分に向いていると思うから	0	0.0	3	25.0	1	25.0	0	0.0
6．将来性があるから	0	0.0	2	16.7	1	25.0	0	0.0
7．その他	0	0.0	0	0.0	0	0.0	1	25.0

　血族が各産業に従事している生徒のなかで、その産業に従事すると答えた人の数は大変少なかったが、その従事すると答えた理由を尋ねた。繊維業の場合、「この産業に興味があるから」が挙げられた。機械・金属業では、「この産業に興味がある」を筆頭として、「この産業に関する勉強をしているから」、「現在の家業である」が続いた。次いで、「自分に向いている」も挙げられた。

　一方、観光業の場合には「この産業に興味がある」が最も多く、その他の要因はそれぞれ1人であった。そして、農業の場合には、いろいろな要因に分散した結果となった。

表5-5 家族が従事している産業に、自分は従事したくないと思う理由

	繊維業		機械・金属業		観光業		農業	
回答者数（人）	83		67		62		68	
	人	%	人	%	人	%	人	%
1．地元を出たいから	19	22.9	15	22.4	11	17.7	20	29.4
2．他にしたい仕事がある	62	74.7	52	77.6	47	75.8	49	72.1
3．将来性が乏しいと思う	21	25.3	8	11.9	8	12.9	14	20.6
4．仕事内容がキツい	0	0.0	2	3.0	3	4.8	6	8.8
5．賃金や休みなどの待遇が悪い	8	9.6	3	4.5	6	9.7	8	11.8
6．両親や親戚が反対している	1	1.2	1	1.5	1	1.6	3	4.4
7．その他	2	2.4	1	1.5	2	3.2	1	1.5

質問3-2：質問3で「いいえ」と答えた方へ、その理由は次のどれでしょうか？（複数回答可）

　家族が従事している産業に従事したくないと答えた回答者が挙げた理由は**表5-5**に示されている。どの産業についても最も高い比率を示したのは、「他にしたい仕事がある」という回答で、70％を超えていた。

　注目しなければならないのは繊維業で、「将来性が乏しい」という理由を挙げた回答者が25.3％で2番目に多かったことである。繊維業の長期的な衰退を、高校生も感じていることを反映していると思われる。

質問4：今まで各産業に血縁者が携わっていない方へ。あなたは、将来、現在・過去に血縁者が携わっていなかった各業界への就職を希望しますか？

　現在あるいは過去に血縁者が各産業に従事していたことがないと回答した人にも、将来その業種の仕事に従事したいかどうかを尋ねた。ここでも、この質問に回答してくれた人の半数以上が「はい」あるいは「いいえ」を明確に答えてくれた。

　その産業に従事したいと答えた人の割合が高かったのは機械・金属業で、6人（回答者の6.1％）であった。次いで観光業で、5人（5.3％）であった。伝

第5章 次世代から見た地域産業　139

表5-6　血縁者が従事していない産業へ、自分が従事するつもりがあるか

	繊維業		機械・金属業		観光業		農業	
	人	%	人	%	人	%	人	%
1．はい	1	1.1	6	6.1	5	5.2	1	1.1
2．いいえ	61	64.2	63	64.3	58	61.1	61	65.6
3．どちらとも言えない	33	34.4	29	29.3	33	34.0	30	31.9
合　　計	96	100.0	99	100.0	97	100.0	94	100.0

統産業である繊維業には1人（同1.1％）にすぎなかった。逆に「いいえ」、つまりこの業種に就きたくないと答えた人の割合は、どの産業についても60％を超えていた。また、繊維業（61人、64.2％）と機械・金属業（63人、64.3％）の間にも差がなかった。

質問4-1：質問4で「はい」と答えた方へ、その理由は次のどれですか？（複数回答可）

　血縁者が従事していない産業に自分が従事しようという回答者は非常に少なく、その理由の分布を見てもあまり意味はないが、その内容は表5-7のようであった。

質問4-2：質問4で「いいえ」と答えた方へ、その理由は次のどれですか？（複数回答可）

　血族が従事していない産業に自分も従事しない理由は表5-8のようになっている。家族が従事している場合と同じように、「他にしたい仕事がある」という理由の比率が最も高かった。そして、将来性については、繊維業の場合、家族が従事している場合ほどには高くなかったが、それでも17.0％と他の業種よりは高い比率を示していた。

質問5：どのような点を改善すれば、各産業に従事する人が増えると思いますか？（複数回答可）

表5-7 血族が従事していない産業に、自分が従事しようという理由

	繊維業		機械・金属業		観光業		農業	
回答者数	2		8		6		1	
	人	%	人	%	人	%	人	%
1．伝統ある地域産業だから	2	100.0	0	0.0	1	16.6	0	0.0
2．この産業に興味があるから	1	50.0	3	37.5	6	100.0	0	0.0
3．この産業に関する勉強をしているから	1	50.0	3	37.5	0	0.0	0	0.0
4．自分に向いていると思うから	1	50.0	4	50.0	0	0.0	1	100.0
5．将来性があるから	0	0.0	0	0.0	2	33.3	0	0.0
6．技術が身につくから	1	50.0	1	12.5	2	33.3	0	0.0
7．その他	0	0.0	1	12.5	0	0.0	0	

表5-8 血族が従事していない産業に、自分が従事しない理由

	繊維業		機械・金属業		観光業		農業	
回答者数（人）	53		56		52		52	
	人	%	人	%	人	%	人	%
1．地元を出たいから	16	30.2	15	26.8	12	23.1	13	25.0
2．他にしたい仕事がある	41	77.4	44	78.6	42	80.8	41	78.9
3．将来性が乏しいと思う	9	17.0	5	8.9	7	13.5	5	9.6
4．仕事内容がキツい	1	1.9	6	10.7	1	1.9	6	11.5
5．賃金や休みなどの待遇が悪い	6	11.3	4	7.1	4	7.7	5	9.6
6．両親や親戚が反対している	1	1.9	2	3.6	1	1.9	1	1.9
7．その他	1	1.9	1	1.8	1	1.9	1	1.9

表5-9　従事する人を増やすための改善点（複数回答可）

	繊維業		機械・金属業		観光業		農業	
	人	%	人	%	人	%	人	%
1．賃金	100	39.0	97	37.5	91	35.1	107	41.3
2．勤務時間・休暇	44	17.0	59	22.8	53	31.7	44	17.0
3．職場環境（工場内外の美観）	47	18.2	66	25.5	38	14.7	35	13.5
4．産業の将来性	107	41.3	84	32.4	78	30.1	92	35.5
5．資格を取れる	29	11.2	34	13.1	24	9.3	22	8.5
6．その他	10	3.9	10	3.9	10	3.9	11	4.3
回答者数	180	69.5	182	70.3	167	64.5	172	66.4
無記入者数	79	30.5	77	29.7	92	35.5	87	33.6
合計	259		259		259		259	

　血族が従事しているかどうかを問わず、各産業に従事する人の数を増やすためにはどのような点を改善する必要があると思うかを尋ねた。

　まず繊維業については、「産業の将来性」を挙げた回答者が、わずかながら「賃金」を上回った。将来、繊維産業に従事したくない理由でも「産業の将来性」を挙げる回答者が多かったことが示すように、高校生の間でも、丹後の繊維業の将来性に懸念が抱かれていることが分かる。

　繊維業以外の産業では、まず「賃金」の改善を挙げる回答者が多かった。賃金は職種や職場を決めるうえで最も重要な要因であるから、これが上位に来るのは当然であろう。その「賃金」に続くのは、機械・金属業の場合には「産業の将来性」であり、観光業の場合には「勤務時間・休暇」であった。観光業の場合、どうしても不規則な勤務時間となることを心配しているのであろう。

　一方、農業については、「産業の将来性」が2番目に来ていた。農業をめぐっては、国際的な経済連携協定などによって輸入圧力が高まることなどを懸念しているのかもしれない。

4 次世代にとっての地域産業
むすびにかえて

　以上、丹後地域の主要産業に関する現役高校生の意見をまとめた。その結果、繊維業については、かつては従事していた祖父母などが多かったが、現在ではその数も減ってきていることが示された。これは、長期にわたる繊維業の衰退から当然予想されることである。

　高校生も繊維業の将来性について不安を抱いており、この産業に従事したいと思う生徒の比率は、血族が従事していた場合で1.6％、従事していない場合で1.1％と非常に低かった。機械・金属業や観光業と比べても、その比率は低かった。その理由については、過去あるいは現在に血族がその業界に従事していたかどうかに関わらず、特に産業の将来性を心配している傾向を読み取ることができる。

　一方、機械・金属業について、この業種に従事したいという回答の比率は、血族が従事していた場合で9.8％、従事していない場合で6.1％と繊維業に比べると高く、丹後地域での主要産業の交代がこの点にも現れていた。一方、観光業では、血族が従事していた場合で3.0％、従事していない場合で5.3％という比率であった。そして農業は、血族が従事していた場合では3.5％であったが、従事していない場合は1.1％と非常に低い値であった。

　今回の調査は、高校2年生という、将来について明確な見通しをもっている人の少ない世代が対象であったため、各業界への就職の意志については、「まだ分からない」という回答が多かった。しかし、各業界への若者の意識の一端を反映する結果が得られたと思う。ここでは単純集計のみしか行っていないが、他の要因も考慮した詳細な分析は別の機会に行いたい。

　付記：年度末、学期末のお忙しい時期にアンケートにご協力いただいた高等学校、先生、生徒のみなさまに感謝を申し上げたい。なお、本稿に関わる問題点はすべて筆者の責任である。

事業承継に関する高校生アンケート

将来、ついてみたい職業
　会社員　公務員　自営業　教員　スポーツ選手　その他（　　　　　　　）

将来、ついてみたい業種
　製造業　金融業　商業　サービス業　公務員　その他（　　　　　　　）

将来、仕事をしたい地域はどこでしょうか
　①地元（京丹後市）　②京阪神の都市部　③東京など首都圏
　④その他の日本国内（　　　）　⑤海外（　　　　　）

　①以外を選んだ方へ
　　一旦、地元から出て、その後地元へ戻りたいですか
　　①地元外でしばらく経験を積んだ後、地元へ戻りたい
　　②地元外で働き、老後は地元に戻りたい
　　③地元へは戻りたくない
　　④その他（　　　　　　　　　　　　　　　　　　　　　）

京丹後市の代表的産業には、縮緬などの織物産業、自動車部品や半導体関連の機械金属産業、観光産業があります。あなたの将来の仕事として、それぞれの産業にはどのような印象をもっていますか。

織物産業
　①非常に関心がある　②関心がある　③わからない
　④関心がない　⑤まったく関心がない

機械・金属産業
　①非常に関心がある　②関心がある　③わからない
　④関心がない　⑤まったく関心がない

観光業
①非常に関心がある　②関心がある　③わからない
④関心がない　⑤まったく関心がない

保護者の方のお仕事が自営業の方へ
将来、保護者の方のお仕事を継ぐことについてどのように思いますか。
①必ず継ぐつもりである　②継ぐつもりである　③わからない
④継ぐつもりはあまりない　⑤絶対に継ぎたくない

①②を選んだ方へ（複数回答可）
なぜ、そのように思いますか
①代々、続いている仕事だから　②安定しているから
③仕事内容に興味がある
④

③④を選んだ方へ
なぜ、そのように思いますか
①将来性がないから　②仕事の内容に興味がない
③

属性

学科

学年

性別

何番目の子供ですか
　長男・長女　二男・二女　三男・三女　四男・四女　五男・五女以上

コラム 4　株式会社中村藤吉本店
――幹を太くし、新しい枝葉を伸ばす老舗

　1859（安政6）年に初代が現在の宇治市に茶問屋「中村藤吉商店」を創業し、明治・大正・昭和と数々の博覧会で受賞を重ね、2009（平成21）年に創業150年を迎えた。2005（平成17）年以降、日本における茶葉の売り上げが下降するなかでも、今年還暦となった6代目のもとで積極的な経営革新（新事業・新顧客・新商品）で成長を続けている。

本業：茶問屋について

　もともとは茶葉の製造・卸を中心に事業展開してきた。宇治の茶商は一般的に、茶葉の販売、借家、畑の3本柱で成り立っていた。「茶商」とも呼ばれ、茶葉をいかにうまく仕入れ、「合組」と呼ばれるブレンド技術が重要な仕事であった。

　6代目が40歳で1992（平成4）年に承継した頃までは中元・歳暮・冠婚葬祭が盛んな時代で、百貨店やスーパーの外商中心に商いをしていた。言ってみれば、外商担当者に頭を下げておけば商売が成立した時代であった。

中村藤吉本店

新事業：カフェ・スイーツ事業について

　6代目は、百貨店やスーパーなど相手側に主導権を握られている事業展開を嫌っていた。当時、葬儀屋のギフトが売上全体の10％強あったが、儲けはそのうちの20％程度であったため事業承継の以前に止めていたが、社長就任後の3年間にこのような不採算部門を整理し、次の3年間は新しいプロジェクトを模索した。その後、構想したことを具現化し、14〜15年前から新事業に入っていった。

　そのカフェ事業は、茶葉（リーフ）の2次加工事業、店頭に並ぶスイーツは3次加工事業と、本業を活用できる事業になっている。最初は1998（平成10）年のソフトクリーム販売からで、年間700〜800万を売り上げて実績をつくり、2001（平成13）年には製茶工場を改修したカフェ（喫茶室）を開店した。宇治では初めての試みで、「お茶屋を止めて喫茶店にならはる」と揶揄された。

　このカフェ事業は6代目が大学時代から喫茶店でバイトした経験によるが、新事業が成功した要因は、地元金融機関には断られたが当時の東京三菱銀行がソフトクリーム販売の実績から融資をしてくれたこと、初期のスイーツづくりには夫人の功績が大きかったこと、そして、何よりも「よきアドバス」をくれる多くの人々に恵まれたことにある。なお、JR京都駅にある伊勢丹スパコへも、縁があって進出している。

事業承継について

　家業に入るまでは、大学卒業後に大阪立売堀の鉄工所へ就職し、東京支店に

京都駅店の店内

も勤務していたが、1976（昭和51）年、先代（父親）がローソンを始めることになり、家業とはまったく別で社長にしてくれることを条件として受けた。当時、ローソンは全国に30店ほどしかなく、高級路線をとった時代で、京都市内には3店舗あり、宇治では経営が難しく3年で止めて家業に入った。

　先代は、跡取りが40歳になったら譲る方針だったという。取り返しがきき、頭が柔らかい最もよい年頃という考えから、銀行関係や印鑑を預かることから事業承継は開始された。先代は継承後には一切口出しをしなかったが、従業員、母親や親戚らがワンマン経営に異議を唱えたこともあった。

　襲名は先代が他界後の2009（平成21）年に行ったが、中小企業の場合、借金には私財も投げ打たないといけないし、家としての仏壇も守らなくてはならないので事業承継は実子でないと難しい。次期経営者としてご子息がすでに入社されているが、6代目は継がせるのではなく、「継ぎたい」と言わせる企業にしたいと尽力してきた。

　その一方で、ワンマンを自称する6代目は先代を亡くしたのちに後見がいる安定感や信頼感を知ったため、次世代へのバトンタッチが難しいともいう。なお、口伝されている家訓は「茶煙永日香（いつまでも茶の煙を長く日々香りを絶やさぬように）」である。

今後の事業展開について

　承継された時点では従業員数は4人だったが、現在では正社員が27人、パート・アルバイトが158人（8時間換算では67〜68人）と大きく増加しており、販売店員や工場生産などに従事している。製造が拡大し、近くに工場の移転も予定している。

　東京はじめ他地域への進出の誘いはあるが、人材が十分に育っていないので見合わせており、2013年は中国人や韓国人を雇用し、宇治茶という狭義ではなく、日本茶として広い展開を考えて将来は海外進出もしたいという。「幹を太くし、新しい枝葉を伸ばす」という経営哲学通り、現在の売上高は65％がお茶（幹）、35％がカフェ・スイーツなどの新事業（枝葉）になっている。

　最後に、「難しいと言われる時代だが、今のほうがチャンスは多い」と述べられたが、JR宇治駅前に近い本店カフェの長蛇の列がそれを物語っていた。

（北野裕子）

第6章

老舗織物産地・丹後の事業承継
―― 新事業への挑戦 ――

北野　裕子

1　老舗織物産地とは

　近年、2008年のリーマン・ショックに端を発し、先進国の経済危機や停滞状態が続き、企業倒産が増加するなかで長期にわたって存続する企業が注目されるようになっている。帝国データーバンクは『百年続く企業の条件』において、「創業や設立から100年以上経った営利法人（学校法人や宗教法人を除く）」を「老舗企業」としている[1]。同社の定義には、「老舗」にあえて「企業」が加えられ、「老舗」という言葉が「100年以上たった」という形容詞のように使われているが、「老舗旅館」や「老舗メーカー」などもこの使い方だろう。

　そこで本章においては、「老舗産地」という言葉を提案したい。よく似た言葉に「伝統産地」があるが、一線を画す。特に、本章で扱う織物産地の場合、織物業は産業の原型であり、その歴史は古く、江戸時代には各藩が競って地域特有の織物を考案しているため、「伝統織物産地」と言えば、その地域の文化として、今日では採算とは関係なく自治体や経済団体の補助によって継続している産地も相当数に上る。

　その典型が、染織技術では日本初のユネスコの無形文化財として登録された

---

[1]　帝国データーバンク史料館・産業調査部編［2009］p. 4。

越後上布・小千谷縮で、文化庁から1人当たり日当3,000円×3か月の補助金支出によって後継者が育成されている。

麻糸を績む作業から製織・仕上げ加工までをすべて手作業で行うと、今日の最低賃金で換算すると一反500万円位になり、当然、買い手はなかなかつかず、文化庁が買い取ってお蔵にしまうという[2]。近年は、細々と続いてきた地域固有の織物がアジア太平洋戦争や高度成長期に一度途絶えても、観光資源として復活させているケースも多い。

しかし、「老舗産地」とは上記のような文化ではなく、単に長期に継承した事実だけでもなく、「長期の産業集積によって、現在でも地域の人々の生活を支えている産地」と定義する。言い換えれば、その産業で生活しているかどうかである。

本章では、事例として京都府北部丹後地域の織物業を取り上げる。1988（昭和63）年以降、地域の出荷額トップの座を機械金属業に奪われたものの、2008（平成20）年現在、織物業が盛んな京丹後市と与謝野町を合わせた事業所数2,168（うち休業48を含）、従事者数3,630人と小規模業者が集積し、宮津市と伊根町を合わせた2市2町、人口約11万人の丹後地域を支える産業である[3]。

ところで、丹後と織物との関わりは古く、奈良時代の734（天平4）年に貢納した絹織物「絁（あしぎぬ）」が正倉院宝物に現存し、代表的な絹織物・ちりめんの製織が始まるのは江戸時代の1720（享保5）年と伝えられており、約300年の歴史をもっている。

今日でも、丹後織物工業組合が認定する「丹後ちりめん」というブランドの白生地の大半が主に京都室町問屋へ出荷され、その後、京都で友禅染などを施して晴着の振袖や訪問着になったり、黒染めされて礼装の喪服や留袖などになり、日本文化を代表する高級着物を土台で支えている。ほかにも風呂敷や小物にもなって、身近に使われている。

ところで、「ちりめん」とは、まっすぐな経糸（たて）に対して、緯糸（よこ）に1mで3,000回前後の撚りをかけ、織り上げたあとで精練し、撚りが戻ることで生地に凹凸を生み出した織物である。ちりめんのほかにも、戦後は西陣の織元と丹後産地の織手を取り次ぐ代行店が丹後に多数でき、下請けの賃機として、多くの農家

の主婦が帯やウール着物などの先染織物を内職として手がけた[4]。

　丹後織物産地は、高度成長期に着物の需要が伸び、最盛期の1973（昭和48）年には約920万反を生産していたが、10年後の1983（昭和58）年には約448万反と半減し、その23年後の2006（平成18）年には約91万反と最盛期の約10分の1になり、ついに2011（平成23）年には約48万反となりピーク時の約20分の1にまで減少し、産地に激震が走った[5]。

　和装産業そのものが、冠婚葬祭などでの需要の落ち込み、販売ルートの減少（卸問屋・大手小売チェーンの倒産）、売れないからますます高価格化し、昨今のデフレ経済でさらに消費者の着物離れを促進してきた。この間、丹後産地は1974（昭和49）年に始まる生糸一元化輸入による安価な輸入品の流入や、昭和50年代には織機・撚糸機の共同廃棄や生産調整に苦しんだ[6]。

　まさに祖父母や父母の時代は、織れば売れる、織機がガチャと言えば万札を生み出す「ガチャ万の時代」であった。戦後の高度成長期にあまりにも急激に伸長しすぎた。300年近い歴史のなかにおいて、むしろ急成長の時代が異常だったのである。

　このような急成長から減少を続けてきた丹後産地だが、他産業においてすら中小企業は後継者に困る時代に、事業承継をする次世代たちが確実に育ってきているという。なぜ、この厳しい時代にあえて事業を承継するのか、その要因を探っていきたい。

---

[2] 2010（平成22）年8月3日、服飾文化学会夏期セミナーにおける越後上布・小千谷縮布技術保存協会（塩沢織物工業協同組合内）の訪問時のヒアリングによる。
[3] 『京丹後市統計書（平成22年版）』2011年3月発行、『与謝野町統計書（平成23年版）』2012年3月発行、による。両者とも2008（平成20）年の「織物実態統計調査」の数値。
[4] 丹後ちりめんの歴史については、丹後織物工業組合［1981］および、拙稿［2007］などを参照のこと。
[5] 数値は丹後織物工業組合HPで公表されている「暦年白生地生産数量」（昭和48年～平成4年、平成5年～14年、平成15年～）の「合計」による。
[6] 生糸の一元化輸入制度とは、高価な国産生糸と安価な輸入生糸との調整を図るため、農林水産省の外郭団体「日本蚕糸事業団」が一括輸入して業者へ分配した制度。国内の養蚕業の保護を目的としたものだが、生糸が自由に輸入できなくなったため、韓国や中国で白生地にして輸入する動きが起こった。なお、白生地になると、当時の通商産業省の管轄となった。詳細は、拙稿［2010］を参照のこと。

2 経営者たちの事業承継に関する意識
アンケートに見る産地の現状と課題

（1）『丹後織物産地生産基盤実態調査報告書』（2007年）について

　まず、現在の経営者たちの実態と事業承継に関する意識を公設試験場の京都府織物・機械金属振興センターが行った『丹後織物産地生産基盤実態調査報告書』（2007年）から探ってみる。以後、この規模での本格的な実態調査は行われていない。

　調査の前年、2006（平成18）年9月段階で、丹後織物工業組合実態調査（対象；組合員）では1,965の事業所が存在する。先の2008（平成20）年現在での京丹後市と与謝野町を合わせた事業者数のほうが多いのは、組合に加入していない事業所があるためである。

　センターと組合が協力し、丹後織物の生産基盤の中核を担う、自ら糸を手配して独立経営で製造する「親機（おやばた）」（手張（てばり）ともいう）をリストアップすると、京丹後市と与謝野町で127機業が確認できた。親機は加入事業所数の10分の1にも満たず、圧倒的に多いのは1反いくらで製織を請け負う「出機（でばた）（賃機（ちんばた））」と呼ばれる事業所である。この親機127機業へアンケートを送付後、センター職員が個別訪問し、103機業から回答（回収率81.1％）を得ている[7]。

　まず、103親機の業態は、小幅（こはば）・後染（あとぞめ）織物の専業が90機業（87.4％）、残りの13機業（12.6％）は先染織物（主に帯地）、ポリエステルちりめん服地、藤布（ふじふ）、ネクタイ地などと兼業している。なお、丹後では小幅・後染とは「ちりめん」のことを指し、和装小幅＝きもの地、後染＝製織後に染色すること、先染＝糸を染色してから織ることをいう。

　もともと地元機業に熟知した組合とセンターが小幅・後染織物業者を生産基盤として考えたアンケートだが、ちりめん専業が9割を占め、いかにちりめんに依拠した生産構造になっているかうかがえる[8]。

　次に、従事者については100機業から回答を得ており、従事者総数は1,244人で、従事者の構成は表6－1のようになっている。まず、従事者の比率は法

表6－1　従事者の構成（形態・男女等）

(単位：人)

			20代	30代	40代	50代	60代	70代	80代～	合計	構成比 %
法人・自工場	家族（役員）	男	2	11	17	39	35	24	9	137	11
		女	0	10	12	31	36	16	5	110	8.8
	雇用人員 管理・事務	男	1	3	5	21	4	2	2	38	3.1
		女	1	4	14	17	3	0	1	46	3.7
	雇用人員 準備・製織	男	0	11	24	56	24	1	5	121	9.7
		女	2	10	31	152	46	3	6	250	20.1
	男女別小計	男	3	25	46	116	63	27	16	296	23.8
		女	3	29	57	200	85	19	13	406	32.6
	計		6	54	103	316	148	46	29	702	56.4
出機従事者		男	1	0	5	32	108	51	10	207	16.7
		女	0	2	5	64	195	59	10	335	26.9
	計		1	2	10	96	303	110	20	542	43.6
総計			7	56	113	412	451	156	49	1244	
（年代別構成比%）			0.6	4.5	9.1	33.1	36.3	12.5	3.9		100

出所：京都府織物・機械金属振興センター『丹後織物産地　生産基盤実態調査報告書』平成19年3月。（表2－3－10）従事者の構成、17頁より修正。

人・自工場が56.4％、出機が43.6％で、親機は多くの出機を抱えていることが分かる。また、法人・自工場の56.4％の内訳は、家族（役員）19.9％、雇用人員36.6％で約1：2になっている。

　法人・自工場の従事者は50代が最も多く、50代を中心とする山型を描き、30代・40代も多数いるが、その一方で、出機では60代を中心に右高の山を描き、40代以下は542人中わずかに13人しかいない。どちらも高齢化が進んでいるが、出機のほうが顕著である。従事者全体では男性503人・女性741人で約2：3の割合になっており、一般に繊維産業では女性が圧倒的に多いイメージがあるが、それとは異なっている。

---

(7)　京都府織物・機械金属振興センター編［2007］pp.1～2、p.5。
(8)　京都府織物・機械金属振興センター編［2007］「（図2－2－5）業態」p.9。

(2) 事業承継について

　親機103機業の創業時期は、戦前が52機業（50.5％）と約半数を占めている。内訳は、明治期が22機業（21.4％）と最も多く、大正が14機業（13.6％）、昭和元〜20年が13機業（12.6％）と続くが、江戸時代の天保年間の創業が3機業（2.9％）で、100年を超える機業、いわゆる「老舗企業」は天保・明治を合わせて25機業ある。

　戦後は復興期の昭和20年代が最も多く17機業（16.5％）と明治期に次ぎ、昭和30年代が10機業（9.7％）、40年代が5機業（4.9％）、50年代〜昭和末が8機業（7.8％）、平成が6機業（5.8％）、他に昭和（年不明）2、無回答3（2.9％）となっている[9]。

　経営課題（主なもの三つまで可）は、受注減66、利幅減少44、従事者高齢化38、糸等コスト高27、新商品・技術開発22、資金不足18、織機等老朽化15、流通取引改善15と続き、後継者難11は9番目になっている。一般に事業継承の中核となる後継者問題だが、高齢化率が高いとされる丹後地域では意外と低いことが分かる[10]。

　今後の事業継続年数については、トップが「10年以上」で50機業（48.5％）と約半数を占めている。しかし、残りの半数のうち、「未定・不明」が25機業（24.3％）、「今後10年以内に事業に区切りをつける予定」の機業が26機業（25.3％）と半々になっている。未定・不明の理由としては、市況次第・業況の回復待ち、金融次第、予測がつかない、見込みがない、自分の代で止めるなどが挙がっており、状況さえよくなれば事業を継続してゆきたいという思いも見える[11]。

　また、103機業の「後継者の有無等」については、「後継者はいるが継がせる予定はない」が34機業（33％）と最も多く、「未定」が28機業（27.2％）、「後継者は既にいる」が21機業（20.4％）と続き、現時点では約5分の1しか後継者が決まっておらず、今後さらに事業所が減少し、産地として縮小してゆくことが想定される。

　ただ、一方で「継がせたいが後継者がない」が9機業（8.7％）、「その他」

も9機業（8.7％）あり、その内訳は、現経営者がまだ若い、市況次第など事業が継続する可能性も含まれている。「未定」の28機業と合わせると46機業となって、予定がない34機業を大きく上回り、継続の可能性がある機業が相当数あることが分かる[12]。

これらを総合的に考えると、市況の難しさから事業を終えることを決意している親機も多いが、その一方で事業承継を決意している機業は、比較的うまく後継者を育成できているのではないかと言える。

3　展示会での試み
伝統から新事業への挑戦

2009（平成21）年から、丹後織物の現状ならびに次世代経営者たちの動向を探る方法を模索し、丹後織物工業組合ならびに京丹後市商工観光課に相談したところ、各種の展示会の見学をすすめられた。各展示会の事業所の記述は、筆者が各会場で行ったヒアリングに基づく。

（1）丹後求評会——伝統を守る最もオーソドックスな展示会

丹後織物を一堂に見て最も現状を知ることができるのは、丹後織物工業組合が主催し、経済産業省・京都府・京都織物卸商業組合が後援する「丹後求評会」（京都産業会館5階コムスホールで開催）であろう。2011（平成23）年は丹後織物工業組合の創立90周年にあたり、「織り伝える美——百年伝承へ」をテーマにして35事業所が参加した。

例年、経済産業大臣賞・中小企業庁長官賞などが審査会によって授与されるが、19名の審査員は、丹後織物の最大の得意先である「室町問屋」と呼ばれる

---

[9]　京都府織物・機械金属振興センター編［2007］「（図2-2-2）創業時期」p.8。
[10]　京都府織物・機械金属振興センター編［2007］「（図2-3-7）経営課題」p.15。
[11]　京都府織物・機械金属振興センター編［2007］「（図2-3-8）今後の事業継続年数」p.16。
[12]　京都府織物・機械金属振興センター編［2007］「（図2-3-9）後継者の有無等」p.16。

京都織物卸商業組合員があたっている。このように求評の相手は室町問屋であり、丹後求評会も第62回を数え、過去から現在まで室町問屋とのつながりの深さを物語っている。

展示は、第1部が「後染織物(和装着尺・和装小物)」、第2部が「先染織物(主に帯地)」、そして第3部が「洋装生地」で構成されている。各社が数点ずつ反物または素材生地の形で出品展示をしており、第1部の和装着尺が96点・和装小物が24点、第2部41点、第3部21点の総計182点の展示となっていた。そのうち、和装の先染織物が約3分の2を占めているが、第2部の後染織物も和装の帯が中心なので、和装の織物が圧倒的に強いことが分かる[13]。

上記の展示の傍らで目を引いたのが、「絹友会 チャレンジ事業〜ものづくりからきものづくりへ〜漢の着物(おとこのきもの)」である。絹友会は、組合に所属する事業所の若手経営者や後継者など40歳前後までが所属する会で、現在20名ほどの会員がいる。

求評会本体のように反物の生地を展示するのではなく、出来上がった形、すぐにそのまま京都の街に出掛けられるように男性用の着物が展示され、フロアでは写真のように絹友会のメンバーが自ら「おとこの着物」を着こなしていた。

おとこの着物を着こなす絹友会会長。
上の写真は肩の部分を拡大したもの

遠くから見ると従来の羽織だが、若い感覚を活かし、近づくとコウモリの柄が織り込まれていた。またほかにも、爬虫類柄の斬新な着物も見られた。

　近年、グローバル化のなかで、国内外でのパーティで着物を着たいという男性からの問い合わせが増えているため、この企画をしたという。若手の企画だけあって、先述のように地紋がユニークなうえ、和装でもストールを巻くなど新しい着方も提案していた。和装需要の落ち込みが回復しないなか、これまで着物と言えば女性が主力であったものを男性という新たな顧客開拓を目指しており、今後の可能性を秘めている。

　男性の着物の場合、丹後を代表する「ちりめん」よりも、織る前に生糸の段階で精練してから織り上げる御召や帯が主となるが、戦後これらの織物の技術が西陣から入っており、下請けで製織しているケースが多いので技術的には十分な力をもっている。組合でも「丹後帯」というブランド認定を行っており、現在、第2号まで認定している。

（2）ジャパン・クリエーション（JAPAN CREATION）――販路開拓事業への挑戦

　JFW（JAPANファッションウイーク）・JAPAN CREATION（以下、JCと略す）は、毎年10月に開催される日本最大規模の繊維素材の総合見本市で、東京ビックサイトで開催されている。当初は業者向けの展示会だったが、近年は学生を中心に一般にも公開されている。大手繊維メーカーの東レやニッケなどが1社で大きなブースを確保しているほか、繊維産地の組合や団体でまとまって出展しているケースも多い。

　初めて見学した2009（平成21）年には、日本にまだこんなに多くの繊維産地が残っているのかと驚き、日本の繊維産業はいかに中小企業が支えているのかを痛感した。そのなかで、丹後産地は丹後織物工業組合として15社が参加しており、産地単位ではトップを競うスペースを占め、各社ごとにブースが配置されていた[14]。

---

[13]　丹後織物工業組合主催『第62回　丹後求評会　出品リスト』[2011]。

JCへは、販路開拓事業と産官学連携事業を柱とする「丹後ファッションウイーク」事業として参加している。主催は、組合・行政・団体などからなる丹後ファッションウイーク開催委員会（丹後織物工業組合、京都府丹後広域振興局、京都府織物・機械金属センター、京丹後市、宮津市、与謝野町、伊根町、丹後地方商工団体連絡協議会）である。

ちなみに、このファッションウイーク事業には、2009年度で組合が600万円、京丹後市が800万円、与謝野町が400万円を負担しており、JCへの各事業所の出展も会場費についてはこの費用から捻出されている。ただ、滞在費と交通費は事業者負担となっている。JCへの出展は、販路開拓に意欲のある事業者を主体に、新たなビジネスチャンス獲得に向けた機会の提供と、首都圏での丹後織物のPRと需要開拓を図ることを目的としている[15]。

2009年と2010年のJCに参加した丹後機業のリストは**表6－2**である。基本は業者向けの繊維素材展示会のため、完成品ではなく生地の名称だけを記しているので理解し難いだろうが、各社ともそれぞれ得意分野をもっている。「田勇機業(株)」、「吉村機業(株)」、「篠春織物(株)」が、自社の工場でオーソドックスなちりめんからバリエーションまでを製織している。「吉村機業」は和装の小幅（こはば）から洋装の広幅（ひろはば）（185cm）までをこなし、洋装地では国内外の著名ブランドやデザイナーたちと継続した取引をしている。

特殊な生地としては、「(株)安栄機業場」が古浜ちりめんなど昭和初期の生地を復元し、ちりめん細工の教室用で需要が伸びているという。また「柴田織物」は、縫取ちりめんという加工した色糸を使って、模様を織り込んだ刺繍のように見えるちりめんを製織しており、インテリア用品（壁掛・時計盤など）への応用品を展示し、「安田織物(株)」は夏用の紗ちりめんを得意としているが、若手の安田章二氏が小幅で洋装のジャケットづくりに取り組んでいる。

小物では、「(株)一色テキスタイル」が「一色ちりめん」として風呂敷や小物をブランド化して販売しているほか、京都の老舗ブランドのOEMも手がけている。最近流行している巻物（マフラーやストールなど）も、筆者が見学を始めた段階で「創作工房糸あそび」が主力としていたほか、「篠春織物(株)」もちりめん地とともに力を入れていた。

表6-2 JAPANクリエーションに出展した丹後機業と主力生地

	企業名	2009年 出展主力素材・生地	2010年 出展主力素材・生地
1	株式会社一色テキスタイル	一色ちりめん	リバーシブルクロス
2	株式会社大江	シルクデニム「UR@CMA」	シルクデニム「UR@CMA」
3	篠春織物株式会社	OPEN!!	シルクマフラー
4	柴田織物	縫取ちりめん	縫取ちりめん
5	創作工房糸あそび	絹リボン織	絹リボン織
6	大善株式会社	ダイゼンエコシステム撥水加工	帝人バイオフロント素材
7	タカモトシルク有限会社	タテ・ヨコ強撚先染ジョーゼット	シルクフィラメント先染強撚ふくれ織
8	民谷螺鈿	RADEN TEXTILE	本漆箔糸手紬節糸交織
9	田勇機業株式会社	竹炭染め絹透綾	筒絞り絹透綾
10	丸幸織物有限会社	ストレッチシルク	生絹(すずし)
11	宮眞株式会社	シルク和紙とポリエステル複合素材	シルク和紙とポリエステル複合素材
12	株式会社安栄機業場	古浜ちりめん	古浜ちりめん
13	安田織物株式会社	手紬ぎ完全風通	ダブルフェイスプリント
14	養父織物		梭々波織(さざなみおり)
15	有限会社山政テキスタイル	ウオームカットチリメン	502-C1カットちりめん
16	吉村機業株式会社	ふくれ織	ふくれジャガード(高機能バイオプラスチックス)

出所:「匠 TANGO FABRICSコレクション2010」(2009年10月7〜9日)
　　「丹後の衣 TANGO FABRICSコレクション2011」(2010年10月13〜15日)より作成。
注:「出展主力素材・生地」欄の名称は商品名を示す。

---

(14) JFW-JCは毎年2回開催、2008年10月展で32,000人強が来場し、以後、横ばいで推移し、2011年10月展からは縮小している。
(15) 「丹後ファッションウィーク」基本計画(平成20年度)による。

洋装では、「(有)山政テキスタイル」、「宮眞(株)」、「タカモトシルク(有)」などがちりめん技法を活かした生地を製織しており、これまでに、専門商社を通じてマークジェイコブス、ルイヴィトン、シャネル、ヨージヤマモトなどに納品した実績をもっている。ただ、著名ブランドは毎年様々な生地を使用するため、恒常的に取引をしてゆくことが課題だという。

変わったところでは、「(株)大江」がデニムの産地である岡山県の児島で、染・織・加工をした100％シルクデニムをつくっており、「民谷螺鈿」(168ページ参照)が螺鈿を貼った和紙からつくった糸を織り込んだ帯やバックをつくっていた。生糸そのものを中心に扱っているのが「丸幸織物(有)」で「三眠蚕」というブランド糸をもっている。

各社とも基本ベースにはちりめん技術を活かした織物を手がけているケースが多く、原料素材は絹、化繊（ポリエステル）、エコ素材などで、用途では和装、洋装、帯、小物（風呂敷・マフラー・バックなど）などに使われている。近年、ますますエコ素材への注目が集まっているが、「大善(株)」はトウモロコシを主原料とする帝人の耐熱性ポリ乳酸「バイオフロント」を使用し、3年かけてブラウスにまで仕上げて製品化を目指している。ただ、価格が1.5倍程度になるため、どこまで消費者に理解してもらえるのかが課題であるという。

なお、バイオフロント事業は京丹後市職員が経済産業省へ出向した際に帝人とつながりができたことが発端ではあるが、現在、市が推奨するエコ事業の一環にもなっている。この市の事業には他社も参画している（167ページ参照）。

このように、各事業所は主力の生地を展示していたが、JCの主催者からは商品化したものの展示は控えるようにという指示があったらしく、各所で苦情が聞かれた。確かに、生地そのものだけでは分かりにくい。苦情は、丹後の参加者たちが単に素材を展示するだけではなく、自信の素材を使って新たな商品の提案をしたいという気持ちの表れであろう。実際、2011（平成23）年のJCには、自社での完成品や東京での販売ルートをもつ事業者たちは参加せず、11事業所に減っていた。

（3）「キモノの郷〜京都　丹後の職人展」——販売事業への挑戦

　JCでは、素材生地ということもあって丹後の事業者たちの力量を十分に理解できなかったが、2011（平成23）年10月29日〜11月7日まで京都市下京区の京都高島屋で開催された「キモノの郷〜京都　丹後の職人展」は、まさに「丹後ちりめんの素材産地だからこそできること」をコンセプトに、すぐに使える商品が展示されていた。その後、この展示会は東京の高島屋日本橋店へ移動している。

　これまで、丹後は丹後ちりめんを主力とする素材生地の産地であり、製造品は問屋へ納め、完成品の販売そのものを手がけることはなかった。しかし、「（1）丹後求評会」および「（2）ジャパン・クリエーション」で見てきたように新たな商品への取り組みが行われており、この職人展は「着物の産地」として、販売するということに対して初めて本格的に取り組んだ企画であった。

　近年、繊維産業では大手ユニクロの成功からSPA（製造販売）が注目されているほか、農業分野でも「道の駅」など直売所を活用して、生産（1次）、製造（2次）、販売（3次）を直結させた6次産業の成功事例がしばしば紹介されるが、職人展はそれらの織物産地バージョン（同様の試み）と言える。裏を返せば、単に卸問屋に頼るだけでは立ち行かなくなっているのが現状である。

　この時の職人展には、田勇機業、山藤織物、ワタマサ、柴田織物、安田織物、篠春織物、民谷螺鈿、遊絲舎など、JCや丹後求評会にも参加した機業をはじめとして19社が参加した。

　企画者である山象舎の堤木象氏と夫人のかおり氏は京丹後市網野町在住の草木染作家で、ヤシャブシや柿渋など自然の植物で染色を手がけている。これまでも、和装用の友禅染めを行う業者は見られたが、企画の山象舎をはじめ染色工房嶋津や小林染工房など、天然染料による染色を手がける事業者も増えて確実に力をつけていることがうかがえる。

　安田織物は、これまでにも若手の安田章二氏がJCやインターナショナルファッションフェア（IFF）などで小幅（キモノの巾）からつくった男女のシルクジャケットを展示し、地元紙などでも取り上げられてきたが、今回はいよ

いよ縫製や流通の手はずが整い、店頭価格（女性用・約7万円）をつけて販売にまでこぎ着けていた。その暖かさと軽さに脱帽した。アパレル出身という経験を活かした製品づくりであると言える。また、民谷螺鈿(たみやらでん)は織物の製作工程を、藤布の遊絲舎が糸の製作を実演するなど、製造の現場を紹介していた。

　百貨店の催し会場ということもあり、好きな色に染めて色無地に仕立てまでして8万円という数量限定の目玉商品が企画販売されて好評を博していた。色無地は、改まった席から帯使いでカジュアルにまで着こなせる汎用性の高い着物として、着物を買わなくなった現在でも売れ筋商品の一つであろう。近年、京都の老舗着物卸メーカー「千總」が自社ビルの一角で「總屋(そうや)」という着物の小売店を始めたが、そこでも主力の販売品は色無地と小紋となっている。その店頭価格は15万7,000円からで、丹後の企画は破格に安いと言える。

　京友禅染のように、伝統工芸に指定されるような300年を超える技法はどうしても京都市中が強いが、その分価格も高くなり、なかなか大衆には手が出な

キモノの郷〜京都丹後の職人展

いためますます着物離れが進む。色無地であれば、生地そのものに模様がある丹後産地が得意とする紋織物の特性を活かせ、丹後で育ってきている染色技術にも十分勝機があるのではないだろうか。

また、近年のエコブームと化学染料の規制から、自然染料への見直しが進んでいることも追い風になろう。なお、この事業の主催は京都府丹後織物・機械金属振興センターの丹後ルネサンス事業であり、「京都国民文化祭2011」の催しの一部にもなっていた[16]。

4 さらなる可能性への挑戦
異分野・海外展示会への挑戦

　前節で見てきた展示会は、オーソドックスなものから新しい動きまで、和装から洋装まで幅は広がっているが、あくまでも丹後織物を衣料用素材として活用していたものである。また、多数の現経営者と若手が一緒に展示会や催しに出品し、それがよい刺激にもなっているように見えた。しかし、いくつかの展示会への見学を重ねると、新しい動きを牽引する現在の経営者たちがいることも見えてきた。ここでは、そのメンバーたちが中心になって挑戦してきた展示会と事業について紹介してゆく。

（1）リビング展・インテリア用品への試み——東大阪ロダンとのコラボ

　2010（平成22）年9月29日〜10月2日、インテックス大阪で開催された「LIVING&DESIGN　すまいのリノベーション　TOTAL INTERIOR」では、住空間に丹後織物を活かす試みがなされていた。会場では、「定年退職を機にマンションに茶室でも」をコンセプトに、4畳半のモダン和室（茶室）が造り上げられて人気を博していた。

　(株)デザインプラザマックスとケプラデザインスタジオの企画で、TEAM-

---

[16] 2011（平成23）年10月31日、会場での見学・ヒアリング、および『毎日新聞』京都版10月30日付。

TANGOと東大阪市の(株)ロダン21が実際のモノづくりを担当した。全体を企画したケプラデザインスタジオは、日本の伝統文化を現代の生活様式に適合させる空間・生活用品をトータルコーディネートすることを提案しており、今回の繊維製品に関してはデザインプラザマックスが担当した。同社は、「メイドイン日本」にこだわり、伝統の染織素材を現代に活かすことを提唱している。

　TEAM-TANGO は、丹後シルク有限責任事業組合（丹後シルク LLP）のメンバーが母体となっている。同組合は、京都府中小企業団体中央会が呼び掛けた LLP（Limited Liability Partnership・有限責任事業組合）制度を活用して2008（平成20）年10月設立されている。現在は8社が参加しているが、今回は設立時のメンバー、山藤織物工場、田勇機業株式会社、民谷螺鈿、遊絲舎、染色工房島津の5社が TEAM-TANGO として参加していた。丹後シルク LLP への出資金は2万円程度で、負担は多くない(17)。

　各社は、涼感ある透けた素材ののれん（田勇機業）、漆織りの帯生地を使用した和感覚のリクライニングチェアー（民谷螺鈿）、藤の繊維が織り込まれた布を貼った屏風（遊絲舎）、草木染めや柿渋染めの自然染料を施した絹織物をシェードに使用した照明器具（染色工房島津）、防炎加工されたレーヨン製の丹後ちりめんの壁紙（山藤織物工場）で参加していた(18)。

　当日、会場におられた田勇機業(株)の田茂井勇人社長にうかがうと、「のれんは着物を織る小幅織機で対応できるので新たな投資の負担はなく、丹後織物は着物や衣服素材という考えを広げる機会になるほか、これまでの繊維関係の展示会よりも今回の展示会は展示そのものが洗練されていてよい刺激になった」とのこ

TEAM-TANGO と東大阪ロダンのコラボ

とであった。

　また、今回の企画をしたケプラデザインスタジオの大倉清教所長は、壁紙にレーヨンちりめん地を使用したことで柔らかさや落ち着きが出て、価格もシルクの10分の１程度に抑えられているため、丹後織物は従来の着物だけではなく、今回のようにリビング用品や生活用品への応用など、モダンな分野でもその用途の可能性は高いという。

　なお、共同した(株)ロダン21は、1997（平成９）年、異業種の融合化を促進する東大阪市の公募によって集められ、13社で設立された会社である。2001（平成13）年には資本金1,230万円で株式会社化し、LIVING&DESIGN 展の時点で15社が参画している。異業種の参加によって、試作、パンフレット、ネーミング、パッケージ、販促物に至るまでモノづくりのコーディネートを行っている。今回は、和室をかたどるフレーム、テーブルやイス、コーナー家具など金属部分を(株)ロダン21が担当していた[19]。

（２）「JAPAN ブランド育成支援事業」と「丹後テキスタイル」
　　　──海外展示会への挑戦

①「JAPAN ブランド育成支援事業」と丹後の参画者たち

「既にある地域の特性等を活かした製品等の魅力・価値をさらに高め、全国さらには海外のマーケットにおいても通用する高い評価（ブランド力）を確立すべく」、2004（平成16）年度に中小企業庁が創設したのが「JAPAN ブランド育成支援事業」である。2004（平成16）年度に31件、2005（平成17）年度に30件、2006（平成18）年度に67件（継続を含む）が採択されている。

　「JAPAN ブランド育成支援事業」は、中小企業庁が日本商工会議所および全

---

[17] 2012（平成24）年８月23日、株式会社山藤の山藤明子氏へのヒアリングによる。丹後シルク有限責任事業組合の詳細についてはHPを参照のこと。
[18] 当日の見学・ヒアリング、および商品解説はパンフレット「LIVING&DESIGN PROJECT」による。
[19] 当日の見学・ヒアリング、およびパンフレット「モノづくり総合プロデュース会社　株式会社ロダン21」による。

国商工会連合会へ委託→各地の商工会議所・商工会が地域に埋もれている技術を活かすべく中小企業者をコーディネートしてプロジェクトを提案→日商・連合会が選定・支援→全国・海外での新市場の開拓によりJAPANブランドとして確立、という流れになっている[20]。

丹後は、育成支援事業の2年目から参加した。初年度の2005（平成17）年、京都府商工会連合会の呼び掛けで説明会には50社ほどが集まり、和装・洋装・工芸などの11社が参加したが、洋装地を主力とする事業所は、もともと専門商社を通じて海外ブランドとの取引があったことなどの事情から5社が撤退し、第2回目の2006（平成18）年度は、初回から参加した遊絲舎、田勇機業、安栄機業場、民谷螺鈿、山藤織物工場、木下畳店の6社に宮眞と染色工房嶋津が加わって8社となり、その後も出入りがあり、最終の2009（平成21）年度には、若手の丸幸、篠春織物、養父織物の参加で9社になっている。

最終年の各社の参画者・役職・業種・従業員数は**表6-3**の通りである。京都府商工会連合会会長を委員長に、参画業者代表・専門家・地元行政関係者・

表6-3　JAPANブランド育成支援事業の参画事業者等（平成21年度）

氏　名	所　属	役　職	業　種	従業員数(人)
田茂井勇人	田勇機業株式会社	代表取締役	白生地・洋装製造販売業	35
民谷共路	民谷螺鈿	専従者	螺鈿帯地製造業者	9
山添明子	山藤織物工場	専従者	ふろしき製造販売業	6
小石原将夫	遊絲舎	代表	藤帯地製造販売業者	8
宮崎将夫	(株)宮眞		ポリエステルちりめん洋装地	10
嶋津澄子	染色工房嶋津	代表	染色家	1
篠村雅弘	篠春織物(株)	常務取締役	白生地製造販売	10
谷口幸一	丸幸織物(有)	営業	白生地製造販売	10
養父孝昭	養父織物	専従者	帯地製造販売業者	2

出所：京都府商工会連合会「奇跡を生んだ丹後テキスタイル　JAPANブランド育成支援事業のまとめ」。
　　　JAPANブランド育成支援事業「報告会」における成果発表会資料（平成22年3月28日）。
注：なお、上記の資料では山藤織物工場は従業員数は2人になっているが、平成24年8月23日のヒアリングで確認した数値に変更した。

商工会関係者らによってブランディング委員会も組織された。実際に海外での展示会に参加するには、会場費（出展費）、コーディネート代などは事業からの補助があるが、フランスでの滞在費や渡航費など約50万円は自己負担となっている[21]。

参画者の代表を務めたのが田勇機業(株)社長の田茂井勇人氏である。田勇機業(株)は1931（昭和6）年に分家創業し、現社長は3代目にあたり、和装白生地（ちりめん）を主力に織物の開発に熱心で、先に述べた丹後求評会（155ページ参照）では常に上位を受賞しているが、2011（平成23）年度は経済産業大臣賞、中小企業庁長官賞、産業経済省製造局長賞の3賞を受賞している。

また、2010（平成22）年には、トウモロコシを原材料に帝人が開発した耐熱性バイオプラスチック繊維「バイオフロント」を絹糸と織り交ぜて作成した生地が、横浜で開催されたAPECの折、各国の大統領夫人が着用したコシノヒロコデザインの「ガウンドレス」に使用されたほか、上海万博の日本産業館にキッコーマンが出店した料理店の仲居が着用していた着物地なども製作している。

自社工場形態で生産しており、参画事業者では最も工場規模が大きく、筆者が本稿執筆のために見てきた展示会にはすべて参加されていた。それ以外にも、多くの展示会に社長自らが足を運び、市場動向に熱心であり、自社工場の見学や工場の一角に自社だけでなく他の事業者たちの商品を販売するショップも設けている[22]。

田勇機業(株)をはじめ、多くが丹後ちりめんを主力としているが、遊絲舎は「藤織り」を手がけている。藤布は山に自生する藤ヅルの皮を剥いでつくった

---

[20] 日本商工会議所・全国商工会連合会「JAPANブランド育成支援事業」平成16年度［2005］、同「同」平成17年度［2006］、株式会社日本総合研究所「JAPANブランド育成支援事業　アンケート調査結果報告書」［2008年］による。

[21] 2012（平成24）年8月23日、株式会社山藤・山藤明子氏のヒアリングによる。参画事業者の数は、『京都新聞』2007年1月27日付による。

[22] 2010（平成22）年9月19日の訪問ヒアリング、平成23年8月25日の服飾文化学会夏期セミナーの田勇機業(株)訪問、および各展示会などでのヒアリング、『日本繊維新聞』2010年7月20日付、『朝日新聞』（京都版）2010年11月13日付などによる。

糸で織った織物のことで、江戸時代中期には木綿の栽培が盛んとなり、それまで庶民衣料として用いた麻や藤などは衰退したのだが、綿の栽培が難しかった高冷な山間部では藤織りが残った。

　明治・大正・昭和と時代が激変するなか、日本で唯一この藤織りの技術が残った所が宮津市上世屋だった。1985（昭和60）年、この技術に着目していた地元有志と京都府立丹後郷土資料館の学芸員であった井之本泰氏が技術伝承のために藤織講習会を立ち上げた。そこに翌年から、明治中期にちりめん製造で創業した小石嘉織物の小石原将夫氏が参加し、ちりめんの需要が低下するなかで丹後の新たな織物として藤布の商品化に尽力してきた。

　小石原氏は1998（平成10）年に藤布を織る「遊絲舎」を設立し、丹後織物工業組合が「丹後帯」の第1号として認定している。2009（平成21）年には京都府地域力再生プロジェクト支援事業の認定を受け、1,500㎡の土地に糸の原料となる藤を栽培する「衣のまほろば　藤の郷」をオープンさせている[23]。

　また、民谷螺鈿は和装帯を主力とし、「螺鈿織り」という貝の輝きを生地に織り込むというオリジナルの技法をもっている。もともと西陣の代行店として1970年に創業した先代が、1977（昭和52）年頃に蝶を帯に織り込みたいという発想を発端にしたものだが、蝶の羽ではうまくいかず、正倉院展で見た螺鈿細工をヒントに、金銀箔を和紙に貼り付けて極細に裁断したものをヨコ糸に使用して織るという西陣にあった引箔の技法を応用し、試行錯誤のうえ金銀箔の代わりに薄く削った夜光貝などの真珠質の部分を用いて誕生した。

「藤織り」や「螺鈿織り」は、戦後、西陣の下請けと揶揄された帯の事業者が努力の末につくり上げた技術だが、美しい丹後の海や自然があったからこそ誕生した織物と言える[24]。

　これらの参画事業者たちは京都府商工会連合会のコーディネートを受け、2005（平成17）年度～2007（平成19）年度、および2009（平成21）年度に「JAPANブランド育成支援事業」に採択された。2008（平成20）年度には採択されなかったので、京都府の「きょうと元気な地域づくり応援ファンド」を活用し、事業を継続した。

　このファンドを受けるために設立されたのが、先に述べた丹後シルク有限責

任事業組合（丹後シルクLLP、164ページ参照）であった。これまでも、丹後織物は単年度でヨーロッパやニューヨークでの展示会に参加したことはあったが、このように5年間にわたる海外市場への挑戦は初めてことである。

②海外展示会の内容――「丹後テキスタイル」としての展開

丹後の「JAPANブランド育成支援事業」の初年度の概要には、次のように記されいる。

> 「丹後ちりめん」の精錬技術を生かして、これまでの着物製品からインテリア製品や素材を強調したウエアーの開発を行う。日本の生活文化に感心が高い「ベルギー・フランス」市場のハイソサイティ層のミドルウーマン等をターゲットとした商品開発を行い、丹後ちりめんだけでなく、「藤織り」や「螺鈿織り」を合わせて、「丹後テキスタイル」としてブランド化を図る[25]。

従来の「丹後ちりめん」だけでなく「藤織り」と「螺鈿織り」を加え、「丹後テキスタイル」として事業展開を図ることに決まり、着物製品からインテリア製品や洋装へ分野を広げ、購買層は中高年の富裕層をターゲットにするという戦略であった。

このように、「丹後ちりめん・藤織り・螺鈿織り」からなる「丹後テキスタイル」事業は、初年度の2005（平成17）年度はほとんど伝手もなく単独展示会をベルギーやフランスで開催した。5年間にわたる展示会の日程・場所・内容

---

[23] 2011（平成23）年8月25日、服飾文化学会夏期セミナーにおける遊糸舎の訪問、小石原将夫代表の解説および配布資料。藤織り伝承交流館（宮津市上世屋）での丹後藤織り保存会井之本泰会長の解説。「藤の郷」については、『日本繊維新聞』2009年12月10日付による。

[24] 2012（平成24）年10月27日のヒアリング、および「北部企業紹介　民谷螺鈿」（京都府産業支援センター［2012］『クリエイティブ京都M&T』No. 080、p. 6）。

[25] 日本商工会議所・全国商工会連合会「JAPANブランド育成支援事業」平成17年度［2006］、p. 37。

は表6−4にまとめたが、初年度の成果としては、「丹後テキスタイル展」で市場調査を行い、オートクチュールデザイナーのテキスタイル（生地）として市場性が高かったこと、丹後ちりめん、藤織り、螺鈿（らでん）織りが優秀な技術力であることを確認する一方で、価格の高さや小幅であることで汎用性に欠けることが課題であることが分かった。

初年度の展示会を通じて、今後はインテリア製品や装飾品などへも目を向け、

表6−4　丹後テキスタイルの海外展示会

平成17年度	平成18.2.7～13	ブリュッセル・日本大使館「日本文化センター」	来場者約1000人
	H18.2.15～17	パリ・クレアポールデザインスクール	フランスプレタポルテ協会長、ランバンのバイヤー等が来日
平成18年度	平成19.1.29～31	パリ・エドワード7世センター	来場者220名超、受注件数3件、スワッチ（生地見本）依頼84件
			シャネル・エルメス・ニナリッチ・ランバン等が来場
平成19年度	平成20.2.6～8	HOTEL SAINT JAMES& ALBANY	来場者211名、受注件数16件、スワッチ依頼件数93件
			ニナリッチ・ランバンとの恒常的取引が実現
			ディオール・エルメスからも商談あり。
平成20年度	平成21.1.22～24	パリ・三越エトワール	LLPでウェディングドレス発表。
平成21年度	平成22.1.17～23	パリ・三越エトワール及びエドワード7世センター	シャネルのバイヤーが民谷螺鈿に発注。
			コルセットメーカーが養父織物と取引

出所：京都府商工会連合会「奇跡を生んだ丹後テキスタイル　JAPANブランド育成支援事業のまとめ」。
　　　JAPANブランド育成支援事業「報告会」における成果の発表資料（平成22年3月28日）。
　　　『織研新聞』平成19年2月1日付「進化するパリの丹後」。
　　　『両丹経済新聞』平成20年12月22日付「丹後の織物を世界に発信」。

現地の人々に常設で見本が見られる場所を確保したり、さらに確かなバイヤーを探すなど、参画事業者全員が単年度ではなく自己負担をしてでも継続したいという意見になった[26]。

これらに基づき、2年目の2006（平成18）年度からはヨーロッパ市場の販路開拓者として元大手商社勤務で得た販売開拓網をもつコーディネーターで「(有)涌元」の代表取締役である池田豊氏が加わるようになり、大手ブランドメーカーにターゲットを絞った展示会を開催することになった。池田氏の紹介で、展示会場の空間デザイナーとして(株)デザインプラザマックスの専務取締役である越智和子氏、フランス国内のコーディネーターとして POIDS NET の伊藤美奈子氏、フランス国内のテキスタイルコーディネーターとして CID 代表の Delb Claude（デルブ・クラウデ）氏の3人が専門家として携わった。

3年目の2007（平成19）年度からは、ニナリッチやランバンなどと恒常的取引（年商約2,000万円）も成立したほか、エルメスやディオールなどの大手ブランドも来場して、民谷螺鈿（たみやらでん）がエルメス社と具体的な商談を得た。また、その後、エルメス社の次期社長である Pierre-Alexis Dumas（ピエール・アレクシス・デュマ）氏が来日して京都を訪れ、エルメスジャポン(株)の有賀社長とともに参画業者のテキスタイルも視察した[27]。

③ その成果

ところで、「JAPAN ブランド育成支援事業」を通じて丹後テキスタイルにはどのような変化が生まれたのだろうか。最初の3年間の支援を受けた結果について、日本総合研究所が2008（平成20）年2月に商工会議所と商工会を通じてアンケート調査を行っているが、京都府商工会連合会の結果は、①商品2→4、②デザイン1→4、③ターゲット2→5、④販売チャンネル1→4、⑤パートナー1→5、⑥生産4→5、⑦品質1→4、⑧知財1→3、⑨ブランド力3→

---

[26] 註[25]に同じ、p.38。
[27] 京都府商工会連合会「奇跡を生んだ丹後テキスタイル JAPAN ブランド育成支援事業のまとめ」（同事業「報告会」における成果発表資料、平成22年3月28日、京丹後市）、『京都新聞』2007年12月21日付など。

4、⑩自立経営1→2になっている。なお、1～5の数値は、「1＝何もできていない」、「2＝アイディはあるが決定されていない」、「3＝決定しているが満足せず」、「4＝満足いくレベルで出来ている」、「5＝十分に満足いくレベルになっている」を表している。

最も伸びたのが、⑤のパートナーで1→5へ4ポイント上昇し、3ポイント上昇したのが②デザイン、③ターゲット、④販売チャンネル、⑦品質で、下がっている項目はない。また、⑥生産、⑨ブランド力などは始めからポイントが高いため、1ポイントしか伸びていない。すでにかなりの蓄積があると認識しており、海外市場に触れたことで、さらに自らの技術については自信を深めたと思われる。

それに反して、⑩自立経営については1ポイントしか伸びていない。要するに、これまで蓄積した技術力があり、それを活かすパートナーを得て海外市場への挑戦の道筋は見えてきたが、経営の自立化については今後の課題として残されていると言えよう[28]。

その後、海外での展示会で改めて国内のバイヤーの目に留まり、国内販路の拡張にもつながったことも成果の一つであろう。2009（平成21）年4月から、日本橋三越では、(株)デザインプラザマックスの越智和子氏が企画する全国の伝統的な織物を集めた「楽居布」のコーナーにおいて「丹後テキスタイル」が常設販売されるようになり、毎月200万円を売り上げている。また同所で、同年11月11～17日には「丹後テキスタイル」展示会が開催され、目標の350万円を超える400万円余の売り上げがあった。

さらに、5年間の海外展示会を経て、現在ではパリでも丹後テキスタイルを使用したショールやバックなどの雑貨品を、天理教会が日本の伝統や文化を紹介している「TENDENCE-ASSOCIATION CUTURELLE FRANCO-JAPANAISE DE TENRI」で常設販売をするようにもなってきている。5年間を通じての総売上金額は約1億3,000万円で、主な取引先はニナリッチ（約550万円）、バレンシアガ（約250万円）、ランパン（約80万円）などである[29]。

さらに、2011（平成23）年9月20～22日、4万人以上が訪れる世界最大の繊維見本市の「Première Vision」（プルミエール・ヴィジョン）（フランス、PVと略）で初めて企画された「メ

ゾン・デクセプション（脱・画一化のカギ）」のブースに参画事業者の遊絲舎（藤織り）が招請されたことが特筆できる。伝統芸と最新テクノロジーの頂点の技術をもつ工房13社が世界中から選定された。内訳は、フランス7、イタリア2、ベルギー1、日本3であり、日本からは、遊絲舎のほか結城紬の奥順（茨城県）や牛首紬の西山産業（石川県）が選ばれた[30]。

この5年間にわたるJAPANブランドの活動を通じて、フランスで展示会を開催してきたことやエルメス社の来日など、「丹後テキスタイル」がヨーロッパのブランド企業に知られたことが大きかったと言えよう。

このブースは大変好評だったらしく、今後もPVにおいて企画される予定であるという。PV後に国内で開催された「きものの郷　丹後職人展」（161ページ参照）では、筆者の思い込みかもしれないが、丹後の若手のなかに「今度はウチが」というような志気が上がっていたように思えた。

5　育つ若手たち
若手機業家のアンケートから

このように、「JAPANブランド育成支援事業」を通じて、通算で10数社ではあるが、従来の生産して問屋に卸せばよいという考えから、自らヨーロッパブランドのバイヤーに接触したことで明らかに様々な変化が起こってきている。初期の参画事業者はすでに経営者たちであるが、ほぼ40～50代で比較的若く、最終年度には30代の次期経営者らも参加している。力のある熱心な経営者に若手がついて行くという形ができている。

もともと丹後織物産地には丹後織物工業組合があり、若手あるいは次期経営者を中心に組織した「絹友会」がある（156ページ参照）。JBに最終年度で参

---

[28]　株式会社日本総合研究所「JAPANブランド育成支援事業　アンケート調査結果報告書」[2008] p. 63。
[29]　註[28]に同じ。
[30]　『朝日新聞』（京都版）2011年8月24付では12社だが、プルミエールヴィジョン広報資料（日本語訳）では13社になっている。2013年2月のPVには、遊絲舎とともに、民谷螺鈿も選ばれている（『繊研新聞』2013年1月16日付）。

加した３事業者も参加しており、そのうち２人が先代と現在の会長を務めている。

（1）「丹後若手機業家の事業承継に関する意識調査」より——その実態

　約３年間の展示会を見学し、今、若い世代がどのような意識で、この産業に取り組んでいるのかを知りたく、丹後織物工業組合および絹友会のご協力を得て、組合を通じてネットによる形で2012（平成24）年３月にアンケート調査を実施した。会員は約20名で、そのうち10名から回答をいただいた。アンケートをそのまま開示するにはサンプル数が少ないので、以下において簡略なまとめをしておく。なお、本項の①～③・①～⑬および次項の①～⑧の回答の後ろの数値は、10人のうち何人が選択したかを示している。

　まず、事業の概要について、①創業年次は、大正１、昭和戦前２、昭和20年代３、30年代～３、不明１で、154ページで見た現在の経営者の創業期よりも新しい事業所が多く、最も古い事業所が1918（大正７）年であるためいわゆる老舗はない。ただ、分家創業で本家の創業から数えると100年を超えるというケースもあり、やはり産地としては事業が承継されていると言えよう。

　②主力分野としては、和装後染（白生地・ちりめん）が６と最も多く、和装先染（帯）は２となっている。③従業員数は、５人以下４、６～10人が４、10人以上２で、工場形態よりも家内工業的な事業所が多い。そして、④最近５年の経営状況としては、減少８、増加１、横ばい１で、この状況は若いだけに危機感も強く、これまで見てきたような新しい事業への挑戦の裏返しとも言える。

　回答者については、①平均年齢は37.5歳（30代５、40代５）、②性別は男性のみで、現在の経営者または先代の長男６、長男以外の男子４となっている。③最終学歴は、高校３、専門学校１、大学５、大学中退１、④最終学校の所在地は、丹後２、京都府（丹後を除）２、近畿（京都府を除）３、四国・長野県・静岡県が各１名ずつで、⑤専攻については、繊維関係（製造）２、機械関係２、経済経営３、化学１、その他２となっており、関西圏を中心に機械・化学・製造系と経済経営系を中心に学んでいるようだが、変わったところでは文

学部卒という人物もいた。

⑥卒業後の勤務先は、異業種他社 6、同業他社 1、和装前売問屋 2 で、すぐに自社に勤務した人は 1 名のみであった。異業種の内訳は、アパレル、自動車部品製造、輸入車販売、建設・機械メーカーなどになっており、アパレルを除けば確かに異業種と言える。⑦勤務先の所在地は、近畿 6、東京都 3、東海 1 で、大学ではなかった東京が登場してくる。

⑧U ターンした年齢は、20 代 5、30 代 4 で、やはり社会経験を積んで戻ってくるというケースが多い。また、⑨他社の勤務経験が現在に活かされているかという質問に対しては、大変活かされている 5、やや活かされている 4 と圧倒的に役立っており、⑩最も役立ったことは、経営方法 3、人脈 2、その他 3、すべて 1、となっている。

さらに、仕事上で役立っている機器・組織・人材についても問うた。

⑪情報機器の活用としては、ホームページ作成 2、ブログ 1、ツイッター 1、なし 4、すべて活用 2 で、うまく活用している人と活用しない人は半々になっている。**コラム 5**（181～183 ページ）で紹介した JB に参加していた(株)山藤ように、ホームページの活用で業績を伸長したケースもあるので、JB のアンケートで課題となっていた経営の自立という問題とも関わり、この点は今後の重要課題となろう。

⑫役立つ団体組織は、絹友会 2、丹後青年団体協議会 2、商工会 2、左の 3 団体すべて 3、なし 1 となっており、⑬人材では、丹後内同業者 5、他地域同業者 2、左の両方 1、なし 2 で、やはり丹後地域の組織や人脈が役立っていることが分かる。

（2）事業承継について——自ら選択した道

事業承継については、①自社へ入った理由として、経営者（または先代、以下同）の体調不良 2、小さい頃から継ぐように言われてきた 1、これしかなかった 1 という回答もあったが、伝統ある貴重な技術を守りたい 4、当然のこと 1、立て直し 1 と、自らが選択しているケースが多い。そのためか、②経営

者（先代）の入社に対する意見も、本人に任せた5、すすめた3、反対した1、という回答数になっている。

　③現在の役職は、社長4、専務2、その他4で、すでに社長の方では、承継した年齢とその時点の先代の年齢は39〜75、37〜69、31〜67、29〜58（歳）で、その理由としては、先代が元気なうちに世代交代2、事業の節目1、先代の他界1で、比較的若いうちから準備して事業を承継している。また、④事業を継ぐことや携わることを意識するようになったのは、社会人になって5、経営者（先代）の体調不良3、もの心ついた時から2であり、やはり大人になって他社や異業種と比較するなかで自覚されたケースが多い。

　⑤現在の経営者（先代）からのアドバイスについては、技術・経営・販売・人脈などでアドバイスを受けた人は、全員がその内容も適切と答えている。⑥事業の承継後に取り組みたいこと、あるいはすでに取り組んでいることは、新たな顧客の開拓4、新事業1、新商品開発1、左の複合3、経営革新1で、新らたなこと（人・モノ）への挑戦に対する意欲が強いことがうかがえる。

　その取り組みに対して、現在の経営者（先代）も理解があり、理解がないという回答は2人のみで、やはり事業承継ができている事業所のためか、比較的世代間もうまくいっていると言えよう。

　⑦新しい顧客開拓のためにも取り組まれている多くの展示会や販売会、そしてイベントについては、役立たないが1名のみでほぼ全員が役立っていると回答しており、今回取り上げたすべての展示会が役立っているという方が2名いた。なお、丹後求評会や百貨店（東京）でのイベントにポイントが高かった。

　最後に、織物産地丹後と回答者の今後について問うた。

　⑧産地として今後も事業を承継してゆくための取り組みとしては、織手職人の育成4が最も多く、販売ルートの拡大、産地の結束、着物としてのトータル提案、意識の向上、観光分野との連携、資金援助などが挙げられている。最後に、⑨成長が厳しい時代に事業を承継してゆく心構えについては自由に記入してもらったので、その要約を以下に挙げておく。

「丹後ちりめん300年の歴史には厳しい時代もあったはず、変革を恐れずに」
「日本の着物文化と丹後ちりめんの歴史を継承するという誇りをもつ」

「昔ながらの悪習慣を解決して後世へつなぐ。生き残るのではなく、起業の気構えで」
「変化に対応した新しい価値観ややり方を自分たちで想像してゆく」
「伝統産業も淘汰される時代だからこそ、実力があれば十分にやってゆけ、成長拡大も見込める。やる気とセンス次第」
「本質を見極める人間力を鍛える。盛況な時代とは逆で、小さくなる価値観を見いださないと未来はない」

　これらの回答からは、歴史や文化を継承する使命や決意がうかがえ、新たな価値観の創出を模索しているという現状が見えてくる。

6　新事業の承継へ
むすびにかえて

　本章では、300年近く「丹後ちりめん」というブランド織物を製造してきた「老舗織物産地・丹後」を産業集積する一つの産地として捉え、その事業承継の現状について、二つのアンケート（現在と次世代の事業承継に関する意識調査）と3年間にわたる展示会見学を中心に考察を試みた。

　展示会から見えたことは、「自立への挑戦」ということであろう。無論、丹後織物産地の事業所は、現在でも大半が京都室町の卸問屋へ白生地のちりめんを納めている。本章で取り上げた新事業や新商品に最も精力的に取り組まれている田勇機業(株)でも、約9割が室町問屋への納品であるという[31]。

　確かに、筆者が丹後産地と関わるようになった10年余前では、完成品を目指すには室町問屋へ多くの配慮が必要だった。しかし、室町問屋もその数は減少を続けており、かつて丹後ちりめんの加工・販売で賑わった室町通も、今では問屋街からマンション街に変貌しつつある。また、風呂敷の(株)山藤のように、主に納品していた東京の問屋そのものが倒産し、自立を迫られたケースもあった（**コラム5** 181～183ページを参照）。

---

[31]　2010（平成22）年9月19日の田茂井勇人社長のヒアリングによる。

室町問屋街

次世代は、従来のように問屋に白生地を卸すだけでは今後の維持・成長は難しいことを熟知し、新規創業する心構えで臨んでいる。そのためにも、「丹後職人展」のように生産者が直接消費者の声を聞き、素材ではなく完成した商品を生産し、どのようにして販売してゆくのかが今後の課題となろう。

すでに東京の百貨店では、企画会社を通じて「丹後テキスタイル」として常設販売しており、確実に売り上げを伸ばしている。全国で催される販売会でも、1社ではなく「丹後」という形での展開になっている。丹後織物産地の事業所の規模は小さく、なかなか単独での販売は難しく、やはり「丹後産地」という地域での集積を活かしていくべきだろう。その際、JBに参画した事業者や絹友会の若手機業人などで、核となる人材がいることも分かった。

また、今回の調査を通じて筆者は、「丹後」は自然豊かな地域であることを再認識した。丹後ちりめんそのものが、「弁当忘れても傘忘れるな」という多湿の風土で育まれたものだが、藤布、螺鈿織、草木染めなど丹後の自然を活かしたものから完成品が誕生している。そして、丹後は農業王国で、自然農法や新たな農産品を手がける人々も多く、一部では紅花の栽培にも成功しているという。

紅花は、江戸時代には山形県河北町一帯が主力産地であったが、雪深い気候は丹後も同じである。丹後の風土にあった染料植物の生産ができれば、それこそ織りから染めまでが「MADE in TANGO」で完結し、「きものの郷」になれることも夢ではない。

近年、観光業においても集客数は減っている。夏の海水浴、冬のカニのシーズンも同様で、「カニだけでは客は呼べない」という。城崎温泉と天橋立をコースにする観光客が多く、中間は素通りしてしまう。丹後に来てもらう魅力を創出するためにも、今こそ染織業・観光業・農業・漁業という丹後が従来から得意とする分野が連携して一丸となる必要があろう。では、その核に据えるものは何か。

　実は丹後には、300年にもわたる老舗の織物・丹後ちりめんがあるにもかかわらず、その歴史や伝統を知る資料館がない。筆者は2011（平成23）年8月に丹後で開催された服飾文化学会の夏期セミナーを担当したが、丹後産地や織物の概要を知ってもらう資料館がないのでどこを紹介すればいいのか悩み、本章で紹介した事業所などに見学をお願いした。まず、丹後ちりめんには多くの種類があることを知ってもらうため、初日、宿泊先の会場で京都府織物・機械金属振興センターに依頼した16種類の生地の展示見学から始まったが、2泊3日のセミナーで各所を回るのは時間的ロスが多く慌ただしいものであった。

　現在、古文書は丹後織物工業組合、織機や試作生地は京都府織物・機械金属振興センター、旧機業家の資料の一部は京都工芸繊維大学などが別々に保管している。また、旧家に残る貴重な着物や古布なども、このままでは行き場がなく、今後ますます散逸してしまうだろう。これらの地域資源を活かすためにも、新たな箱物ではなく、京都府織物・機械金属振興センターの空きスペースや、今後保存が必要になってくる旧家や「道の駅」などを活用し、行政の枠を超えて「丹後」として、従来の博物館機能だけではなく、現在の染織品や工場・工房が紹介できるような施設はできないだろうか[32]。丹後の地元の人々にその価値を知ってもらうことと、観光資源としての活用を目指す。

　今後も老舗織物産地として事業を継承してゆくためにも、新事業への取り組みは不可欠であろう。「丹後テキスタイル」の商品価値はすでに欧米でも認められており、商品そのものの自立は確実に進んでいくだろう。今後は、いかに知名度を上げて、海外・国内・地元丹後と販売チャンネルを多元化してゆくの

---

[32]「道の駅　あおがき」（兵庫県丹波市）には、古民家を移築した丹波布伝承館がある。

かが課題になろう。現経営者たちの挑戦は次世代にも受け継がれ、どこまで確かなものにしてゆけるのだろうか。

付記：本章の作成にあたり、展示会や販売会においてのヒアリングではご迷惑をおかけしたことをお詫びするとともに、丹後織物工業組合、京都府織物・機械金属振興センター、京丹後市役所などをはじめ、文中に挙げさせていただいた多数の方々に心より御礼申し上げます。

参考文献一覧

・帝国データーバンク史料館・産業調査部編［2009］『百年続く企業の条件』朝日新聞出版。
・丹後織物工業組合［1981］『組合史』。
・北野裕子［2007］「縮緬業にみる丹後の地域力―発展の内的要因―」、松岡憲司編著『地域産業とイノベーション――京都府丹後地域の伝統・現状・展望』日本評論社、所収。
・北野裕子［2010］「丹後機業と京都老舗糸商のベトナム進出―生糸・絹糸・絹織物をめぐる産業政策との葛藤―」、松岡憲司編著『地域産業とネットワーク――京都府北部を中心として』新評論、所収。
・京都府織物・機械金属振興センター［2007］「丹後織物産地　生産基盤実態調査報告書―和装小幅・後染織物業界（親機）―」同センター。
・京丹後市役所［2010］『京丹後市統計書　平成22年版』。
・与謝野町役場［2012］『与謝野町統計書　平成23年版』。
・日本商工会議所・全国商工会連合会［2005］「JAPANブランド育成支援事業　平成16年度」。
・日本商工会議所・全国商工会連合会［2006］「JAPANブランド育成支援事業　平成17年度」。
・株式会社日本総合研究所［2008］「JAPANブランド育成支援事業　アンケート調査結果報告書」。
・京都府商工会連合会「奇跡を生んだ丹後テキスタイル　JAPANブランド育成支援事業のまとめ」（同事業「報告会」における成果発表資料、平成22年3月28日、京丹後市）

コラム5　株式会社山藤
──外からの発想を活かし、オリジナルをつくる老舗織物工場

　創業は1833（天保4）年で、1720（享保5）年に京都西陣から技術導入がされた丹後ちりめんの産地において最も歴史のある織物工場の一つ。昭和40年代末の最盛期に比べると現在は約20分の1にまで生産量が下降している産地のなかで、還暦を迎えた6代目山添憲一社長と明子夫人の尽力で業績に回復基調を示す老舗の織物工場である。

本業：白生地・ちりめん業

　初代山添藤蔵氏が創業以来、約170年間にわたり「丹後ちりめん」と呼ばれる着物用の白生地を織ってきた。丹後ちりめんの特徴である「シボ」と呼ばれる表面の凹凸は、ヨコ糸を3,000～4,000回撚って生まれる。その撚糸の良し悪しが生地の優劣を決めるが、丹後でも珍しい120年を超える貴重な八丁撚糸機を所蔵している。

　太平洋戦争の時代には、パラシュートや軍人のコート地などの軍需品を織り続けた。戦後の高度成長期には、白生地の需要が急拡大するなか大手問屋との取引が大半を占め、問屋側の都合次第で価格が決まる状態になっていった。

　工場のある岩滝周辺は、戦後は合成繊維や洋服地などの新しい素材の開発を

株式会社山藤の工場外観

してきた土地柄で、昭和40年代半ば先代（5代目）の時代から、白生地のほかに風呂敷、帯揚、半襟などの和装小物を手がけたが、中間製造品で完成品ではなかった。

新事業：オリジナル品の完成とネット販売

　バブルの最盛期には売り上げは4億円にも達したが、ここ10年余がひどく、数千万円単位で落ち込み、中心に取引をしていた東京の問屋が倒産したあと、最低期には10分の1にまで売り上げが下がったという。そこで、6代目憲一氏とともに立ち上がったのが夫人の明子氏であった。当時、進んできていたインターネットの導入に1998年から取り組んだ。もともとパソコンに強かったわけでなかったが、その活用法は、隣人にその専門家がいたので、見よう見まねでホームページの作成から始めた。

　従来の問屋相手では白生地はそのまま卸せばよかったが、ネットの個人顧客では白生地は売れない。また、問屋相手では1反のうち1か所でもキズがあれば難物扱いにされ、在庫品が大量に溜まるという状態であった。キズを避けて切り、明子氏がこれまで自社工場に保存されてきた多くの古布を参考にデザインを行い、染色を京都伏見の染色工場に発注して風呂敷の完成品を作り、12〜13年前からインターネットで販売し始めた。

　ネット販売を始めると東京の卸問屋筋からクレームもあったが、ここ2〜3

好評を博しているリバーシブル風呂敷

年でネット販売が本業の白生地の収入を超え、ネット販売と既存品が相乗効果をなしている。また、企業向けの販売と個人向けのネット販売がほぼ半々にまでなり、売り上げも最低期の1.5倍近くに回復した。風呂敷以外にもマフラーやストールの完成品にも取り組み、現在の形態は製造工場から企画・製造・小売業へと転換している。

　事業承継については、現在の6代目が京都の大学を卒業後、大阪の鉄工商社や京都室町問屋を経て30数年前に事業を承継した。これまで同社は個人事業所であったが、会計事務所の進めで2011年11月1日に株式会社化した。

外からの発想を活かして

　山藤織物工場の再生には、6代目夫人の明子氏の存在が大きい。丹後では下降線をたどる状況に対し、「機屋はもうダメ」という固定観念やマイナス思考が強かったが、さしたる産業もない故郷（宮崎県）から見れば、丹後には何百年も続いてきた伝統と技術があり、それを絶やしていけないという思いが強かったという。丹後人では当たり前のちりめんの古布も、明子氏には素晴らしいものに見え、オリジナル品をつくるための貴重な財産になっている。それらの古布類を展示する資料室も、自社の一角に設けられている。

　また、丹後の機屋では、従来、女性が表に出ることは少なかったが、平成17年度からは明子氏が京都府商工会連合会の主導したJAPANブランド・「丹後テキスタイル」事業にも丹後の有力事業者とともに最初から参加し、海外販売にも果敢に挑戦してきた。現在は、そのメンバーたちで構成する丹後シルク有限責任事業組合の事務局も引き受けている。6代目と夫人が大学の同窓ということもあり、対等な関係を築いてこられたように見える。

　着物は女性が顧客の中心だったにもかかわらず、これまで丹後織物業には女性の機業家はおらず、女性の視点もほとんど取り入れられることはなかった。170年余の歴史に新たな視点を取り入れることで、新たな商機が生まれることを教えてくれた好事例と言えよう。

（北野裕子）

第7章 中小企業における事業承継の日中比較

姜　紅祥

1　中小企業の事業承継

　企業経営者の世代交代、言い換えれば事業承継は国の内外を問わず、すべての企業にとって直面しなければならない課題である。経営資源が乏しく、経営基盤が相対的に弱い中小企業の場合、事業承継は企業の存続に関わる重要な課題であり、多くの中小企業が後継者不在のために廃業したり、あるいは事業承継後の経営革新がうまく遂行できないため深刻な業績不振に陥ったりすることがある。

　日本では、多くの中小企業が戦後の復興期に創業し、高度経済成長とともに歩み、現在の経済停滞期においても活性化の原動力として期待されている。これらの中小企業の多くは、家族形態で経営活動を行っているため、家業と企業の両面の性格をもっていることも特徴である。

　しかし、現在これらの中小企業では経営者の高齢化が進み、世代交代期を迎えている。1990年代に入ってすぐバブル経済が崩壊し、それにより消費や雇用に悪影響を及ぼしデフレになった。さらに、2008年のサブプライムローン問題をきっかけに世界同時不況へ陥り、いまだ「失われた20年」と言われるような長期にわたる経済の低迷が続いている。

　このような状況下、中小企業も厳しい環境に晒されている。今後、いかにこ

の歴史的な不況を乗り越え、少子高齢化が進行するもとで中小企業の役割を果たすかが、日本経済にとっては重要な課題であろう。また、事業承継問題は「第二創業」と言われるように重要な課題であり、最近、事業承継に関する研究成果が数多く公表されるようになった。

一方、世界経済のグローバル化は1990年代から非常に早いスピードで進行し、一か国の経済状況が変動すると、その影響が素早く他の国へ広がっていく。例えば、自動車部品を生産していた中小企業が、2011年3月11日の東日本大震災の被害を受けて製品の供給ができなくなると、GMをはじめとする北米の自動車メーカーはやむを得ず生産減少の措置をとった。

似たような現象は、2011年11月に発生したタイの大洪水被害でも見られた。洪水災害によって、多くの産業分野で生産が減少した。特に、IT市場に対する影響が大きく、世界市場のHDD（ハードディスクドライブ）価格の高騰につながった。

このように、日本の中小企業は国際生産システムの一環として位置づけられ、その事業承継問題もほかの経営問題と同様に国際化している。また、グローバリゼーションのもとで世界的な文化融合はさらに進んでおり、技術、経営ノウハウなどの情報がいち早く伝達し、中小企業に関する各種の情報も共有されている。

日本の事業承継に関するノウハウや理論は海外の企業で活用することができ、逆に海外における事業承継の成功例は、日本企業にとっても有益な示唆を得ることができる。そのため、中小企業の事業承継問題に関する国際比較も研究者にとっては重要な研究課題になりつつある。とはいえ、文化や社会の違いから事業承継に対する考えに差異が生じることがある。しかし、その差異よりも共通点や汎用性を見いだし、中小企業の事業承継に有益な示唆を提示しなければならない。本稿の意義はここにある。

日本と中国は、地理的、文化的にも近い国であり、特に文化においては一脈相通ずる国同士である。中国では、長い歴史のなかで数多くの企業が存在していた。しかし、近代の激しい社会変革のなか、戦火の試練に耐えられずに姿を消した企業（民営企業）もあり、戦後まで生き残った民営企業もそのほとんど

が1950年代に国有化された。

　中国の民営企業は1970年代末の「改革開放」から、約30年の高度経済成長を経て、ゼロから中国経済を支える一つの柱に成長してきた。中国民営企業の事業承継は1970年末に一旦リセットされ、ゼロからスタートしたと言っても過言ではない。

　現在、事業承継問題に直面している中国では、創業100年以上の中小企業が数多く存在する日本の事業承継例を成功モデルとして注目し始めている。一方、中国大陸以外の中国系企業において、100年以上にわたって経営を続け、事業承継やそれに伴う経営革新に成功した企業もある。

　このように「新興」、「老舗」両面の企業が共存することは、事業承継研究において非常に興味深いことであり、それゆえ中国企業の事業承継の現状と関連研究を見ることが日本企業にとっても有益な示唆を与えることができると考えられる。

　本章では、上記の目的をふまえて中国民営企業の事業承継の現状を考察し、日本との比較を通じて、両国企業の事業承継に対する考え方の差異と共通点を明らかにする。そして、中国独特のノウハウを摘出することにより、日本の企業承継に対して提言することを目的としている。

　中国の民営企業のなかに、通信機器メーカーの「華為技術（Huawei Technologies）」、自動車部品メーカーの「万向集団（Wanxiang Group）」や消費者電子機器メーカーの「聯想集団（Lenovo Group）」のようなグローバル企業に成長して世界市場で活躍しているところもあれば、家族単位で小規模経営を行う中小・零細企業も数多く存在する[1]。また、多くの企業が1980年代に創業しているため、経営者の世代交代時期に入っている。そのため、中国において事業承継に関する研究、特に家族企業に対する研究は2000年以降盛んに行われており、最新の研究成果が数多く発表されている。

---

[1] 中国国家工商行政総局「2011年市場主体統計分析」によれば、2011年末現在、中国において法人登録されている民営企業は967.68万社に達し、企業数全体（1,253.12万社）の77.2％を占める。http://www.saic.gov.cn/zwgk/tjzl/zhtj/bgt/201204/t20120426_125839.html 2012年8月30日アクセス。

そして、日本において100年以上の歴史がある中小企業（老舗）の事業承継をその成功モデルとして中国の学界や企業界が注目し始めている。そのため、日本と中国の事業承継を比較することは、単に日本企業に有益な示唆を与えることに留まらず、中国との意見交流も考えられる。ゆえに本章は、日本と中国の事業承継に対する研究成果の比較を通じて、両国の企業が事業承継に対する考え方の差異と共通点を明らかにすることで、日本の企業承継に対して提言することを目的としている。

2　中国における事業承継問題の現状と関連研究の進展

（1）中国における民営企業の変遷

事業承継問題は、主に民営企業において、所有と経営が常に一体化している中小企業が研究の対象となる。日本では「家族企業」という言葉をあまり使わないが、多くの中小企業は「家業」と「企業」の両面性をもち、その両面に配慮し、いかに現在の事業を順調に次の世代に引き継ぐことができるかが重要な課題となっている。

一方、中国では、長い歴史のなかで民営企業が数多く創設されたが、戦争や急激な社会変革、それに加えて事業承継期における「諸子均分（先代が逝去した時、すべての子どもに遺産を均等に分けること）」という慣習もあり、老舗企業（ここでは創業100年以上の企業を指す）はほとんど残っていない。

そのなか、中国民営企業に対して致命的な打撃を与えたのが社会の急激な変革である。特に、1950年代に行われた「三大改造（農業、手工業、資本主義商工業に対する社会主義改造）」という社会主義改造運動は、短期間に中国の工業や商業、そして私営企業を国有化させた。1950年、成立したばかりの中華人民共和国中央政府は、資本主義商工業に対する社会主義改造を実施し、1954年、約300年の歴史をもつ中国で一番古い漢方薬製造販売企業の「北京同仁堂」を国有化した。

そして1955年、農業の社会主義改造に次いで商工業に対する大規模な国有化運動が始まり、同年末、国務院常務副総理（当時）の陳雲[2]は私営商工業の社会主義改造を1957年までに完了すると宣言し、国有化運動の加速化を呼び掛けた。各地方ではこの運動がさらにスピードアップし、北京では1956年1月10日、上海では同年1月20日付ですべての私営商工業の国有化と公私合営を完了したと宣言した。また、武漢、広州などの大都市も、わずか数日間で国有化を完了している[3]。

このように、急激な社会構造の変革は中国の従来の経済体制を変え、民営企業のほとんどがこの時期に姿を消した。

北京は中国の老舗企業が最も集中する地域であるが、表7－1を見ると、民営企業のほとんどが1950年代半ばまでに国有化されていることが分かる。これらの企業のなかには、中国で最も古い企業であるレストラン経営の「北京便宜坊烤鴨」（1416年創業）、調味料と漬物製造の「北京六必居食品」（1530年創業）と「北京王致和」（1669年創業）、漢方薬の「北京同仁堂」（1669年創業）が含まれる。

その他に、中華レストラン経営の「都一処焼麦」（1738年創業）、「北京聴鵬館」（1750年創業）、「月盛斎」（1775年創業）、「天興居」（1862年創業）、「全聚徳」（1864年創業）、「北京稲香村」（1895年創業）、「東来順」（1903年創業）、衣料品・靴製造販売の「内聯昇」（1853年創業）、「瑞蚨祥」（1893年創業）、「同昇和」（1902年創業）、「盛錫福」（1911年創業）、茶製造販売の「呉裕泰」（1887年創業）と「張一元」（1900年創業）、文房具の「一得閣墨業」（1865年創業）と「成文厚帳簿卡片」（1904年創業）などが見られる。

---

[2] （1905～1995）中国共産党最高指導部のメンバー。中華人民共和国の成立時に政務院副総理に任命され、経済・財務政策の最高責任者になり、5カ年計画の制定などに携わった。その後、1954年に国務院第一副総理に就任し、商業部長や国家基本建設委員会主任などの重要職も兼任した。毛沢東の大躍進政策に関連して一時失脚したが、1979年には再び国務院副総理に任命され、計画経済の枠内で市場経済を導入するという保守的な経済政策を主張した。鄧小平が市場経済化の推進を主導するなかで、陳雲は保守派の代表として批判され、1992年に政界から引退。

[3] 「1956年公私合営」『網易新聞特集―MADE IN CHINA』
　http://news.163.com/special/00013D42/1956gshy.html　2012年10月5日アクセス。

表7－1　北京市の老舗企業

企業名	創業年	所有構造	主要製品	概要
北京六必居食品有限公司	1530年（明嘉靖9年）	股份有限公司（国有持株）	味噌などの調味料、漬物	山西省臨汾出身の趙存仁、趙存義、趙存礼の三兄弟が1530年に創業した小さな店舗が起源で、中国企業中、最古の企業と言われている。「柴、米、油、塩、味噌、酢、茶」という生活に欠かせない7品目中お茶だけを扱わないという意味で、「六必居」の暖簾を上げたという伝説がある。また、「黍稲必斉、曲薛必実、湛之必潔、陶磁必良、火候必得、水泉必香（上級の素材、充分な量、清潔を保つ製作工程、最適なタイミングの把握、よい設備と工具、一番綺麗な水、という六つの必須）」から、名を付けたという説もある。その他、創業者が6人だったことからこの名前が付いたとする説もある。 創業後、最初の商品が生活必要品であったが、その後、漬物が一番売れるものになったため、漬物専門店に転身した。 2000年12月、所有権改革を実施、完全国有企業から株主12人の株式企業に転身し、北京二商集団有限公司の傘下に入る。同社は中国全域に製品を販売し、日本、アメリカ、シンガポール、オーストラリアにも輸出をしている。漬物の製作技術は、中国無形文化遺産として登録されている。さらに、同社の傘下には、1869年（清同治8年）に創業した「天源醤園」、1736年（清乾隆元年）に創業した「桂馨斎」の2社の老舗企業がある。
北京二商王致和食品有限公司	1669年（清康熙8年）	国有企業	塩漬け発酵豆腐、酢、味噌などの中華調味料	同社は科挙で失敗した王致和により創業され、塩漬け発酵豆腐をメインに発展してきた。1955年に公私合営をとり、1958年に国営企業となった。2010年1月1日から、北京二商集団有限公司の傘下企業になる。従業員は500人程度である。
北京瑞蚨祥綢布店有限責任	1893年（清光緒19年）	有限責任公司	絹織物、綿織物、毛織物、	1893年、孟洛川により創業された北京の有名衣料品販売店である。創業時から、貴族、官僚、軍閥、豪商などを顧客として成長の道

第 7 章　中小企業における事業承継の日中比較　191

企業名	創業年	所有構造	主要製品	概要
公司			中華服飾	を辿ってきた。1954年に公私合営、国有化され、文化大革命時に一時店名を変えたが、その後「瑞蚨祥綢布店」の店名で営業してきた。
北京義利食品面包有限公司	1906年（清光緒32年）	合資企業（国有持株）	パン、チョコレート、その他食品製造	1906年、イギリス人ジェームズ・ニールが上海で義利洋行を設立した。これが同社の起源である。1951年、北京に移転し、国営企業の北京義利食品公司となった。2001年、所有権改革を行い、アメリカなどから資本を導入し、国有持株比率50％以上の合資企業になる。
北京東来順集団有限公司	1903年（清光緒29年）	有限責任公司	中華料理、イスラム料理店の経営	丁徳山というイスラム教徒が、北京王府井大街で創業した企業である。最初は粥の販売を行っていたが、1914年に「東来順羊肉館」を開業し、羊肉しゃぶしゃぶ料理を中心としたレストラン経営に乗り出し、1955年に公私合営、国有化された。 1988年、東安集団の傘下で東来順飲食公司を成立、2003年、東来順集団を成立した。2004年、同社は国有独資企業の北京首旅集団により統合され、同集団の傘下企業になった。主な業務は飲食チェーンの経営である。2005年現在、年間販売額は8億元、8,000人の従業員を擁し、中国全域に130店舗ある。
北京龍徽醸造有限公司	1910年（清宣統2年）	国有企業	葡萄酒の製造	1910年、カトリック教徒が、教会行事に葡萄酒を供給するための醸造工場として創業した。1946年、同社は「北京上義洋酒廠」として企業登録し、1949年に国有化された。1959年に「北京葡萄酒廠」と改称し、1987年に「北京龍徽醸造有限公司」となった。主な業務は葡萄酒製造である。
張一元茶葉有限責任公司	1900年（清光緒26年）	有限責任公司	茶葉の製造、販売	1900年、張昌義（別名張文卿）が「張玉元茶荘」を設立した。1906年、第2店舗の「張一元茶荘」、1908年、第3店舗の「張一元文記茶荘」が開業し、その後、張氏一族は茶荘の経営、茶葉の栽培や加工に従事してきた。1952年、三つの店舗が統合され「張一元茶荘」となった。1956年に公私合営、国有化された。 1999年、企業制度を改革して株式会社化し、

企業名	創業年	所有構造	主要製品	概要
				「張一元茶葉有限責任公司」に社名を変えた。2008年には120か所を超える茶楼や茶館チェーンを経営し、福建省、浙江省、四川省などに30か所の茶葉生産基地を所有している。
北京内聯昇鞋業有限公司	1853年（清咸豊3年）	有限責任公司	靴の製造、販売	趙廷が1853年に創業した靴の老舗企業である。創業当時、北京の高官から助成金を受けた経緯があり、そのため官僚との関係が緊密で、官僚専用の布製靴を製造、販売した。これが知られて有名になり、富裕層に対する高級靴も販売を始めた。1956年に公私合営、国有化され、2001年には従業員持株制度を導入した有限責任公司になった。 現在、北京前門大柵欄街に本店を置き、中国全域に400程度の支店、専売店・契約店をもち、手作り靴を生産するとともにアウトソーシングも行っている。2011年の販売額は8,489万元、利潤は1,500万元程度である。
北京聴鸝館飯荘	1750年（清乾隆14年）	不明	レストラン経営	同社は、清乾隆皇帝が1750年に建設した娯楽施設の聴鸝館が起源である。1860年、「八国聯軍」の放火によって焼失したが1892年に再建され、外国使節を接待する施設として使用されてきた。1914年から庶民も利用可能な飲食店に転身し、宮廷料理専門店として有名になった。1949年以降も、中国政府は同店を外国使節接待の専門レストランに指定しているが、民間人の利用も可能である。
天興居炒肝店	1862年（清同治元年）	不明	レストラン経営	1862年創業の老舗レストラン「会仙居」と1930年創業の「天興居」が1956年に合併した中華料理レストランである。特に、動物の肝臓炒め料理が有名である。
都一処焼麦館	1738年（清乾隆3年）	有限公司（国有持株）	レストラン経営	1738年、山西省出身の王瑞福が設立した小さな飲み屋が同社の起源である。1752年、清乾隆皇帝がお忍びで調査に出た時、このお店の料理を食し、その味を賞賛し「都一処」の店名を与えた。その後、所有者が数回変わり、1950年代初頭、公私合営、国有化された。同社の伝統料理であるシュウマイは有名で、そ

第 7 章　中小企業における事業承継の日中比較　193

企業名	創業年	所有構造	主要製品	概要
				の作り方は今もしっかりと承継されている。
北京便宜坊烤鴨集団有限公司	1416年（明永楽14年）	企業集団（国有持株）	中華レストラン経営	1416年に創立された「便宜坊烤鴨店」が起源だと言われている。傘下にはいくつかの老舗企業がある。1738年（清乾隆3年）に創立された都一処焼麦館（上記）のほか、1785年（清乾隆50年）に創立された「壱条龍飯荘」、1843年（清道光23年）に創立された「北京八大楼」の一つである「正陽楼飯荘」も傘下企業である。ほかに、1922年に創立された佛教料理専門の「功徳林素菜飯荘」、1926年に創立された「錦芳小吃店」など、比較的に歴史が浅いレストランも傘下にある。 2002年に所有権改革を行い、国有持株の企業集団となり、2012年現在、12支社と子会社3社の体制で運営している。
中国全聚徳(集団)股份有限公司	1864年（清同治3年）	股份有限公司	中華レストラン経営	1864年、楊全仁（別名楊寿山）が破綻した飲食店を取得し、その後「全聚徳」という焼き家鴨の店を経営してきた。1952年に公私合営、国有化された。楊氏一族の最後の経営者は楊福来である。 1993年5月に北京全聚徳集団を成立し、1994年6月には、他の5社共同で北京全聚徳烤鴨股份有限公司を設立した。2004年に企業統合が行われ、首都旅行集団が筆頭株主になる。2005年1月、企業名が北京全聚徳烤鴨股份有限公司から中国全聚徳（集団）股份有限公司に変わり、北京を中心に中国全域に進出し、海外（オーストラリア）にも出店した。2010年の販売額は7億元である。
北京同仁堂(集団)有限責任公司	1669年（清康熙8年）	国有独資	製薬、小売（薬品）、医療サービス（病院経営）、栄養食品と化粧品	1669年、楽顕揚が「同仁堂薬室」を創設した。1723年（清雍正元年）から1911年まで（この年は「辛亥革命」が起こって清時代が終了、中華民国が成立する）188年間にわたって宮廷御用薬局に指定され、宮廷へ薬品を納入したが、その後、民間に対する漢方薬の製造販売も行った。1954年、公私合営、国有化され、当時の経理（社長）楽松生（7代目

企業名	創業年	所有構造	主要製品	概要
			の製造・販売	経営者）は、その後、北京市政協委員、北京市副市長に就任した。 　1992年、中国北京同仁堂集団公司が成立し、1997年には中国120社大型企業集団と指定され、現代企業制度を導入した。1997年6月、傘下の6社を統合し北京同仁堂股份有限公司となり、上海証券取引所に上場された。2012年現在、同社は10社の子会社、25か所の生産基地、1,500か所の小売店を保有している。2011年現在、同社の資産総額140億元、年間販売額163億元、年間輸出額3,392万米ドルの規模で、中国大手製薬企業の一つに数えられ、海外16か国に64か所の薬局を保有している。
北京呉裕泰茶葉股份有限公司	1887年（清光緒13年）	股份有限公司	茶葉、茶製品、茶具などの製造・販売	1887年に創立された「呉裕泰茶桟」が発展した企業である。創業者は呉という名字の人物だという。1955年、公私合営、国有化され、店名を「呉裕泰茶荘」に変えた。 　1997年まで一軒の茶荘、従業員40人にすぎない国有企業であった。1997年、総経理（社長、現在まで）孫円威はチェーン店経営を始めた。2005年、北京呉裕泰茶葉股份有限公司を成立し、いまや茶関連製品の製造販売、茶荘チェーンを経営する総合企業となる。2008年現在、年間販売額4億元、200か所のチェーン店、1か所の物流センター、1か所の茶博物館、2か所の茶館がある。
北京稲香村食品有限責任公司	1895年（清光緒21年）	有限責任公司	中華菓子、加工食品、冷凍食品の製造・販売	1895年、郭玉生が北京前門で「稲香村南貨店」を創設し、中国南部味の菓子を製造・販売した。1910年以降、「稲香村」という店名で類似食品を販売する商店が相次いで開業し、競争が激しくなった。それに加えて、社会の変革や軍閥間戦争の影響で、1926年に「稲香村南貨店」は廃業した。 　しかし、この伝統的な菓子製造技術を元従業員が引き継いできた。1984年、元従業員の5代目劉振英は、他の関連技術者を集め、政府より8万元の融資を受け「北京稲香村」を再興した。1994年9月、北京稲香村食品集団

第 7 章　中小企業における事業承継の日中比較　195

企業名	創業年	所有構造	主要製品	概要
				公司を成立し、2005年、北京稲香村食品有限責任公司となった。2012年現在、70か所のチェーン専売店、生産工場、配送センター、素材基地が各1か所あり、年間販売額は20億元程度である。
北京同昇和鞋店	1902年（清光緒28年）	有限責任公司（民営企業）	靴、帽子の製造・販売	1902年、莫藤萱が靴を作る工房を天津で創設した。1912年、天津で「同昇和鞋帽店」を開業し、靴や帽子の製造と販売を一体化した。1930年代に北京と天津で4か所の店舗を開いたが、1945年、戦争の影響で北京店は暖簾分けされた。1956年に公私合営、国有化され、靴製造専門店となった。伝統的な高品質を保持し、政府の指導者達にも靴を納入して有名になった。1998年に民営化され、百貨店にも靴を出荷しているが、経営規模が小さい。
北京盛錫福帽業有限責任公司	1911年（清宣統3年）	有限責任公司	帽子製造	劉錫三（別名劉占恩）が1911年に天津で「盛聚福小帽店」を設立した。1917年、店名を「盛錫福」に変えた。1936年、同社は「盛錫福」北京支店を開設した。1956年、盛錫福は公私合営、国有化された。共産党指導者の帽子供給指定店であった。民営化の時期や現在の経営規模は不明である。
北京一得閣墨業有限責任公司	1865年（清同治4年）	有限責任公司	墨関連製品、印肉などの製造・販売	安徽省出身の謝崧俗が科挙参加のため北京に上京した。彼は、その後、今までより便利な墨を発明し、1865年に「一得閣」という墨販売店を開業した。創業者謝の徒弟であった2代目経営者の徐潔浜は、より使いやすい墨汁を開発し、独自の墨作り方法を確立した。その後、天津、上海、鄭州、西安などに支店を設け、規模を拡大してきた。 3代目経営者の張英勤は、伝統的な墨作り法を忠実に守り、品質も保持した。現在の経営者で董事長の耿栄和は4代目であり、最新の設備や品質管理制度を導入することにより墨汁の規模をさらに拡大し、中国芸術用墨市場の76％を有するようになった。2004年に企業制度改革が行われ、国有企業から株式企業

企業名	創業年	所有構造	主要製品	概要
				に変わり、現在の企業名になった。
北京月盛斎清真食品有限公司	1775年（清乾隆40年）	国有企業（国有持株）	イスラム食品の製造	イスラム教徒の馬慶瑞により1775年に創業された企業である。当時の店舗名は「月盛斎馬家老舗」で、北京市の有名老舗企業である。創業当時から、牛や羊や家禽類などのイスラム加工食品を製造してきた。 　創業者の2人の息子（馬永祥、馬永富）は、清嘉慶年間（1796年〜1820年）、宮廷医の協力を受けて漢方薬を食品製造に使い、従来の製造方法を改良し、宮廷にも納入することができる業者に指定された。 　中華人民共和国が成立するまで月盛斎は創業者の一族で経営され、食品の作り方も後継者にしか伝えられなかった。1956年、公私合営、国有化され、企業秘密であった製造方法が公開され、大量生産ができるようになった。1991年、規模の拡大に伴って、国有企業の北京市清真食品公司が成立し、2003年、北京月盛斎清真食品有限公司が成立した。
北京成文厚帳簿カード片有限公司	1904年（清光緒30年）	有限責任公司	各種帳簿・カードなどの事務用品	1904年、商人劉によって山東省済南で創立された「成文厚」帳簿店が起源だという。その後、山東省各地、中国の東北地方にも支店を相次いで設立した。1935年、北京成文厚帳簿を設立したのは吉林成文厚経営者の劉顕卿である。 　1942年、北京成文厚は北京簿記学校校長と共同で新型帳簿を開発したところ飛ぶように売れたため、店舗を拡張した。1955年11月、北京成文厚は最初に公私合営された私営企業となった。1978年、「改革開放」に伴って、本店、帳簿、カード、卸売、事務用品の5店舗体制に拡張した。1996年の売上は5,400万元、納税額は750万元であった。株式企業化の時期や財務情報などは不明であるが、事務用品分野ではトップ企業と言われている。

出所：各企業のホームページ、『百度百科』、各種の報道に基づいて筆者作成。
注：この表は、2012年9月現在の各企業の状況をまとめるものである。

ちなみに、これらの老舗企業のほとんどは、改革開放以降に企業改革によって株式会社化されたが、政府所有株の比率が高いため完全な民営化ではなかった。そのため、経営者のほとんどが創業者一族とは関係がなく、事業承継問題もあまり顕著ではない。

　中国の民営企業が再び復活したのは、改革開放政策が実施された1980年以降のことである。国有・集団所有の体制のもとでは企業の非効率問題が顕在化し、公有制の補完として民営経済が認められた。1988年に憲法が改正され、「法律と規定のもとで私営経済の存在および発展を許可する。私営経済は、社会主義公有制の補充である。国家は、私営経済の権利と利益を保護する」と、民営企業の合法的存在を認めた。

　1992年、鄧小平[4]の「南巡講話」以後、中国の市場経済化が急激に進み、多くの政府関係者や国有企業関係者が「下海（前の職をやめて個人による起業）」[5]を行い、多くの民営企業が創業した。また、1990年代末には国有企業改革が行われ、数多くの国有企業や集団所有企業が民営化された[6]。

　上海申銀万国証券研究所（2003年）のデータによれば、中国の私営企業は

---

[4] （1904〜1997）中国の歴代最高指導者の一人。1952年に政務院副総理に任命され、経済政策や党務などに携わった。文化大革命のあと1968年に失脚したが、1977年に政府と共産党の指導部に復帰し、1978年に事実上の最高権力者として改革開放政策を主導した。1992年1月から2月にかけて中国南部地域を視察し、改革開放や市場経済のさらなる加速化を呼び掛ける講話を発表した。この「南巡講話」は、ソビエト連邦の崩壊を見て改革を拒否した保守派を批判し、天安門事件以降の経済低迷を打開するために行われたものである。「南巡講話」以降、市場経済化の推進によって中国は急速な経済発展を遂げることになった。

[5] 1980年以降の改革開放によって中国は市場経済の時代に入り、一部の人は国有企業や政府部門の仕事を辞め、起業したり、海外へ渡るようになった。この現象を「下海」という。1992年の「南巡講話」を受けて「下海」はさらにブームになり、多くの公務員や教員、そして研究者が安定した仕事を捨てて個人事業を興した。現在の中国民営大企業には、こうして発展してきた企業が少なくない。

[6] 1997年9月、中国共産党の第15回全国代表大会が開かれ、「国有経済の戦略的再編」が打ち出され、国有企業改革は大きな転換期を迎えた。現在、①武器製造や貨幣の鋳造、エネルギー備蓄など国家の安全に関わる部門、②郵政、電力、鉄道、航空、電気通信などの自然独占および寡占産業、③水道、ガス、公共交通などの公共財を提供する産業、④石油採掘や鉄鋼、自動車、電子などの基幹産業とハイテク産業、以上、重要と見なされる4分野を除き、国有企業の民営化が推進されている。

1992年の13.9万社から1993年には23.8万社に増加している。1990年代末、国有企業改革が行われた企業のうち、40～50％の企業は元経営者あるいは従業員に売却され、民営企業に転身した(7)。

その後、社会主義市場経済体制のもとで、中国の民営企業は数、規模、経済界で占める地位などあらゆる面で発展してきた。国家商工行政管理総局のデータによれば、2011年末現在、中国では967.68万社の私営企業があり、企業全体の77.2％を占めている。また、3,756.47万社の個体工商戸（自営業者）、52.17万社の農民専業合作社がある(8)。

このように、中国の民営企業は1980年代以降に創業し、特に1990年代の「下海」のような起業ブームによって民営企業が急速に増加した。これらの民営企業経営者の多くは1950年代から1960年代の生まれで、現在、年齢的、体力的に見て次世代に経営を移管する時期に来ている。

ちなみに中国では、「老舗」ブランドを重視し始め、古い企業のブランドや老舗企業に対して政府による「老舗」の認定が行われている。1991年、中国国内貿易部が「中華老字号（China Time-honored Brand・中国老舗ブランド）」認定を行い、約1,600社の企業が認定された。そして2006年4月、中国商務部が「中華老字号認定規範」を公布し、「中国老舗」の認定作業が再び行われるようになった。現在、約1万社の老舗企業が存在するが、営業中の企業は1,000社にも満たないと言われている(9)。

（2）中国における事業承継の現状と「富二代」問題

中国の民営企業は、1970年代末にほぼゼロからスタートし、その後30年以上にわたる高度経済成長を経て、現在の中国経済を支える一つの柱に発展してきた。一方、中国の民営企業の大半は、所有権、経営権、リスクと収益などが経営者に集中し、家族が経営に参加することも多い(10)。つまり、中国民営企業の多くは家族企業の特徴をもっているということである。

それに加えて、創業者の高齢化が進むに伴って、事業承継問題が重要な課題として浮上してきている。また、家族企業は事業承継の際に、後継者の意欲と

選択、所有権の移転、家族の関係、財産の分配など、様々な影響を与えることが考えられる。

　30年以上にわたって実施してきた中国の改革開放政策は、経済の発展を促進してきた。この結果、一部の人々が裕福になったものの、所得の格差問題が顕在化した。この高所得者の多くは民営企業の経営者である。1979年から実施された「一人っ子政策」は人口の増加を抑制してきたが、民営企業の経営者もその影響を受けている。つまり、後継候補者の不足問題とつながり、「男子、特に長男による承継」という伝統的な承継が難しくなっている。

　一方、膨大な富を築いてきた一部の民営企業家の子弟による違法行為も頻繁に報道されている。すなわち、「富二代」という社会現象が発生し、民営企業の承継候補者の素質問題が問われている[11]。「富二代」問題が中国のマスコミに報道され、中国全土の注目を集めたのは「70マイル事件」と「大学選妻」である。いずれの事件も民営企業が発達した浙江省で起き、社会に大きな影響を与えた。

「70マイル事件」は杭州で発生した。2009年5月、高級SUV車を使って杭州市内の道路でレースをする「富二代」の胡斌という人物が死亡事故を起こした事件を指す。事故後、胡斌は事件に対する認識が希薄で態度が悪く、交通警察も事件の責任を軽くするために「事故車の時速は70キロだった」と発表した。結局、多くの市民や大学生は警察の判断に対して怒りを爆発させ大騒ぎになった。それ以降も「富二代」による死亡交通事故は何件も報道され、常に「70マ

---

(7)　上海申銀万国証券研究所［2003］p. 8。
(8)　国家工商行政管理総局、「2011年市場主体統計分析」による。
　　http://www.saic.gov.cn/zwgk/tjzl/zhtj/bgt/201204/t20120426_125839.html　2012年9月15日アクセス。
(9)　「中華老字号」『百度百科』による。http://baike.baidu.com/view/47012.htm　2012年9月15日アクセス。
(10)　上海申銀万国証券研究所［2003］p. 12。
(11)　高振峰・庄毅敏［2009］によると、「富二代」とは、1980年以降に生まれ、承継できる資産が1億元（約15億円）以上であると定義している。しかし、この言葉は社会に流行する一般用語であり、数百万、数千万元の資産額をもつ裕福な家庭の子どもも「富二代」と呼ばれている。そのため、「富二代」の明確な定義はない。

イル事件」が連想されている。

一方、「大学選妻」は2009年11月に報道された事件で、「富二代」が婚姻仲介会社に高額な手数料を支払い、杭州や広州などの大学で結婚相手を募集することである。募集要項には、年齢、身長、容貌、性の経験など厳しい条件が付けられ、封建社会の皇帝が妃を選んでいるように連想されるため幅広い批判を招いた。

いずれにしろ、このような行動が大いに注目を集め、富と社会的倫理の関係、つまり「富二代」の価値観に対する論争が起きたのである。

上記のように、常識外の行動を起こし、「どら息子」という悪いイメージをもった「富二代」はごく少数に留まると思われるが、一般的な現象であるという指摘もある[12]。とはいえ、創業者のような苦労した経験もなく金銭的に裕福な環境で育った民営企業家の子弟が、将来、企業経営を担うことができるかどうかという懸念は確かにある。

(3) 中国における事業承継研究の進展

事業承継に対する研究は1960～1970年代から始まり、世界的に見ても比較的に新しい分野である。研究の対象は主に家族企業の経営権の世代交代であるが、企業所有権を取り上げた研究もある。また近年、家族の使命感と価値観、暗黙的知識の世代間移転、ネットワークとソーシャル・キャピタル、イノベーションと企業家精神なども取り上げられている。

日本でも、事業承継問題は少子高齢化社会のもとで中小企業の最も重要な課題として取り上げられており、100年以上の歴史をもつ老舗企業に対する研究も行われている。

竇軍生・賈生華［2007］は、世界中の事業承継に関する英文の研究論文を調査したものである。表7－2で示したように、収集した107本の文献の内訳を見れば、1988年以前の研究実績は少なく、10本の論文しか存在しない。しかも、理論研究が多く実証研究が少ない。1988年以降に関連の研究論文が増え、実証研究の割合も増加していることが分かる[13]。このような結果は、研究情報の収

表7－2 竇軍生・賈生華[2007]による家族企業の事業承継に関する研究論文のサーベイ結果

年　代	理論研究（本）	実証研究（本）	合計（本）	実証研究の割合
1987年以前	7	3	10	30.00％
1988～1992年	8	13	21	61.90％
1993～1997年	7	16	23	69.57％
1998～2002年	7	22	29	75.86％
2003年以降	8	16	24	66.67％

出所：竇軍生・賈生華［2007］p.47の表2を引用。

集側から見れば事業承継研究の全貌を捉えたとは言えないが、研究の傾向については把握できると思われる。

一方、中国における事業承継に対する研究は2004年頃から行われている。**表7－3**は、筆者が2012年6月12日に中国学術期刊網絡出版総庫（中国学術論文データベース：CNKI）で「家族企業の世代承継（家族企業代際伝承）」というキーワードで検索した結果である。検索結果を見ると、2003年以前は事業承継に対する研究が見当たらず、収録された関連論文はすべて2004年以降のものであった。

近年、民営企業経営者の高齢化に伴って、企業承継に関する研究も増加する傾向にある。しかしながら、これらは研究の傾向を捉えるにすぎず、論文の内訳を細部にわたって分別する必要がある。

中国における事業承継研究は多様な側面で行われており、アンケート調査やヒアリング調査の結果に基づいた実証研究が主流になっている。これらの研究は以下のような特徴をもつ。

まず、研究の対象が、家族企業を中心に行われている点である。中国の民営

---

(12) 高振峰・庄毅敏［2009］は、「富二代」のなかに、20％は知識をもって成功するタイプ、50％は努力せずに享楽生活を送る「どら息子」タイプ、18％は一般的な人物で特殊な才能がなく、成功も失敗もしないタイプ、残りの12％は創業者が富を蓄積しても社会の変化に対応できずに短期間に衰微し、一般人に戻るタイプと指摘した。
(13) 竇軍生・賈生華［2007］pp. 47～48を参照されたい。

表7－3　中国における事業承継に関する研究（2012年5月現在）

年	論文本数	割合（％）	累積割合（％）
2004	3	3.1	3.1
2005	4	4.1	7.2
2006	12	12.2	19.4
2007	9	9.2	28.6
2008	12	12.2	40.8
2009	19	19.4	60.2
2010	15	15.3	75.5
2011	21	21.4	96.9
2012	3	3.1	100
合計	98	100	

出所：筆者作成。
注：中国学術期刊網絡出版総庫（中国学術論文データベース、CNKI）において家族企業の世代承継（家族事業代際伝承）というキーワードで入力して検索した結果である。
（http://www.cnki.net/　2012年6月12日検索実施）。

企業の80％が家族企業という指摘もあるため、家族企業の事業承継は中国の民営企業全体を説明することができると思われる[14]。しかし、情報収集が困難な中小企業に対する研究実績は比較的少ない。家族企業といっても民営大企業に対する研究はかなり行われており、特に上場民営企業を取り上げて研究した論文が多い。

次に、研究対象の地域が、民営企業の多い浙江省や江蘇省を中心に展開している点である。先行研究のなかに、浙江大学、浙江工商大学、温州大学、南京大学、河海大学など、浙江省と江蘇省の研究機関によって行われたものが多い。また、研究内容は理論研究が多いが実証研究もかなり行われている。

理論研究では、文献の整理や企業実例の分析が中心となっている。一方、実証研究では、大学生に対するアンケート調査や企業経営者に対するヒアリング調査などで得たデータによる分析が多い。しかし、日本のように、中小企業金融公庫のような公的研究機関による大規模な調査はまだ見られなかった。

さらに、研究内容で目立つことは、多様な議論が行われている点である。なかには、事業承継の内容、子どもによる承継、または企業内部昇進や外部登用という承継者選択、後継者の承継意欲と育成、承継計画、承継体制の構築、事業承継と企業成長の関係、事業承継の国際比較などが見られる。

総じて、中国における事業承継研究は発展途上にあるといっても過言ではない。なぜなら、企業の世代交代が実際に終わった例がまだ少ないため、それをベースに行った研究に限界があるからである。理論研究は既存の事業承継理論を参照し、中国独自の社会事情を加えて中国民営（家族）企業の事業承継のあり方を検討しているにすぎない。また、実証研究もデータの制限で多くのことが解明されておらず、さらなる研究が必要である。

3　「中国式」事業承継と日本・中国間の比較

民営企業の事業承継は、その国独特の文化と経済状況に深く関連する。もちろんこれは、日本と中国も例外ではない。事業承継における「中国式」事業承継の特徴を取り上げ、日本と比較することも重要な作業であろう。

（1）事業承継の内容

これまでの事業承継研究では、企業経営権（あるいはコントロール権）と所有権の世代交代を事業承継の主な内容とし、その具体例として経営者の交代という主張が多かった。しかし、企業の経営権と所有権という形式上だけでは、事業承継のすべての内容を反映できないという指摘があった。経営権の移転に伴って、企業戦略や経営理念や企業文化、企業（あるいは家族）の社会的使命や価値観、人的ネットワークなども次世代に引継ぐ必要がある。

一方、企業業務（例えば、製造技術やビジネスのノウハウ）や経営管理に欠

---

(14)　陳艶・範俊豪［2004］の研究では、中国民営企業のうち80％以上が家族企業であると指摘した。

かせない知識の移転も不可欠であり、その知識の世代間移転は事業承継の成否に関わる重要な要素となる[15]。

まず、事業承継の主な内容を見てみよう。知識を一般的に大きく分けると、「形式知」と「暗黙知」という二つのタイプがある。作業マニュアルや一般的な管理スキル、経営理念など、文字や数字、符号で示すことができる形式知は、世代間の移転が比較的容易に行われると言えよう。各種の能力の育成に欠かせない形式知は長い期間の訓練によって形成されたものであり、一般的に、この能力の移転終了後に経営権の移転という正式な事業承継が行われる。

企業を大きく育てた初代の創業者は、通常ユニークな主観的知識や経験、人格の面で個人的な感情や意志、外部との何らかの関連知識をもっている。これらの知識は暗黙知として企業の経営や発展に欠かすことができないもののため、事業承継時に次の世代に伝えなくてはならない。いかにそれを移転することができるかが、中小企業の課題であろう。

中国の場合、多くの中小企業は創業後まだ日が浅く、企業文化や伝統的な管理方式が完備されていない。それに加えて、政府との関係、企業間の人脈や人間関係などが企業業務を円滑に遂行するためには欠かせないため、事業承継の内容がより複雑になっている。中国の中小企業の経営者は、後継者に対して、「参与訓練」、「師匠教育」、「物語教育」、「事件教育」などの方式で形式知と暗黙知の世代間移転を試みている[16]。

「参与訓練」とは、後継者を実際の事業管理に参加させ、管理における各種の方法や技術的スキルの蓄積、現経営者の見解や経験を後継者に伝える方式である。また、「師匠教育」とは、後継者を実際の企業業務に参加させて企業現場で各種の経験を積ませる方法で、師匠と徒弟のような関係において後継者に知識を伝える方式である。

一部の経営者は、社長室の奥に別室を設けて業務処理の方法を後継者に聞かせたり、ビジネス交渉や交流に参加させたり、後継者をブルーカラーの従業員として実際の業務を体験させたりし、人脈づくりや各種知識の移転を試みている。それ以外にも、後継者のための独立事業を興し、アドバイスや指導を通じて後継者の経営能力を育成し、知識を移転する場合もある。

そして、「物語教育」や「事件教育」とは、先代あるいは現経営者の経験したこと、企業の理念や精神に関わる事柄などを後継者に伝えて暗黙知の移転を試みる方法である。一部の企業では、創業時の状況や歴史を文章や写真で記録し、後継者がまだ幼い時からそれらを見せたりして承継意識や知識の伝達に努めている。また、「不良品をハンマーで砕く」のような事件の写真を見せたり、「企業内演出」の組織などを通じて経営理念や企業方針を伝えることもある。

　知識を後継者に伝達することは世界共通の認識であり、日本も例外ではない。程度の差があるとはいえ、日本でも同様の方式で知識を伝承してきた。後継者に対して、幼い時から家業の体験や雰囲気を馴染ませ、企業内訓練や他社での修業、本社や子会社での重要ポストの担当、企業史の編成など、各種の方法で経営者として必要な知識を習得させている。日本では、中国のような経営者による細かな指導よりも、後継者に対して日々に行われる薫陶、雰囲気づくりを重視する傾向がある[17]。

　次に、企業所有権の移転を見てみよう。企業の所有権は企業のコントロール権を保証するものとして、次世代の経営者に経営権を移転するために最も重要な要素となる。一般的に中小企業は「企業」と「家業」の両面性をもつため、いかに「家業」と「企業」のバランスをとるのかが難しい課題となっている。

　中国の場合、歴史、文化などの要素に加えて法整備の遅れなどがあるため、事業承継時における所有権の移転は必ずしも容易ではない。中国の伝統的な家庭財産配分として、男子に財産を均等に分配する「諸子均分」の方式が今でも存在する。「一人っ子」の人口抑制政策がとられたあと、現在では、女子にもこのような方式で財産を配分することが一般的になっている。

「家業」としての家族企業は、普通の家族財産と違って分割することが困難な部分があり、「諸子均分」の方式は間違いなく企業の競争力低下やコスト増加

---

[15]　竇軍生・賈生華［2007］pp. 45～46。賈生華・竇軍生・王暁婷［2010］pp. 54～65を参照されたい。
[16]　賈生華・竇軍生・王暁婷［2010］pp. 66～83。
[17]　今まで京都の老舗企業に対する取材では、先代経営者は後継者に対して、きめ細かい指導や訓練を行っていない。むしろ、後継者の承継意識を強め、自発的に知識を習得させるよう努めている。

につながる。これが、中国における家族企業の寿命が「三世代を超えない」という現象の最大の原因だと言えよう。しかしながら、このようなデメリットがあるにもかかわらず、中国の多くの家族企業は「諸子均分」による所有権配分を採用しており、所有構造をいかに家族と企業間でバランスをとることができるか模索中である[18]。

中国では、まだ中小企業の事業承継という視点で法整備が視野に入っていない。「中華人民共和国継承法（相続法）」が1985年に施行されたが、主に家族間の承継と財産配分に関わる法律であり、企業経営を視野に入れたものではない。また、財産の承継や贈与に関わる「相続税」や「贈与税」については、1949年に一種の税として策定されたが施行されなかった。2004年9月に「遺産税」の素案がつくられたが、徴収の対象や税率などに対する議論があるため、いまだに制定されていない。

一方、日本では、「長男承継」という理念が古くから企業経営に徹底され、財産の配分よりも企業の存続が第一という考え方が一般的である。それが、100年企業が多く存在する「老舗大国」の根底を支えてきた[19]。承継者と選定された人物に所有権を集め、所有権の移転は生前贈与や遺言、会社や後継者による買い取り、会社法の活用（株式の譲渡制限や相続人に対する売渡請求制度、議決権制限株式など）といった多様な形式で行われている。

また、中小企業の事業承継を支障なく遂行し、事業継続を支援するために、日本では「経営承継円滑化法（中小企業における経営の承継の円滑化に関する法律）」などの法整備が進んでおり、相続税や贈与税の納税猶予制度、民法の遺留分に関する特例などで事業承継における所有権について規定している。それ以外にも、中小企業庁などの政府機関は、情報提供、政策支援や指導などを積極的に行うなど、中小企業に対する事業承継を支援している[20]。

（2）後継者育成に対する中国的な考え

企業経営権の世代交代において、後継者がリーダーシップを発揮できるかどうか、また日々変わるビジネス環境に対応する能力や「第二次創業」としての

経営革新能力と決断力などをもっているかが、承継後の企業経営に対して影響を及ぼすであろう。そのため、後継者の選択と育成は、事業承継の成否に関わる重要な要素である。また、後継候補者が承継意識や意欲を有するか、承継計画がきちんとつくられるか、教育や訓練をどう行うかなども事業承継の要素に含まれる。

すでに述べたように、中国では「一人っ子政策」の実施によって後継候補者が少なくなり、後継者は必ずしも男子に限らず、女子や娘婿、さらに血縁者も承継候補の対象となっている。また、家族内部の承継だけでは後継者確保が難しい場合もあるため、従業員による承継、外部よりの導入を一部の経営者は実施している。

余向前［2010］の研究によると、取材した349社の企業のうち、子どもに事業を継がせたいという回答が67.3％の235社、親戚が4.6％の16社、従業員が15.5％の54社、外部よりが12.6％の44社となっている。中国の中小企業は、子どもによる承継が多いと言いながらも、他の選択肢も考慮されていることが分かる[21]。

一方、現経営者の学歴と承継者選択の関係についても研究されている。楊龍志［2004］の研究では、現経営者の学歴が低いほど子どもに承継したいという傾向が強い。また、学歴が高い現経営者は、家族への承継、外部より導入する

---

[18] 楊龍志［2004］の研究では、中国家族企業131社のサンプルのうち、全体の24.4％を占める32社が「諸子均分」による所有権配分方式をとっている。また、45.8％を占める60社が、子息の能力による所有権配分をとっている。

[19] 帝国データバンク［2009］では、100年にわたって経営を続けてきた日本の老舗企業は、利益よりも信用、経営の持続性を重視すると指摘している。一方、1430年余の歴史をもつ世界最古企業の「金剛組」をはじめ、企業概要データベースに収録された約125万社のうち、創業または設立から100年以上の企業は約2万社に上っている。この点から見ると、日本は「老舗大国」だと言える。

[20] 三井逸友［2012］pp. 277～281を参照されたい。同書では、中小企業に関わる事業承継税制について詳しく書いている。また、中小企業庁は各種の情報を提供し、中小企業の事業承継を積極的に支援している。詳しくは、中小企業庁『中小企業事業承継ハンドブック』を参照されたい。http://www.chusho.meti.go.jp/zaimu/shoukei/pamphlet/2011/download/jigyoshokei_1116.pdf　2012年10月8日アクセス。

[21] 余向前［2010］pp. 206～207。

表7－4　現経営者の学歴と後継者選択の関係

		現企業経営者の学歴			
		中卒及び以下	高卒・専門学校卒	短大卒	大学卒及び以上
第1位候補者	子息	66.7%	81.0%	56.0%	59.0%
	家庭メンバー	11.1%	12.0%	28.0%	21.0%
	親戚	0.0%	0.0%	0.0%	0.0%
	外部有能者	22.2%	7.0%	16.0%	20.0%

出所：楊龍志［2004］p.47の表9を引用。
注：全サンプル企業数：131社。

意欲が見られる（**表7－4**を参照）。

　このような後継者選択は日本でも見られる。子どもへの承継という大前提で事業を営んできた日本企業でも、少子高齢化の影響を受けて後継者不足に見舞われ、養子、娘婿、従業員による承継などがとられるほか、グローバル競争を勝ち抜くために外部の有能者を導入しようとする中小企業が増えている。少子高齢化の影響は、中小企業の事業承継を変えつつあると言えよう[22]。

　また、後継者になるための不可欠な要素である承継意欲を見てみると、多くの後継者は承継意欲を示していると言えるが、最終の決断はまだはっきりと見えない。余向前［2010］の研究では、253社企業の後継決定者のうち68.3%が承継意欲を示している。他の約3割は、候補者として指定されているにもかかわらず、十分な承継意欲が示されていない[23]。このような承継意欲の不足は意味深いものではないかと思われ、いかにそれを向上させるかについて、今後さらなる検討が必要であろう。

　この現象は、賈生華・竇軍生・王暁婷［2010］の研究でも見られる。将来、企業を継ぎたいという経営者の子どもは調査全体（N＝103）の36%に留まり、企業規模が大きいほど後継者候補の承継意欲を示す割合が上昇傾向にある[24]。

　このような現象は、以下のような可能性があることを意味する。
❶企業の規模が小さいほど経営が不安定であるため、経営者も後継候補者も承継意欲が低くなる。
❷中国の経済発展が一定の段階に達し、中小企業の収益が減少傾向にあるため

経営者には将来に対する不安があり、公務員などの安定、高収入の職業を選択させる。

❸裕福な生活を送ってきた後継候補者は、企業を担う自信と能力が足りない。
❹後継候補者は現経営者の事業に目を向けず、新たな事業に挑戦する。

　さらに、後継候補者の育成において、中国民営企業は日本企業とかなり違うやり方を行っている。すでに述べた企業内訓練、他社勤務、本社や子会社での重要ポストの担当などの育成方法については日中の企業ともに実施しているが、中国の民営企業では承継候補者に対してエリート教育を行うことに特に力を入れている。

　子どもの教育を重視することは中国の伝統的な考え方であり、ほとんどの企業経営者は子どもの教育に力を入れている。比較的裕福な企業経営者は、できる限り子どもを中国の名門大学、あるいは欧米や日本の大学に進学させて将来の経営者の育成に努めているという傾向が見られる。例えば、浙江省民営企業の後継者が自費で設立した「接力中国青年精英協会」という組織では、100人あまりの参加者のうち学部卒が78％、大学院卒が17％を占めている。参加者の52％は海外留学の経験をもち、そのうち43％がヨーロッパ、22％がアメリカへ留学した[25]。

　エリート教育のほかに、多額の費用をかけて子どもを各種の承継者育成学級に送る経営者も数多く見られる。表7-5で示したように、中国では近年、民営企業の事業承継者に対する育成学級が各有名大学で開設され、高額の学費を

---

[22] 本書第2章3節（3）（pp. 25～26）を参照されたい。この調査では、対象老舗企業（N＝117）のうち、実子が承継候補者に選ばれた企業は96社、82.1％を占めている。割合が低いとはいえ、養子（4.3％）、兄弟・姉妹（2.6％）、その他の親族（8.5％）、親族以外の役員・従業員（1.7％）も候補者として選ばれている。一方、「後継者は子供でなければならない、できれば子供がよい」という回答が調査企業（N＝117）の78.6％を占め、日本老舗企業の事業承継は実子承継を中心にしていることが分かった。
[23] 余向前［2010］p. 208。
[24] 賈生華・竇軍生・王暁婷［2010］pp. 150～152。
[25] 「富二代集体露面傾訴：我們其実很孤独」『中国経営網』2010年2月9日付記事。http://www.cb.com.cn/1634427/20100209/100152_4.html　2012年8月26日アクセス。

表7－5　中国における後継者育成学級

学級・クラス	費用	概要
清華大学企業接班人領導力提昇特訓班	398,001元/年（約597万円/年）	11週間の授業＋個人の修養強化
清華大学民営企業伝承与治理高級研修班	19,800元/年（約29万7,000円/年）	1年の訓練期間中、2か月毎に3日間の授業
北京大学中国第二代企業家深造項目	380,001元/年（約570万円/年）	2か月毎に3～5日間の集中授業
上海交通大学基業長青企業接班人高級培養計画研修班	1,290,001元/年（約1,935万円/年）	毎月2～4日間の集中授業
浙江大学総裁培訓班	68,000元/年（約102万円/年）	毎月2日間の授業

出所：『中国経営報』2010年8月16日記事。
注：1元＝15円で計算。

徴収し、有名な経済・経営学者やグローバル企業の経営者を招き、企業経営の手法や戦略、会計や法律、さらに哲学、地理、個人修養などの講座を開いている。

　この育成学級は人気が高く、事業承継に関する知識の需要が高まっていることがうかがえる。とはいえ、このエリート教育を受ける事業承継者たちのなかには、真剣に企業経営管理のスキルを学習せずに人脈蓄積の場としているにすぎないという指摘もある。

4　日本の中小企業事業承継に与える示唆
むすびにかえて

　これまで、中国における事業承継の全体像をまとめてきた。100年以上の歴史をもつ老舗企業が多いにもかかわらず、中国における民営企業復活後の歴史はせいぜい30年程度しかない。それゆえに、一旦リセットされた事業承継が再び企業の課題となり、事業承継における伝統的な考え方を応用しながら新しい模索も始まっていると言える。

同じ民営の家族企業とはいえ、日中企業間の事業承継は、両国の経済環境、社会状況によって異なる部分もあれば一致する部分もある。事業承継に対する研究や理論は両国とも近年活発になり、それに関する学術交流や情報交換が必要である。中国における事業承継の模索は、日本企業にも参考に値する部分があると考えられる。それは以下の項目である。

第一に、外部有能者を導入する点である。日本は少子高齢化の進行によって有能な承継候補者が少なくなり、「長男承継」、「実子承継」が維持できなくなる傾向にある。それに加えて、経済のグローバル化が進み、中小企業は国内市場だけでは生き残ることが厳しくなっている。そのため、広い視野、決断力や革新能力を有する経営者の導入は必要であり、外部から有能者の受け入れを考慮しなければならない。

第二に、後継者を育成する点である。一部の中国の民営企業は後継候補者を海外に留学させ、社外訓練も積極的に行っている。多くの候補者はこの教育訓練を通じて視野が広がり、旺盛なチャレンジ精神も蓄積してきた。これらの候補者の一部は、すでに企業の重要ポストを担って経営革新を行い、大きな成果を収めた実例もある。この点から見れば、日本の中小企業もより後継者の育成に力を入れ、努力をする必要がある。

第三に、所有権構造を見直す点である。これからは家族企業のメリットを活用しながら、有能な従業員に対して従業員持ち株制度をとり、それによって内部登用を積極的に行うことが必要となる。一方、家族内で後継者の確保が難しい場合、「家族委員会」をつくって所有権を管理しながら、経営権を企業内部からの登用者、あるいは外部の有能者に任すという手法が考えられる。香港のある老舗企業では、実際にこの手法を使って企業を運営している。

この従業員持ち株制度や所有権管理方法は、日本の企業でも十分活用することができ、後継者不足という背景のもとで事業承継問題を乗り越える手段として活用できる可能性がある。

いずれにせよ、日本と中国の経済協力や共存共栄の関係のもとで、両国の中小企業は互いに不足分を補完する必要がある。それによって、両国の持続可能な経済発展を支えていかなければならない。

参考文献一覧

日本語文献（五十音順）

・井上考二［2008］「小企業における事業承継の現状と課題」、『日本政策公庫論集』2008年第1号、pp.1〜24。
・中小企業庁ホームページ（http://www.chusho.meti.go.jp/）。
・帝国データバンク［2009］『百年続く企業の条件──老舗は変化を恐れない』（朝日新書194）朝日新聞出版。
・戸田俊彦［2006］「中小製造業経営者の事業承継の意識と政策対応」、『彦根論叢（門脇延行教授退職記念論文集）』第359号、pp.63〜81。
・松岡憲司・村西一男・姜紅祥［2012］「京都の老舗企業における事業承継と経営革新」、龍谷大学社会科学研究所『社会科学年報』第42号、pp.39〜52。
・三井逸友［2012］『21世紀中小企業の発展過程──学習・連携・承継・革新』同友館。
・安田武彦［2005］「中小企業の事業承継と承継後のパフォーマンスの決定要因：中小企業経営者は事業承継に当たり何に留意するべきか」、『中小企業総合研究』創刊号、pp.62〜85。

中国語文献（ピンイン順）

・百度百科（http://baike.baidu.com/）。
・陳艶・範俊豪［2004］「関于家族企業建立現代企業制度的研究」、『江蘇科技信息』2004年第12期、pp.40〜42。
・竇軍生・賈生華［2007］「家族企業代際伝承研究演進探析」、『外国経済与管理』第29巻第11期、pp.45〜50。
・竇軍生・賈生華［2008a］「"家業"何以長青？──企業家個体層面家族企業代際伝承要素識別」『管理世界』2008年第9期、pp.45〜50。
・竇軍生・賈生華［2008b］「家族企業代際伝承研究的起源、演進与展望」、『外国経済与管理』第30巻第1期、pp.105〜117。
・高振峰・庄毅敏［2009］「民企"富二代"接班問題探析」、『科技信息』2009年第34期、pp.45〜46。
・賈生華・竇軍生・王曉婷［2010］『家族企業代際伝承研究──基于過程観的視角』科学出版社。

- 上海申銀万国証券研究所［2003］『順勢而為、建就市場経済的基石——中国民営企業分析報告』。
- 滕斌聖［2010］「糾結的"中国式継承"」、『中国経営報』2010年8月16日記事。
- 楊龍志［2004］「家族企業代際伝逓的原則及其実証研究」、『経済管理』第12期、pp. 43～50。
- 易元紅［2009］「現階段我国家族企業代際伝承的経済学解釈」、『棗荘学院学報』第26巻第1期、pp. 135～137。
- 余向前［2010］『家族企業治理、伝承及持続成長—基于温州的実証研究』浙江大学出版社。
- 「如何調教富二代」『中国経営網』2010年8月6日記事（http://biz.cb.com.cn/12716612/20100806/142258_2.html　2012年8月26日アクセス）。
- 「富二代集体露面傾訴：我們其実很孤独」『中国経営網』2010年2月9日記事（http://www.cb.com.cn/1634427/20100209/100152_4.html　2012年8月26日アクセス）。

あとがき

　京都の企業には他の地域とは違う独特の特徴がある、と言われることが少なくない。1200年の歴史を背景にした伝統産業が数多く残っている一方、時代の最先端を行くハイテク企業群もあるからだろうか。例えば、北寿郎氏と西口泰夫氏は「京都モデル」と名付けている。また村山裕三氏は、「京都型ビジネス」という概念を提示しているし、さらに末松千尋氏は、京都企業の経営戦略上の特徴をまとめて「京様式」と呼んでいる。

　このような視点に共通するのは、京都の企業経営において歴史や文化の影響が強いという点である。そうした歴史を積み重ねてきた企業が、いわゆる「老舗」企業である。

　京都には、創業1000年を超す田中伊賀佛具をはじめ、創業数百年という企業が数多く存在する。これら老舗企業は、伝統的な産品や、それを作るための技術を継承してきた貴重な存在である。その反面、多くの人たちにとって老舗企業は、ちょっと敷居が高く、あまり身近な存在ではないのかもしれない。

　本書をまとめている間に行った京都市民に対するアンケート調査で、老舗企業について、「伝統や技術を継承」「高い技術」「京都の誇り」というイメージが強かったと同時に、「保守的」「閉鎖的」「敷居が高い」というイメージをもっている人も多かった。このように、老舗企業は伝統といった点で高く評価されつつも、あまり馴染みがない存在となっているようである。

　最初に述べた京都企業の特徴について論じている書物のなかで、もう一つ共通する点は、京都企業の「革新性」である。しかし、同じアンケートで老舗企業が革新的であるというイメージをもっている人は3分の1以下であった。

　老舗企業は果たして「保守的」なのだろうか、あるいは「革新」にも取り組

んでいるのだろうか。多くの老舗企業の経営者の方々にお話をうかがうと、「伝統」と「革新」は老舗企業にとってクルマの両輪であると言われる。それも、最近だけの話ではなく、数十年あるいは数百年の歴史のなかで、伝統を守りつつ、何度も革新を積み重ねてきた結果が現在の老舗企業であるという。

　本研究プロジェクトのなかでお目にかかった老舗企業の具体的なお話をうかがうと、「伝統」と「革新」の両立の重要性と同時に、それを実現するためには非常なご苦労をなさっているということも分かった。

　本書では、老舗企業の伝統と革新についてアンケート調査を通じて得たデータに基づいて考察した。そして、革新に積極的な企業が堅調な業績を上げていることが明らかとなった。これら業績堅調企業について、個々の歴史も含めた背景について事例を通じて考察した。京都にある1,000社以上の老舗企業のごく一部を取り上げたものであるが、京都の老舗企業の特徴の一端を示せたのではないかと考えている。

　本研究は龍谷大学社会科学研究所の共同研究プロジェクト「事業承継と地域産業の発展——京都企業の場合」の研究成果をまとめたものである。我々の研究グループが京都の地域産業の研究を始めてから12年になり、成果をまとめた本も4冊目となった。丹後地域から京都府北部と対象エリアを拡げ、今回はさらに京都市を含む京都府全体を対象とすることとなった。

　そのなかで事業承継、とりわけ何代にもわたって承継を繰り返してきた老舗企業を研究することとなり、多くの方々や機関にお世話になった。まず第一に、アンケートにご回答をいただいた企業の皆様には心より御礼申し上げたい。リーマンショックからの回復がまだおぼつかない時期で大変お忙しいなかであったにもかかわらず、224社もの企業から回答をいただいたことには重ねて感謝したい。

　このアンケートでは「京都伝統工芸協議会」のご支援をいただいたことも忘れてはならない。個別事例で取り上げさせていただいた5社の経営者の方々には貴重なお時間を頂戴した。このお話を通じ、本書に少しでも具体的な内容を盛り込むことが出来たのではないかと考えている。また、2012年2月に発足し

た京都老舗の会の会員企業の皆様、とりわけ世話人企業の経営者の方々からは、老舗のなかにいらっしゃらなければ分からないことを多くご教示をいただいた。丹後地方については、丹後織物工業組合・絹友会にお世話になった。そして、京都府商工労働観光部染織・工芸課と京都市産業観光局商工部伝統産業課という行政の方々にもご支援やご教示をいただいた。

　本研究を進めている途上で、京都老舗の会・特別会員研究会、京都大学・経営管理大学院、龍谷大学京都産業センター、神戸大学大学院経済学研究科など、いくつかのセミナーや研究会で報告の機会をいただいた。その際に、多くの諸先生方から貴重なご意見やコメントをいただいた。

　ますます厳しくなる出版事情にもかかわらず、前回に続いて我々の研究成果の刊行を引き受けてくださった（株）新評論と同社代表取締役武市一幸氏にも感謝したい。特に、武市氏のいつもながらの叱咤激励なしには刊行に辿り着けなかっただろう。

　最後になるが、我々の共同研究を支えてきてくれた龍谷大学社会科学研究所とそこのスタッフの皆さんに、心よりの謝意を表したい。アンケートデータの整理などについて、龍谷大学大学院の王鵬さんの協力をいただいた。

2013年2月

執筆者を代表して　松岡憲司

執筆者紹介 (執筆順)

松岡憲司（第1章、第2章、第4章、第5章）奥付参照。

村西一男（第2章）
　龍谷大学大学院経済学研究科特別専攻生。
　龍谷大学大学院経済学研究科修士課程修了。
　主要論文：「丹後ハイテクゾーンにおける地域産業の現状と推移」松岡憲司編『地域産業とイノベーション』（日本評論社、2007年所収）。
　「京都府北部における産業集積の現状と分析」松岡憲司編『地域産業とネットワーク』（新評論、2010年所収）。

松岡憲司（第2章）奥付参照。

北野裕子（第6章）
　龍谷大学・大阪樟蔭女子大学非常勤講師。
　奈良女子大学大学院人間文化研究科博士後期課程修了、博士（文学）。
　主要論文：「縮緬業の歴史にみる丹後の地域力」松岡憲司編『地域産業とイノベーション』（日本評論社、2007年所収）。
　「丹後機業と京都老舗糸商のベトナム進出」松岡憲司編『地域産業とネットワーク』（新評論、2010年所収）。

辻田素子（第3章）
　龍谷大学経済学部准教授。
　一橋大学大学院商学研究科博士課程単位取得満期退学、ロンドン大学修士（M.Sc.）。
　主要著作：『飛躍する中小企業都市──「岡谷モデル」の模索』（共編著、新評論、2001年）、『地域からの経済再生──産業集積・イノベーション・雇用創出』（共著、有斐閣、2005年）、『事例に学ぶ地域雇用再生──経済危機を超えて』（共著、ぎょうせい、2010年）

姜紅祥（第7章）
　龍谷大学非常勤講師、京都励学国際学院専任講師。
　龍谷大学大学院経済学研究科博士後期課程修了。博士（経済学）。
　主要論文：「中国の"走出去"政策と対外直接投資の促進──技術獲得を中心に」『経済学論集』（龍谷大学）第51巻第1号、2011年所収。
　「中国の工作機械産業の対外直接投資と技術獲得──瀋陽機床を例として」『中国経営管理研究』（中国経営管理学会）第9号、2012年所収。

編者紹介

松岡憲司（まつおか・けんじ）
1950年、東京生まれ。
神戸大学大学院経済学研究科博士後期課程単位取得退学。
博士（経済学）。尾道短期大学、大阪経済大学を経て、1999年より龍谷大学経済学部教授。1997年にコペンハーゲン商科大学客員教授。
専門は産業組織論、中小企業論。
主要著作　『賃貸借の産業組織分析』同文舘、1994年。『スポーツエコノミクスの発見』法律文化社、1996年（編著）。『企業社会のゆくえ』昭和堂、1991年（共著）。『風力発電機とデンマークモデル』新評論、2004年。『地域開発と企業成長～技術・人材・行政～』日本評論社、2004年（編著）。『地域産業とイノベーション』日本評論社、2007年（編著）。『地域産業とネットワーク～京都府北部を中心として～』新評論、2010年（編著）など。

龍谷大学社会科学研究所叢書　第98巻

事業承継と地域産業の発展
──京都老舗企業の伝統と革新── （検印廃止）

2013年3月25日　初版第1刷発行

編　者	松　岡　憲　司
発行者	武　市　一　幸
発行所	株式会社 新　評　論

〒169-0051
東京都新宿区西早稲田3-16-28

電話 03(3202)7391
振替・00160-1-113487

定価はカバーに表示してあります。
落丁・乱丁本はお取り替えします。

印刷　フォレスト
製本　清水製本所
装幀　山田英春

Ⓒ松岡憲司他　2013

Printed in Japan
ISBN978-4-7948-0935-3

JCOPY 〈(社)出版者著作権管理機構 委託出版物〉
本書の無断複写は著作権法上での例外を除き禁じられています。複写される場合は、そのつど事前に、(社)出版者著作権管理機構（電話03-3513-6969、FAX03-3513-6979、E-mail: info@jcopy.or.jp）の許諾を得てください。

好評既刊　　日本の地域産業を考える本

松岡憲司 編
地域産業とネットワーク
京都府北部を中心として　　【龍谷大学社会科学研究所叢書 第 85 巻】

情報通信網から人的交流まで,「ネットワーク」を軸に地域産業を考察。
[A5上製 280頁 2940円　ISBN978-4-7948-0832-5]

関 満博 著
東日本大震災と地域産業復興　Ⅰ
2011.3.11〜10.1　人びとの「現場」から

深い被災の中から立ち上がろうとする人びとの声に耳を澄ます。
[A5上製 296頁 2940円　ISBN978-4-7948-0887-5]

関 満博 著
東日本大震災と地域産業復興　Ⅱ
2011.10.1〜2012.8.31　立ち上がる「まち」の現場から

復旧・復興の第二段階へと進む被災地との対話と協働のために。
[A5上製 368頁 3990円　ISBN978-4-7948-0918-6]

関 満博 編
震災復興と地域産業 1
東日本大震災の「現場」から立ち上がる

地域産業・中小企業の再興に焦点を当て、復旧・復興の課題を探る。
[四六並製 244頁 2100円 ISBN978-4-7948-0895-0]

関 満博 編
震災復興と地域産業 2
産業創造に向かう「釜石モデル」

人口減少・復興の重い課題を希望の力に変える多彩な取り組み。
[四六並製 264頁 2625円　ISBN978-4-7948-0932-2]

＊表示価格はすべて消費税（5％）込みの定価です。

好評既刊　日本の地域産業を考える本

関 満博 編
沖縄地域産業の未来
本土復帰40年，自立に向けて躍進する沖縄の「現場」に密着。
[A5上製 432頁 5565円　ISBN978-4-7948-0911-7]

関 満博
「農」と「食」の農商工連携
中山間地域の先端モデル・岩手県の現場から

独自の産業化策で成熟に向かう岩手県の先進的取り組みに学ぶ。
[A5上製 296頁 3675円　ISBN978-4-7948-0818-9]

関 満博・酒本 宏 編
道の駅／地域産業振興と交流の拠点
地域への「入口」として存在感を高める「道の駅」の可能性を探る。
[四六並製 260頁 2625円　ISBN978-4-7948-0873-8]

関 満博・松永桂子 編
「村」の集落ビジネス
中山間地域の「自立」と「産業化」

条件不利集落の資源活用法と「反発のエネルギー」に示唆を得る。
[四六並製 218頁 2625円　ISBN978-4-7948-0842-4]

関 満博・辻田素子 編
飛躍する中小企業都市
「岡谷モデル」の模索

「東洋のスイス」と呼ばれたまちの危機突破への挑戦を精査。
[四六上製 230頁 2520円　ISBN4-7948-0525-X]

＊表示価格はすべて消費税（5％）込みの定価です。

新評論　好評既刊　北欧の社会を知る本

松岡憲司
風力発電機とデンマーク・モデル
地縁技術から革新への道

ドイツやオランダとの比較も交えつつ，日本での課題と指針を展望。
[A5上製 240頁 2625円　ISBN4-7948-0626-4]

松岡洋子
エイジング・イン・プレイス（地域居住）と高齢者住宅
日本とデンマークの実証的比較研究

北欧・欧米の豊富な事例をもとに，「地域居住」の課題を掘り下げる。
[A5並製 360頁 3675円　ISBN978-4-7948-0850-9]

松岡洋子
デンマークの高齢者福祉と地域居住
最期まで住み切る住宅力・ケア力・地域力

ケアの軸を「施設」から「地域」へ！「地域居住継続」の先進事例。
[四六上製 384頁 3360円　ISBN4-7948-0676-0]

福田成美
デンマークの環境に優しい街づくり

世界が注目する環境先進国の「新しい住民参加型地域開発」を詳説。
[四六上製 256頁 2520円　ISBN4-7948-0463-6]

S.ジェームズ＆T.ラーティ／高見幸子 監訳・編著／伊波美智子 解説
スウェーデンの持続可能なまちづくり
ナチュラル・ステップが導くコミュニティ改革

過疎化，少子化，財政赤字…「持続不可能性」解決のための事例集。
[A5並製 284頁 2625円　ISBN4-7948-0710-4]

＊表示価格はすべて消費税（5％）込みの定価です。